KB143191

이야기와
주역

이야기와
주역

가장 오래된 서사적 상상력

심의용 지음

글항아리

머리말

:
:
:
:

『주역』은 넓고도 크다. 말 그대로 "천지 사이에 모든 것이 완비되어 있다以言乎天地之間則備矣." 그래서인지 중국 문화의 모든 영역에 걸쳐 활용되었다. 『사고전서총목제요四庫全書總目提要』「경부經部·역류易類」에서는 양파육종兩派六宗으로 역학을 분류하고 있다. 양파란 상수역象數易과 의리역義理易 두 파이고 육종은 태복太卜역, 상수象數역, 기상磯祥역, 노장老莊역, 유가儒家역, 사실史事역 여섯 종류다. 점서, 천문, 의리, 역사로 분류된다.

또한 「역류易類」에서 『역』이 적용되는 분야는 천문天文, 지리地理, 악율樂律, 병법兵法, 운학韻學, 산술算術, 연단술鍊丹術, 의술醫術, 산술算術, 산명술算命術, 상술相術 등등 다양하다. 그야말로 모든 것이 완비되어 있다.

그러나 이러한 영역들은 현대 과학의 입장에서 본다면 비과학적일 수도 있다. 섣부른 판단을 할 수는 없지만 어떤 영역은 시대착오적이고 어떤 영역은 현대적 활용이 가능할지도 모른다. 구별해야 할 것이 있다. 『주역』이라는 경전 자체와 역학易學이다.

『주역』그 자체의 문헌은 분명히 점을 치는 것으로부터 비롯되어 성립했다. 하지만 그것을 해석하는 역사에서는 다양한 사고가 개입되어

역학이 성립되었다. 역학의 대표적인 사고는 음양오행론이다. 음양오행론이 다양한 분야에 적용되어 역학적 체계를 이루었다. 천문, 지리, 의학, 풍수, 명리 등이 그러하다. 상수역학도 이러한 체계들의 산물이다.

그러나 음양오행론은 『주역』이라는 경전과는 상관이 없다. 음양과 오행은 경전에 나오지 않는다. 역학을 논하는 많은 사람은 『주역』의 괘효사에 담긴 구체적인 의미를 얘기하지 않는다. 음양오행론과 관련하여 『주역』을 빌려 추상적인 헛소리를 하고 있다.

과연 이런 논의들이 현대적 학문과 어떻게 연결될 수 있는지에 대해서는 회의적이다. 그러나 『주역』의 괘효사에 담긴 의미를 해석하려고 했던 의리역학은 현대적 의미를 충분히 가지고 있다. 인간과 삶의 이야기를 하고 있기 때문이다. 그것이 경전의 본질이다.

『주역』에는 서사 구조 혹은 이야기 구조가 담겨 있다. 의미 맥락 구조다. 이러한 측면은 현대의 다양한 방면과 관련해서 연구될 수 있다. 정치학, 사회학, 행동경제학, 행동윤리학, 문화과학, 서사 담론 분석, 심리학, 윤리학, 미학 등등 현대 학문과 만나 다양한 담론을 만들어낼 수 있다.

『주역』은 시적 상상력, 서사적 상상력, 상징적 상상력, 회화적 상상력, 수數적 상상력 등으로 다채롭게 해석될 여지가 많다. 이 책은 서사적 상상력으로 『주역』의 괘효사를 읽으려는 시도다. 『사기』의 인물들을 『주역』의 괘효사와 연결해서 해석했다. 이러한 해석은 양만리楊萬里에 의지했지만 의리역학자들의 기본적인 시각이었다.

이 책은 2017년 연구재단의 저술출판지원 사업에 지원하여 선정되어 나온 결과물이다. 이 책이 나오기까지 도움을 주신 충북대 정세근

교수님, 충남대 이종성 교수님, 중앙대 안재호 교수님, 한림대 엄연석 교수님께 감사드린다. 지지부진한 원고를 묵묵히 기다리며 격려해주는 글항아리 강성민 대표님께 감사드린다.

돌아가셨지만 존재하지 않는 것은 아닌 아버지께, 오랜 시간 병원 생활로 고생하신 어머니께 감사드린다. 먼 곳에서 고생하는 형과 형수, 영민, 영진 조카들에게도 고맙다는 말을 전하고 싶다. 아내와 딸로 인하여 나는 사람을 배운다. 덕택에 변변치 못한 인간이 인간으로 되어가고 있다. 나의 스승들이다. 고맙고 미안하다.

1522년 오직 성직자만이 해석하고 그 외에 아무도 이해하지 못하는 라틴어로 쓰인 『성경』을 루터는 모든 사람이 이해할 수 있는 독일어로 번역했다. 누구나 하느님의 말씀을 직접 읽을 수 있게 되었다. 거기에는 그 어떤 신비도, 면죄부라는 거짓도 없었다. 『성경』을 독점적으로 해석할 때 생기는 기만이 사라졌다. 『주역』도 한문으로 쓰였을 뿐 거기에는 어떤 신비도 없다. 미래의 행복에 대한 약속도 없다.

2021년 4월
심의용

1. 프롤로그

철학을 전공한 사람이라면 누구나 겪었겠지만 피곤한 질문들이 있다. 점을 볼 줄 아는가. 중국 철학을 전공했다고 하면 점 보는 것쯤은 당연하게 여긴다. 게다가 『주역』을 전공했다면? 묻지도 않고 사주점을 봐달라고 한다. 정말 그런 거 모른다고 하면 볼 줄 아는데 귀찮아서 봐주지 않는다고 화를 내는 사람도 있다. 난감한 일이다.

나는 어쩌다 『주역』을 전공했을까. 군대를 제대하고 대학원 수업에서 『주역』을 강독했다. 그 당시 나는 『주역』에 대해 전혀 알지 못했다. 점치는 책으로만 알고 있었다. 점과 관련된 문화의 고루함에 대해서는 질색했을 뿐이었다. 촌스러웠고 어리석게 보였다.

왕필王弼의 『주역주周易注』를 읽었다. 강독 발표를 혼자 준비했다. 번역본은 없었다. 모호하고 애매한 말투성이였다. 아무런 전제도 없이 오직 한문의 맥락만을 유추하면서 읽었다. 자의적인 상상력이 동원될 수밖에 없었다.

시간이 지날수록 흥미를 느꼈다. 단순하고 모호한 말들이지만 거기에는 삶의 이야기가 있는 듯했다. 상상력의 효과다. 전체의 괘卦가 64개이고 효爻는 384효인데 64개의 이야기와 384명의 인물이 있는 듯했다. 만화경萬華鏡 같은 느낌이었다. 작은 통 안에는 돌리면 돌릴수록 다양하고 화려하게 변하는 찬란한 무늬들이 가득했다.

어렴풋한 느낌은 공부하면 할수록 틀리지 않았다. 64개의 괘와 384개의 효를 이야기로 풀어가는 해석의 방식이 있었다. 의리역학義理易學이라 한다. 의리義理는 인간관계에서 마땅히 지켜야 할 도리다. 의리역학은 어떤 상황에 처한 사람이 마땅하게 지켜야 할 도리를 암시하는 윤리적 지침서와 같다.

이런 전통은 중국 사대부들이 『주역』을 해석하는 한 방식이다. 대표적인 인물은 왕필과 정이천程伊川이다. 특히 남송 시대 유학자이자 문학가인 양만리楊萬里는 모든 괘와 효를 하나하나 역사적 인물에 빗대어 해석한다.

『주역』에서 독해하는 내용이 마땅히 지켜야 할 도리라고 해서 윤리적인 차원에서만 『주역』이 독해된 것은 아니다. 『주역』은 원래 점치는 책이었다. 그렇지만 점을 친다는 것은 무엇을 의미할까. 단순하게 말하자면 미래를 예측하는 일이다.

미래를 예측하는 일은 단지 점만이 아니다. 현대사회에서 미래 예측을 담당하는 영역은 과학이다. 과학의 시대에 점치는 『주역』은 비합리적 믿음을 갖고 있는 시대착오적 문헌이다. 『주역』을 신주단지처럼 생각하는 사람들은 오히려 과학적이라고 강변한다. 과연 그러할까.

『주역』은 미래 예측과 관련된다. 고대 중국 사회 속에서 점은 천문학과 관련된 예측의 방식이었다. 이러한 해석 방식은 상수역학象數易學과 관련된다. 상수역학은 천문학과 우주론의 발달과 함께 정치적으로 이용된 학문체계로 발전했다. 그것이 세속화되어 인간의 운명을 점치는 술수로서 잔재처럼 남아 있는 것이 명리학命理學이다.

양자우주론, 복잡계 이론, 카오스 이론 등 현대천체물리학은 우주의 신비를 정밀하게 이론화하며 증명하고 있다. 명리학자들은 『주역』에는 이런 현대 과학과 유사한 통찰이 담겨있다고 강변한다. 『주역』의 위대성을 증명하려는 것이다. 이는 논리가 전도된 것이다. 현대 과학적 통찰이 담겨 있기 때문에 『주역』이 위대해지는 것은 아니다.

현대 과학은 위대하다. 우주의 신비를 풀고 있기 때문이다. 그렇다면 우주의 신비를 알기 위해 현대 과학과 유사한 통찰이 담긴 『주역』을 봐야 하는 것이 아니다. 오히려 현대 과학 그 자체를 열심히 공부하면 된다. 현대 과학 그 자체를 공부하지 않으면서 현대 과학을 빌려 『주역』의 위대성을 증명하려고 하는 것은 전도된 논리다.

『주역』을 전공했지만 점치는 문화와 관련된 모든 것에 관심도 가지지 않았고 알고 싶지도 않았다. 그러나 『주역』을 전공해서 그런지 주변에 명리학을 업으로 삼아 공부하는 사람들을 만나게 되었다. 그들과 얘기를 나누어도 심드렁했을 뿐 호기심을 느끼지는 않았다. 난 『주역』을 다른 방식으로 해석한다고 하며 거리를 두었을 뿐이었다.

누구나가 그러하겠지만 나에게도 삶이 어려웠던 적이 있었다. 경제적으로도 심리적으로도 앞이 보이지 않았다. 어찌 했을까. 멘탈이 무너지면 생각지도 않았던 행동을 한다. 점치는 문화를 혐오했던 내가 나의 사주四柱를 직접 적어 명리학을 잘 아는 선생님을 찾아가 술자리에서 물었다. 도대체 내 팔자가 왜 이런 것입니까.

의외였다. 나의 삶에 관한 문제를 얘기해주는 것 같은 느낌이 들었기 때문이었다. 솔깃한 내용도 있었다. 선생님은 나에게 명리학을 공부할 것을 권했고 난 그 선생님에게 명리학을 3개월쯤 배웠다. 인생은 전혀 생각지도 못했던 일들이 벌어지기도 한다. 우연이라고 치부할 수도 없는 일이다.

명리학을 배운 뒤의 결론은 이러하다. 단적으로 말해 명리학은 카운슬링의 역할을 하는 방향으로 현대화가 될 수도 있겠다는 생각이다. 서양에서는 점성술과 샤머니즘shamanism에 기원을 둔 정신분석과 심리학이 과학화되어 그런 역할을 한다. 명리학도 그런 방향으로 과학화가 된다면 서양과는 다른 방식이 가능하리라는 생각이다. 혹세무민해서는 안 된다.

그러나 내가 깨달은 사실은 다른 것이다. 미래 예측에 관한 문제다. 과연 우리는 미래를 모르기 때문에 미래를 예측하고 싶어 하는 것일까. 점을 보러 가는 인간의 심리에는 좀 다른 측면이 감춰져 있었다. 우리는 미래를 모르기 때문에 점을 보러 가는 것이 아닌지도 모른다.

우리는 어느 순간 희미하게 아주 모호하고 미세하게 미래를 예감한다. 의식되지 않을 수도 있다. 그런데 예감된 미래를 감당할 수가 없다. 그래서 예감된 미래를 회피하거나 무의식 속에 감춰둔다. 그리고 미래를 모르는 척한다. 그럴 때 미래를 모르는 무지가 미래를 알고 싶다는 욕망을 일으키는 것이 아니다. 미래를 거부하고 싶은 무의식적 욕망이 미래를 알고 싶다는 의식적 욕망을 일으킨 것이다.

이러한 논리는 나만의 생각이 아니다. 프로이트도 유사한 논리를 말하고 있다. 프로이트는 '탈현실화의 감정Enfremdungsgefühl'을 말한다. 「아크로폴리스에서 일어난 기억의 혼란」이라는 소논문에서 이 문제를 다루고 있다. 간단히 말하자면 사실이기에는 스스로 감당하기에 너무도 참혹하거나 아름다운 것에 대한 회피의 감정이다.

현실은 완벽하게 객관적인 사실일 수는 없다. 불행하다고 느끼는 현실은 정말 불행하다는 객관적 사실을 반영하는 것일까. 오히려 해석된 사실일 수 있다. 현실은 믿기조차 힘든 참혹한 사실을 드러낼 때가 있다. 안개가 걷히면 사물들이 또렷해진다.

그럴 때 내가 보는 것은 진짜가 아닐 것이라는 탈현실화 감정이 일어난다. 이는 방어 기제에 속하는 것이다. 어떤 것을 자신으로부터 멀리하고 부인하는 것을 목적으로 하고 있다. 프로이트는 스페인계 무어 왕의 예를 들고 있는데 탈현실화 감정을 상징적으로 보여준다.

보압딜 왕은 그의 도시 알하마가 함락되었다는 소식을 사신으로부터 듣는다. 그는 도시의 상실이 자신의 통치 기반의 종말을 의미한다고 예감한다. 그러나 그는 "그것이 사실이도록 내버려두려고" 하지 않는다. 그는 그 소식이 "도착하지 않은" 것으로 취급하기로 한다. 그의 시는 이렇게 표현되었다.

> 그에게 편지가 당도했다네
> 알하마 시가 함락되었다는
> 그는 편지를 불 속에 집어던지고
> 사신을 살해했도다

프로이트는 이렇게 말하고 있다. "왕의 이러한 행위를 더욱 결정적으로 만드는 것은 그의 무력감과의 싸움이라는 사실을 쉽게 상상할 수 있습니다. 편지를 태우고 사신을 살해함으로써 그는 아직도 절대적 권력을 쥐고 있음을 보여주려고 애썼던 것입니다."

무력감에 주목하자. 보압딜 왕은 알하마 도시의 함락을 곧 자신의 권력의 상실로 예감했다. 그리고 권력의 상실이라는 다가올 현실을 감당할 수 없고 그것을 해결할 수 없다는 무력감에 빠진다. 탈현실화의 감정은 이런 무력감에 대한 방어 기제다.

미래를 알고 싶어 점집에 찾아가는 것 또한 이런 심리가 아닐까. 우린 미래를 모르기 때문에 미래를 알고 싶은 것이 아니다. 예감된 미래를 감당하지 못하는 무력감에 빠지기 때문에 예감된 미래를 불 속에 집어던지고 점집을 가서 다른 미래를 알려고 한다. 이 감당할 수 없는 무력감을 어찌할까. 탈현실화의 감정에 빠질 때 우리는 점술가를 찾아가게 된다.

'우물 효과'라는 것이 있다. 점성술이나 점치는 사람들이 사용하는 언어의 특징을 설명한 말이다. 우물이 깊은 것처럼 어떤 말이 애매하면 애매할수록 듣는 사람이 자신의 모습을 더 많이 발견한다는 의미다. 마술로 유명한 바넘 때문에 바넘 효과Barnum effect라고 하고, 바넘의 비밀을 밝힌 심리학자 베르트램 포러Bertram Forer 때문에 포러 효과Forer effect라고도 불린다.

포러는 학생들에게 자신이 제작한 성격 검사를 실시했다. 결과지에는 각 개인의 성격이 묘사되어 있다. 학생들은 검사 결과가 자신과 매우 일치한다고 생각했다. 여기에는 함정이 있었다. 학생들이 받은 결과지는 모두 동일했던 것이다. 어떻게 이런 일이 가능할까. 결과지에서 학생들의 성격을 묘사하는 내용이 애매하고 모호한 표현들로 이루어졌기 때문이다.

이런 표현들은 누구에게나 적용될 수 있을 만한 내용이었다. 우물이 깊으면 깊을수록 듣는 사람은 자신의 모습을 더 많이 발견한다. 바넘이 사람들의 성격을 잘 맞춘 것도 이런 효과들 때문이었다. 사람들은 모호하고 애매한 말들을 자신의 입장에 맞게 해석하는 것이다. 이런 면에서 역술과 점술, 타로점도 모두 포러 효과다.

포러 효과는 주로 점술이 사기라는 점을 증명할 때 사용된다. 하지만 애매하고 모호하기 때문에 점술이 사기라고 말할 수는 없다. 애매성의 효과를 생각해보자. 즉 말하는 사람이 애매하게 말을 하지만 듣는 사람 스스로 자신을 분석하게 만든다. 애매함 속에서 자신과 관련된 이야기를 더 자세하게 상상하고 분석하게 만든다. 애매함과 모호성이 일으키는 효과다.

주목해야 할 지점은 여기다. 점술가가 아니라 점술가의 말을 듣는 사람에게 일어나는 효과에 주목하고자 한다. 다시 프로이트다. 프로이트는 탈현실화의 감정의 특징을 두 가지로 말한다. 첫째 자기 방어 기제다. 둘째 잠재의식이다. 과거와 어린 시절의 고통스런 경험과 관련해서 탈현실화 감정이 일어난다.

프로이트는 탈현실화와 탈인격화는 관련된다고 본다. 탈현실화는 '이중 의식double conscience'이라는 특수한 상황에 처한다. 분열이다. 의심과 불안으로 가득하다. 불안은 질서를 찾으려고 한다. 프로이트의 정신분석은 무의식을 의식의 영역에 끌어올려 무의식을 직면하도록 만드는 것이다. 피하지 않고 직면하여 이해한다. 이해는 질서를 스스로 만든다. 그것이 치료의 효과가 있다.

마찬가지다. 점을 보러 가는 사람이 있다고 하자. 그는 점술가로부터 애매하고 모호한 말들을 듣는다. 불안과 의심의 요소들을 애매하고 모호한 말들 속에서 끊임없이 *끄집*어내어 바라보게 된다. 이해할 수 없고 *꼬여버린* 삶의 이야기를 직면하게 된다. 다시금 이해하고 음미하게 된다. 카운슬링 효과다. 현대의 임상심리학이나 정신분석학도 이런 카운슬링 효과를 만들고 있다. 『주역』의 애매하고 모호한 말들도 동일한 효과가 나지 않을까.

심리학은 사이콜로지psychology이고 정신분석은 사이코애널리시스psychoanalysis다. 공통된 말은 사이코psycho다. 이 말의 어원은 프시케psyche로 뜻은 영혼 혹은 혼이다. 고대에 이 혼을 다루는 사람들은 샤먼shaman들이었다. 샤먼은 무당이며 주술사이며 의사였다.

『주역』은 무사巫史 문화와 관련된다. 무사란 샤먼들이다. 정이천은 점치는 것을 '단의斷疑'라고 말한다. 의심을 없애버리는 것이다. 불안과 의심을 해소하고 결단하여 생명력을 불어넣는 일이다. 영혼을 정화하는 일이라고 할 수 있다. 그것은 귀신鬼神을 다루는 일이다.

성리학적 체계에서 귀신은 외적으로 존재하는 고스트ghost와 같은 것이 아니다. 오히려 정신 활동이며 영혼의 기능이다. 기氣의 운동과 기능이다. 귀鬼는 기가 움츠러드는 운동이고 신神은 기가 펼쳐지는 운동이다. 굴신屈伸이다. 움츠림과 펼쳐짐이다. 기의 굴신 작용이 귀신이다. 주희는 점치는 일을 귀신과 관련해서 이렇게 말한다.

> 귀신은 단지 기氣일 뿐이다. 움츠림과 펼쳐짐, 가고 오는 것이 기다. 천지 사이에 기 아닌 것이 없다. 사람의 기와 천지의 기는 언제나 서로 교접하여 잠시라도 떨어진 적이 없는데, 사람이 스스로 보지 못한다. 사람의 마음은 움직이자마자 반드시 기에 도달하니 곧 이 움츠림·펼

쳐짐, 가는 것·오는 것과 서로 감응하고 소통한다. 예컨대 점치는 것과 같은 일은 모두 마음에 본래 이러한 것이 있어서 다만 마음속에서 일어난 일을 말하는 것일 뿐이다. 마음이 움직이자마자 반드시 감응이 있다.[1]

주희는 점치는 일을 마음에서 일어나는 일들과 관련지어 말한다. 마음의 이理를 이해하는 것이다. 프로이트 식으로 말하자면 의식과 무의식에서 일어나는 일들을 분석하는 일이다. 때문에 점을 치는 일, 즉 미래를 예측한다는 것은 알지 못하는 미래를 아는 것이 아니다. 영혼의 활동을 분석하는 일이다.

외부적인 데이터들을 수집하여 과학적인 통계와 분석을 거쳐 미래에 일어날 패턴을 읽는 일도 미래를 예측하기 위해서 필요한 일이다. 이는 통계학과 데이터 분석과 관련된 일이다. 그러나 더욱 중요한 일은 무력감이 일어나는 자신의 마음을 다스리는 일이다. 통계와 데이터를 해석하는 것은 마음이기 때문이다.

『주역』은 64괘와 384효로 이루어졌다. 여기에는 수많은 인물과 이야기가 모호한 형식과 애매한 말들 속에 암시되어 있다. 이것을 독해하는 효과는? 시뮬레이션 효과라고 할 수 있다. 자신이 겪어온 삶과 혼란스런 마음을 시뮬레이션simulation으로 먼저 읽고 이해하는 일이다. 무기력하게 감당하지 못한다고 느낀 미래를 미리 체험하는 일이다.

이는 마치 면역 주사를 맞는 것과도 같다. 면역 주사를 맞는 이유는 자신에게 외부의 바이러스를 방어할 면역 체계가 없기 때문이다. 면역 체계를 미리 형성해두어 예방하는 것이다. 멘탈 예방 혹은 훈련이라고

도 할 수 있다. 멘탈 훈련을 통해 예방해두면 실제로 혼란하고 복잡한 삶의 사건에 의연하게 대처할 수 있다.

이러한 시뮬레이션 효과를 위해 『주역』의 괘효사와 관련된 이야기를 모았다. 주로 사마천의 『사기』에 나온 인물의 이야기들로 구성했다. 『사기』와 『주역』은 밀접한 관련이 있다. 이 점은 다음 장에 자세하게 설명할 것이다. 『사기』에 나온 인물을 양만리는 『주역』의 괘효사와 관련해서 설명한다. 양만리의 해석에 의지하여 각 인물들의 흥망성쇠와 마음의 변화들을 추적하여 그들의 길함과 흉함을 살펴보았다.

현대를 흔히 포스트모던의 시대로 규정한다. 불확실성의 시대다. 이 시대는 거대담론보다는 미시담론에 대한 연구가 활발하다. 역사학에서는 거대사가 아니라 미시사나 다양한 생활문화사가 연구된다. 문학에서도 거대 이데올로기보다는 미시 영역을 표현한다.

사회학도 마찬가지다. 이데올로기보다는 구체적인 일상생활과 주제들을 연구한다. 뉴턴 물리학에서 양자역학으로의 발전은 거대 우주에서 미시 우주로의 전환이다. 이제 거대담론의 총체성이나 추상성이 아니라 미시담론의 구체성과 맥락성context으로 시각이 옮겨 가고 있다.

인지심리학자인 제롬 브루너Jerome S. Bruner는 인간의 사고를 둘로 나누었다. 하나는 패러다임 사고paradigmatic thought이고 다른 하나는 내러티브 사고narrative thought다. 패러다임 사고는 과학적 사고다. 인과관계를 추론하고 추상적인 논리를 구사한다. 이에 반해 내러티브 사고는 행위의 의도를 분석하고 해석하며 의미를 부여하고 추구한다. 우리의 삶과 감정들은 주로 내러티브 사고에 영향을 받는다.

제롬 브루너는 패러다임 사고에 집중했던 근대의 세계는 해체되고 다양하고 미세한 이야기의 해석이 중요해졌다고 본다. 이를 그는 서사적 전환narrative turn이라 했다. 서사적 전환은 추상적이고 보편적인 거대 우주를 다루지 않는다. 다양하고 미세한 미시 우주를 다룬다.

『주역』은 어떠할까. 『주역』을 바라보는 시각도 동일할 수 있다. 모든 것이 불확실한 시대에 아직도 오랜 시간의 누적 속에서 해석의 지층들이 쌓여 이루어진 『주역』이라는 경전을 면밀히 독해할 여지가 있다면, 그것은 우주의 시간이라는 거대 담론이 아니라 인간의 마음이라는 미시 담론이다.

그래서 필요한 것은 먼 거리의 우주를 바라볼 수 있는 천체망원경이 아니라 알 수 없는 마음의 깊이를 들여다볼 수 있는 미시현미경이다. 거대 우주에서 미시 우주로의 전환이 불확실성의 시대에 『주역』을 독해하는 방향이다. 양만리는 자신의 『성재역전誠齋易傳』 '자서自序'에서 이렇게 말한다.

> 『주역』이란 무엇인가? 역이라는 말은 바로 변화를 말한다. 『주역』은 성인들이 사회 역사 속에서 변통變通을 실천했던 일들에 대한 기록이다. (…) 배우는 자가 변화에 통달하려 한다면 어디에서 그 변통을 구할 것인가? 도道다. 어디에서 도를 구할 것인가? 중도中道다. 어디에서 중도를 구할 것인가? 정도正道다. 어디에서 정도를 구할 것인가? 『주역』에서다. 『주역』은 어디에서 구할 것인가? 마음이다.[2]

이야기와
『주역』

1.

『천일야화』라는 책이 있다. 많은 여자로부터 배반당하고 상처 입은 아라비아의 왕 샤리아르에게 세에라자드라는 여인이 천 하룻밤 동안 이야기를 들려준다는 줄거리를 가진다. 왕은 동침한 여자는 무조건 죽이는데 세에라자드는 왕에게 이야기를 들려줌으로써 죽음의 위기를 넘어간다. 『천일야화』의 이야기 구조에 따른다면 이야기가 지속된다는 것은 곧 죽음의 위기를 넘어 삶이 지속된다는 것이다. 이야기가 끝난다면 혹은 이야기가 없다면 곧 죽음이다.[1]

아포페니아apophenia라는 심리학 용어가 있다. 아직 연관성이 없는 사물이나 현상, 정보 등을 연결시켜서 연관성이나 규칙성을 찾아내려는 심리 현상을 말한다. 예를 들면 밤하늘의 별자리를 규칙적으로 파악하려는 것이다. 모호하고 흐릿한 자극으로부터 어떤 패턴을 보는 것이다. 정신병과 같이 느껴지지만 진화론적으로 인간의 두뇌가 좋기 때문에 생기는 심리현상이다.

밤하늘의 별들을 보며 처녀자리 등 별자리를 상상할 수 있는 동물은 오직 인간밖에 없다. 이는 인간의 문화와 학문을 발달시키는 토대라고도 할 수 있다. 혼란한 현상에서 연관성과 질서를 만들어내기 때문이다. 아포페니아는 인간의 끝없는 호기심과 상상력을 자극시키는 역할을 해왔다. 물론 과도하게 작용하면 정신병이 될 수 있다.

인간에겐 왜 이런 독특한 심리가 생겨났을까. 인간은 불확실성을 견디지 못한다. 불확실성의 불안으로부터 벗어나려고 할 때 아포페니아 심리 현상이 드러난다. 혼돈의 현상에서 어떤 패턴과 질서를 찾으려고 한다. 자연을 지배할 힘이 없을 때, 객관적인 법칙을 장악할 능력이 없을 때 자연을 질서의 체계로 이해하려고 한다.

패턴을 알려고 하는 이유는 불안 때문이다. 당연히 미래를 예측하려는 욕망은 불안과 관련된다. 인류는 이러한 욕망 때문에 자연과 인간 사회에서 일어나는 현상을 질서의 체계로 이해하려 했다. 고대로부터 자연의 질서 체계를 이해한 것은 과학이고 인간 사회의 질서 체계를 이해한 것은 역사다.

공통점이 있다. 과학과 역사는 모두 질서 체계와 패턴을 구성한다. 그것을 내러티브, 서사 구조라고 할 수 있다. 간단히 말하자면 이야기 구조를 가진다. 과학에서 말하는 자연의 질서도 서사 구조이고 역사에서 말하는 인간의 질서도 서사 구조다. 인간의 모든 연구는 내러티브 구조를 가진다. 담론 구조다. 학자들이 내러티브 전환narrative turing을 말하는 이유다.

인간의 두뇌는 이야기 구조를 추구하도록 진화되었다. 인간의 두뇌가 아름다운 이유는 끊임없이 어떤 패턴을 이해하고 이야기를 인식하고 거기서 의미를 추구하는 고도로 발달된 능력으로 진화했기 때문이다.

인간은 자신이 처한 환경을 이해하고 그에 적응하려 한다. 그때 어떤 이야기를 발견하는 능력은 어려운 환경을 견디게 만든다. 아무런 의미도 없는 것에서 의미와 방향성을 찾아 환경에서 살아갈 수 있도록 한다. 망망대해에 떠 있는 배 위에서 한 줄기 빛을 발견하는 것과 같다. 방향을 잡는 것이다.

조너선 갓셜은 『스토리텔링 애니멀』에서 이야기의 효용에 대해 재미난 관점을 시사하고 있다. 진화론적 관점에서 본다면 이야기는 인지적 놀이다. 어린아이들이 놀이를 통해 신체 근육을 단련시키고 다양한 능력을 키우듯이 자유로운 예술 놀이가 정신의 근육을 발달시킨다.[2] 이야기에 담긴 정보와 대리 경험을 통해 삶을 살아가는 태도와 방식을 배울 수 있다.

아이들은 다양한 놀이를 즐긴다. 일반적으로 어린이들이 놀이를 하는 것은 현실에서 도피하는 것으로 생각할 수 있다. 하지만 이런 시각은 뒤바뀐 것이다. 현실에서 도피하려는 것이 아니라 현실의 문제를 정면으로 마주하려는 것이다. 아이들의 놀이에 담긴 독특한 특성이 있다. 조너선 갓셜은 그것을 '말썽'으로 규정한다.

예를 들면 아이들의 놀이에는 길 잃어버리기, 도둑맞기, 죽고 죽이기, 달아나기, 경찰 부르기 등등 어수선한 말썽들이 있다. 이런 놀이에는 생물학적 기능이 있다. 어린 개체가 성숙한 개체의 삶을 예행 연습하는 것이다. 놀이를 통해 몸과 뇌를 훈련하여 사회적·정서적 지능을 계발한다. 말썽은 놀이에만 있는 것은 아니다. 삶에서도 일어난다. 우리는 그것을 사건이라 한다. 갈등 상황이고 딜레마다. 불안과 의심이 일어나는 때이기도 하다.

우리는 흔히 현실을 피해 허구의 세계로 도피하기 위해서 이야기에 빠진다고 생각한다. 이야기 놀이의 특성을 '말썽'으로 규정하는 조너선 갓설에 따른다면 현실에서 도피하기 위해서가 아니라 현실을 살아갈 능력을 연습하기 위함이다. 달리 말하자면 픽션으로 구성된 이야기는 시뮬레이션 훈련이다. 가상훈련이다.

이런 이론에 따른다면 이야기를 만들고 즐기는 인간은 가상훈련을 통해서 현실의 문제를 해결할 수 있는 능력을 키우도록 진화되었다. 삶의 거대한 딜레마를 극복하기 위해 시뮬레이션 훈련을 하도록 이야기를 만들었다. 그것이 이야기의 진화적 기능이다. 그렇다면 이야기를 통해 삶의 문제를 훈련한 사람들은 그렇지 않은 사람보다 더 사회적 능력이 뛰어나다.

심리학에서도 픽션을 즐겨 읽는 사람이 논픽션을 즐겨 읽는 사람보다 사회성이 더 뛰어나다는 결과가 있다. 픽션은 삶의 난제를 시뮬레이션을 통해 훈련하는 오래된 가상현실 기술이다. 뇌과학적으로 말하자면 뇌는 픽션에서 일어나는 일들이 실제로 일어나는 것처럼 반응한다. 물론 중요한 것은 시뮬레이션 훈련이 아니다. 중요한 것은 현실과의 실전이다.

2.

『주역』의 탄생도 동일한 방식으로 생각할 수 있다. 『주역』에도 이야기 구조가 있다. 『주역』은 점占으로부터 시작되었다. 점이란 미래 예측이다. 점을 담당한 사람들은 무축巫祝 혹은 축사祝史로서 무당, 즉 샤면shaman이었다. 샤면인 무巫는 신을 섬기고 강신降神과 접신接神을 한다. 축祝은 무의 말을 전하고 사史는 그것을 기록하는 사람이다. 이들은 주로 제사를 담당하고 점을 치는 사람들이었다.

샤먼인 무巫는 접신과 강신 이외에 국가적 일들을 예언하고 제사를 관리하고 왕의 통치에 관한 일들을 기록하기도 했다. 이것이 무사巫史들이다. 나중에 직분들이 분화되면서 사史는 주로 국가적 일들을 기록하고 관리하는 일을 맡게 되었다. 사史는 역사를 기록하고 점복을 통해 역사적 변화를 해석하기도 했다. 고대에 사史는 샤먼으로서의 무巫와 점복으로서의 복卜과 밀접한 관련이 있었다.

이 사관들이 한 일은 먼저 국가적·군사적 사건 그리고 왕들의 행동과 말을 기록하는 것이었다. 점복이나 시초蓍草점의 결과를 해석하여 국가적인 큰일들이 어떻게 변화하는지를 예측했다. 또한 천문 현상을 관찰하여 역서曆書, 즉 달력을 정리했다.

많은 학자는 『주역』이 제사와 점복을 담당했던 무사들이 점복과 역사 자료, 생활 경험과 인생철학 등을 모아 편찬한 점복서였다고 주장하고 있다. 따라서 『주역』은 하늘의 도를 중시하는 사관들의 전통이 반영되어 있다. 사관들이 하늘의 천문 현상에 관심을 가졌기 때문에 천문학이 『주역』과 함께 발달하게 된다. 물론 당시 천문학은 순수 과학이라기보다는 종교나 정치와 관련된 점성술적인 의미가 더 컸다.

한나라 때 태사령太史令도 이러한 전통과 관련이 깊다. 태사령은 국가 제사와 의례를 관장하는 태상太常에 속한 관직이다. 이 관직은 천시天時와 별자리를 관장하고 역曆을 만들어 올리고 국가의 제사와 혼례, 상례의 길일과 금기의 때를 정하며 재이 현상과 상서로운 조짐들을 기록하고 해석하는 관리였다.

이런 맥락에서 본다면 역易은 역曆이며 동시에 역歷이다. 역曆은 천문학이다. 천문 현상과 달력과 관계된 하늘의 질서이고 하늘의 시간이다. 역曆은 역사다. 사회적 사건과 인간의 활동을 질서 체계로 구성한다. 사건과 행위로 구성된 인간의 질서이고 인간의 시간이다. 역曆은 천문학으로 우주의 이야기이고 역曆은 역사로 인간의 이야기다.

『주역』은 두 가지 영역의 이야기를 포괄하고 있다. 하나는 과학의 영역이고 후자는 인문의 영역이다. 과학과 인문은 서로 영향을 미치며 체계를 형성해왔다. 역학사易學史에서도 이러한 구분법이 있다. 상수역학과 의리역학을 구분한다. 거칠지만 상수학은 과학의 영역으로 의리학은 인문의 영역으로 구분할 수 있다.

주목할 것은 사마천의 『사기史記』다. 사마천 스스로도 자신을 복축卜祝의 직분으로 말하고 있듯이 『사기』는 고대의 무사巫史 집단과 관련된 문헌이다. 『주역』과 밀접하게 관련된다. 이성규는 「『사기』와 역학」이라는 논문에서 이를 상세하게 분석하고 있다. 「태사공자서太史公自序」에는 이런 말이 있다.

(선친께서는) '공자가 죽은 뒤 지금까지 500년이 되었으니 누군가 그 뒤를 이어 세상을 밝히기 위해 『역전』을 바르게 해석하고 『춘추』를 계승하며 『시』『서』『예』『악』의 근본을 밝히는 사람이 나와야 하지 않겠는가'라고 하셨다. 이것은 나를 염두에 두고 하신 말인가! 이것은 나를 염두에 두고 하신 말인가! 그렇다면 내가 어찌 감히 이 일을 사양하겠는가?3

『춘추』를 계승하는 것은 『사기』를 지은 가장 중요한 동기다. 사마천은 태사太史의 가문으로 태사령에 임명되어 『사기』의 완성을 자신의 운명으로 생각했다. 여기서 『춘추』를 계승한다는 말과 함께 "『역전』을 바르게 해석한다"는 구절은 사마천의 시각을 드러내준다. 사마천은 『사기』를 쓸 때 『역』의 원리를 잇는 것을 『춘추』를 계승하는 것만큼 중시했다는 것이다.

『사기』「사마상여열전司馬相如列傳」에는 이런 말이 나온다. "『춘추』는 드러난顯 일들을 미루어 은미한隱 이치에 이르고 『역』은 은미한 것을 바탕으로 드러난 일에 이른다."[4] 『춘추』와 『역』의 밀접한 관계를 적확하게 표현한 말이다.

드러난 것과 은미한 것은 '은현隱顯'이다. 감추어짐과 드러남이다. 은미한 이치와 드러난 현상이다. 둘은 분리된 것이 아니라 결합되어 있다. 『춘추』는 드러난 인간사의 일을 다루지만 은미한 이치가 감춰져 있다. 『주역』은 은미한 이치를 드러내는 듯하지만 인간사를 함축하고 있다.

『주역』은 은미한 이치가 담긴 상징을 바탕으로 현실의 사건들로 나아간다. 은미한 이치가 담긴 상징들을 구체적이고 현실적인 맥락 속에서 이해할 수 있다. 『주역』은 추상적 상징이고 텅 빈 공식과 같다. 텅 빈 공식에 이야기들을 투사하여 상상해낼 때 은미한 이치들은 저절로 드러난다. 주희는 이렇게 말했다.

다른 경전들은 그 일에 따라 그 문장이 생긴 것이다. 예를 들어 『서경』은 요·순·우·성탕·이윤·무왕·주공의 일을 말했다. 많은 일이 있었기 때문에 그러한 것까지 말했다. 만약 그런 일이 없었다면 또한 그러한 것까지 말하지 않았을 것이다. 그러나 『주역』은 어떠한 일들도 드러나지 않은 텅 빈 기호다. 어떤 일이 일어나지 않았는데 미리 어떤 일에 대한 이치를 말해 두는 것이다. 그래서 많은 도리를 포괄할 수 있다.[5]

구체적인 역사서에는 실제로 일어난 사건에 대한 기록과 그에 대한 해석과 평가가 서술되어 있다. 『주역』은 전혀 구체적이지 않다. 오직 상징과 기호, 모호한 말이 있을 뿐이다. 그것을 어떻게 해석할 수 있을까. 수학 공식이 있다고 치자. 함수 공식이다. 그 함수 공식에 구체적인 수를 넣으면 답이 나온다. 마찬가지다. 『주역』의 텅 빈 기호에 구체적인 이야기를 넣고 독해하는 것이다.

상상력이 필요하다. 이를 서사적 상상력narrative imagination이라고 부를 수 있다. 서사적 상상력을 통해 모호한 뼈대에 살을 붙여 구체적인 형체를 드러나게 하는 것과도 같다. 『주역』의 상징과 기호가 담긴 괘와 효를 독해하는 방식이다. 『주역』은 모호한 상징으로 말한다. 그것을 독해하는 사람은 각자의 인생을 투사하여 이해한다. 각자의 머릿속에서는 각자의 인생 이야기와 의미가 이해되고 해석된다. 우물효과다.

중국 역학사에서 의리역학자들은 이러한 방식으로 『주역』을 독해했다. 그들은 정치권력 안에서 활동하는 사람들이었다. 때문에 그들은 구체적인 사회정치적 맥락 속에서 『주역』을 이해하고 해석했다. 그 당시 사대부들은 군주와 신하라는 권력 관계 속에서 자신의 도리를 실천하면서 권력의 균형을 이루어 나갈 수 있는 문제를 고민했다.

의리역학자들은 『주역』을 이해할 때 구체적인 현실과 역사, 인물과 관련해서 해석하고 있다. 텅 빈 공식에 사건과 인간을 대입하여 독해했다. 그럴 때 각각의 괘卦와 효爻에 나타난 상징은 구체적인 상황과 사건을 상징하고 있다. 의리역학의 대표자인 정이천은 "괘는 사건이고 효는 사건 속에서의 때다"[6]라고 하여 괘와 효를 하나의 사회정치적 상황으로 독해했다.

여기서 더 나아가 역사적 사실과 인물로 『역』을 해설하는 것을 '이사 징역以史徵易'이라 한다. 역사적 사건으로 역을 증험한다는 뜻이다. 대표적인 인물은 남송 시대 학자인 양만리다. 양만리의 『성재역전誠齋易傳』은 역사적 인물과 삶의 이야기를 통해 괘와 효를 설명한다. 은밀하게 감춰진 구조를 가지고 상상력을 발휘한다면 풍부한 삶의 이야기와 만날 수 있다. 『주역』에는 서사적 구조가 감춰져 있다.

3.

서사narrative란 이야기다. 서사 이론은 주로 문학 분야에서 발달해 서사물에 대한 비평에 이용되었다. 소설을 분석하는 데 이야기의 구조나 인물의 행위를 분석하기 위한 방법론으로 발전했다. 그러나 서사 담론의 발전은 다양한 영역에 영향을 미쳐 활용되고 있다.

서사물의 필수적인 구성요소를 구조주의자들은 이야기(사건, 사물)와 그것이 전달되는 방식으로서의 담론으로 구별하고 있다. 서사는 기본적으로 사건event과 그것을 서술narration하는 방식에 의해 성립된다. 사건들은 끊임없이 일어난다. 구체적인 사건을 우리는 서사라는 배경 속에서 이해한다. 하나의 사건을 다른 사건과 연결시키고 거기에 어떤 시간적인 흐름을 부여하면 스토리story가 형성된다.

스토리를 위한 재료들은 사건들, 인물의 행위와 상태, 사건의 시공간적 배경이 있다. 그리고 가장 중요한 것이 플롯plot이다. 플롯은 스토리 재료를 결합하고 배치하고 구성하는 것을 의미한다. 타인에게 전달하는 형식을 갖게 되면 서사가 성립한다. 다시 말하면 스토리story(무엇)와 서술적 표현인 담론discourse(어떻게), 즉 스토리텔링storytelling이 서사를 구성한다.

동일한 내용도 어떤 방식으로 서술하느냐에 따라 효과는 다르다. 담론 표현 형식이 서사적 효과를 일으키는 데에 중요한 요소로 작용한다. 서사적 효과 가운데 중요한 것은 현실을 새롭게 인식하게 만든다는 점이다. 그런 의미에서 서사는 이야기된 것들을 통해 현실을 다른 시각으로 깨닫게 해준다.

여기에는 치료 효과Therapeutic effect가 있다. 과거의 이야기를 읽는 현재의 독자는 그 속에서 삶의 의미를 깨닫기도 한다. 그런 점에서 서사는 시간과 공간을 통해 역사성과 윤리성을 획득한다. 서사는 시공간을 초월하여 인간의 특정한 경험에 의미와 정당성을 부여한다. 그것을 읽는 사람에게 치료 효과와 더불어 실제적인 삶의 규범을 제공한다. 이것은 끊임없이 누적되고 변형되어 전통과 문화를 이룬다.

『주역』은 이런 점에서 삶의 이야기들이 담긴 문헌이다. 역사와 사회 속에서 실천했던 모습과 마음이 드러난 기록이기도 하다. 그렇기 때문에 의리역학자들은 『주역』을 통하여 현실의 변화를 이해한다. 그 속에서 변화의 흐름, 변통의 방식, 마음의 움직임과 태도를 독해해낸다.

서사는 사건, 인물의 행위와 정신 상태, 시공간적 배경으로 구성된다. 이런 재료를 결합하고 배치하여 플롯이 형성되면 서사물이 된다. 서사학은 이러한 사건의 배치와 연결인 플롯과 그 속에서 이루어지는 인물의 행위와 정신 상태, 사건이 일어난 배경을 분석하고 있다. 그러한 분석을 통해 서사물의 의미를 추구해 들어간다.

이러한 형식은 『주역』에도 동일하게 적용될 수 있다. 『주역』이란 문헌은 다른 문헌과는 달리 독특한 형식을 가지고 있다. 『주역』은 64괘라는 독특한 기호로 구성되어 있다. 음陰--과 양陽—이라는 기호가 6자리에 착종하여 하나의 괘를 이룬다. 예를 들면 감坎☵괘와 진震☳괘가 위와 아래에 배치되어 둔屯䷂괘의 모양이 나온다.

이 둔괘는 '혼돈'이라는 사건 혹은 상황을 상징한다. 64괘의 상징은 인간사의 사건과 상황을 상징한다. 64괘는 모두 이야기 구조로 연결되어 있다. 이런 이야기 구조를 설명하는 것이 「서괘전序卦傳」이다.

괘는 음양 6효爻로 이루어졌다. 각각의 효는 각기 다른 위치에 배치되어 있다. 아래로부터 시작하여 초구初九효, 육이六二효, 육삼六三효, 육사六四효, 구오九五효, 상육上六효 등으로 부른다. 각각의 효는 혼돈이라는 상황에 처한 각기 다른 위치의 시점을 상징한다.

또 각 괘와 각 효에는 그것을 설명하는 말들인 괘사卦辭와 효사爻辭가 달려 있다. 괘사는 괘에 달린 말이고 효사는 효에 달린 말이다. 괘와 효 그리고 여기에 달린 말들이 전체 괘를 이룬다. 마치 하나의 그림에 시가 달려 있는 동양화와 유사하다.

『주역』은 메시지를 전달하는 방식으로서의 담론이 독특하다. 단지 언어만이 있는 것이 아니라 상징과 기호가 있다. 각 괘와 효에 담긴 기호와 상징으로부터 사건의 맥락과 의미를 독해해내는 것은 서사물을 해석하는 방식과 유사하다.

『주역』의 대표적인 의리역학자인 왕필이나 정이천은 모두 괘상卦象

을 인간사의 상황으로 독해했고 괘의 한 효는 그 상황에 처한 인물을 상징한다고 보았다. 결국 괘가 상징하는 상황 속에서 어떻게 적합한 행위를 할 것인가를 드러내는 상징으로 이해했던 것이다. 그렇다면 왜 『주역』은 이렇게 독특한 형식을 가졌을까. 「계사전」에는 이런 말이 있다.

> 공자가 말했다. "문자로는 말을 다 표현할 수가 없고 말로는 뜻을 다 표현할 수가 없다." 그러면 성인의 뜻을 알 수가 없는가? 공자가 말했다. "성인은 상을 그려서立象 그 뜻을 다 표현하려盡意 했고 괘를 만들어서 실정과 허위를 다 표현했고 설명하는 말을 덧붙여서 그 말을 다 표현했다."7

언어나 문자만으로는 복잡한 현실적 맥락을 생생하게 전달할 수 없다. 언어와 문자는 살아 꿈틀거리며 변화하는 현실을 죽여 박제시킨다. 고정시키는 것이다. 그래서 언어와는 별도로 상을 그려서立象 현실의 데이터들을 시각화했던 것이다. 박제된 것에 생명력을 준다.

그 이유는 뜻과 의미를 좀더 생생하고 완전하게 전달하기 위해서다盡意. 의미를 완전하게 전달하기 위해서 다양한 데이터들을 시각화하는 방식이 곧 스토리텔링의 형식이다. 서사 담론인 것이다. 괘를 현실의 어떤 상황을 나타내는 것으로 상징화해서 의미를 입체적으로 보여주기 위해서이다.

『주역』의 괘는 어떤 기호로 상징된다. 이것은 현실 상황을 상징한다. 여기에 상황에 대한 이해와 설명, 그 상황에서 일어날 수 있는 여러 가지 가능성들이 암시되어 있다. 그 상황에는 어떤 인물이 있고 이상적인 행위 방식을 드러낸다. 그렇다면 어떻게 괘효로부터 현실 상황의 복잡성과 다양성을 이해하고 그 속에서의 의미와 적합한 행위 방향을 읽을 수 있을까?

서사학에서는 시공간적 배경과 사건, 인물의 성격과 행위, 인물의 정신 상태 등을 분석하면서 서사물을 독해한다. 『주역』에도 이러한 데이터의 요소들이 있다. 『주역』 64괘의 각 괘는 단절적이지 않다. 하나의 흐름으로 연결되어 있다. 시간적인 흐름이며 형세 변화의 흐름이다. 시세時勢의 변화라고 할 만하다.

『주역』은 1번째 괘인 건乾▉▉괘와 2번째 괘인 곤坤▉▉괘로 시작한다. 건괘는 순수한 양陽이고 곤괘는 순수한 음陰이다. 건과 곤은 우주의 변화를 일으키는 근본적인 두 힘이다. 건은 능동적 창조성을 곤은 수동적 실천성을 상징한다. 이 두 힘의 창조와 실천을 통해 이루어지는 역동적인 생명력이 만물을 생성한다.

그러나 건과 곤은 순수한 음양이라 구체적인 현실은 아니다. 3번째 괘는 둔屯▉▉괘다. 카오스chaos다. 혼돈으로부터 『주역』은 시작한다. 혼돈으로부터 생명은 시작하여 끊임없이 변화를 거듭해간다.

마지막 괘는 무엇일까? 마지막 64번째 괘가 미제未濟▉▉괘이고 63번째 괘가 기제旣濟▉▉괘다. 미제는 '아직 완성되지 않았다'는 뜻이고 기제는 '이미 완성되었다'는 뜻이다. 왜 마지막이 아직 완성되지 않았다는 미제괘로 끝났을까?

『주역』에는 최종적인 종말과 완성이 없기 때문이다. "끝이 곧 새로운 시작이다終則有始." 완성이라고 생각하는 순간 그것은 이미 완성이 아니다. 끝이라고 생각하는 순간 다시 시작해야 한다. 깨달았다고 생각하는 순간 다시 용맹정진해야 한다.

흥망성쇠의 연속이다. 다시 건과 곤으로 돌아가 새로운 창조와 실천으로 끊임없이 혁신해야 한다. 완성과 종말은 없다. 끊임없이 생성하고 다시 살아내려는 역동적인 과정만이 있을 뿐이다. 역사는 끝없이 이어지고 사건은 끊임없이 일어난다. 거기서 인간은 살아내야 한다.

이러한 과정 속에서 각각의 괘는 하나의 상황과 사건 즉 때時를 상징한다. 이 각각의 괘가 상징하는 상황 속에 한 개인이 처해 있다. 음陰--과 양陽—은 이 개인을 상징한다. 음과 양이 섞여서 괘를 구성하면서 다른 위치에 처해 있다.

각각의 음과 양은 한 인간이 가진 인간의 자질才과 능력德을 보여준다. 음은 수동적이며 소극적이고 양은 능동적이며 적극적이다. 강직하거나 유약하며 강퍅하거나 유연하다. 영리하거나 우둔하며 순종적이거나 지배적이다. 사람마다 자질과 능력에서 차이가 있다.

이런 다양한 개인들이 각기 다른 위치와 지위에 처해 있다. 권력 관계다. 어떤 사람은 높은 지위에 어떤 사람은 낮은 지위에 어떤 사람은 지배적인 위치에 어떤 사람은 복종하는 위치에 처해 있다. 능동적이고 적극적인 사람이 복종하는 위치에 올 수도 있고 수동적이며 소극적인 사람이 지배적인 위치에 올 수도 있다. 각기 다른 사람들이 각기 다른 상황에 처해 있다.

이러한 개인들은 고립되어 있지 않다. 얽혀 있는 것이다. 권력 관계 속에 있다. 각각 음효와 양효들은 여러 가지 방식으로 관계를 맺고 있다. 그것을 응應과 비比라고 한다. 호응과 접촉이다. 강직한 윗사람이 강직한 아랫사람과 관계할 수 있고 유연한 윗사람이 강직한 아랫사람과 관계할 수도 있다. 현명한 자가 윗자리에 있고 어리석은 자가 아래에 있을 수도 있고 어리석은 자가 윗자리에 있을 수도 있고 현명한 자가 아랫자리에 있을 수도 있다. 어떻게 대처할 것인가?

어떤 상황과 위치에 처한 어떤 자질과 능력을 가진 사람이 어떤 위치에 있는 어떤 자질과 능력을 가진 사람과 호응하고 관계하면서 어떤 일에 대처한다. 이러할 때 전체 상황 변화를 파악하고 변화의 낌새를 파악한다. 또한 마음의 변화와 기미幾를 포착하면서 시의적절한 타이밍時에 올바른 원칙에 맞게 행동한다.

정이천은 『주역』의 핵심을 '지시식세知時識勢'와 '지기知幾'라는 말로 요약했다. '시세時勢'를 알고 '기미幾'를 파악하는 일이다. 시세는 지속적인 흐름과 변화다. 전체적 형세 변화를 파악하는 일이다. 기미는 시그널signal이다. 변화의 낌새와 마음의 낌새다.

이러한 흐름과 낌새 속에는 수많은 갈림길이 있고 역동성들이 잠재해 있다. 따라서 시세를 파악하고 순간의 기미와 기회를 포착하는 일, 자신이 어떤 상황과 위치에 있고 자신에게 적절하고 가장 좋은 방향이 무엇인지를 아는 일, 어떻게 실천하는 것이 의미 있는지를 아는 일, 이런 것들이 담긴 매뉴얼과 같은 것이 『주역』이다.

결국 『주역』이란 진퇴에 관한 문제이고 거취에 관한 문제다. 처신과 처세의 문제이다. 스탠스를 어떻게 취할지를 결정하는 문제이기도 하다. 애티튜드attitude의 문제다. 여기서 핵심은 타이밍이다. 시중時中이라고 한다. 변화의 흐름 속에서 타이밍에 맞는 처신이다.

『주역』에는 이야기 구조와 인물에 대한 평가 방식이 담겨 있다. 역사적 사건과 개별 인간에 대한 품평이 담긴 문헌으로 읽을 수 있다. 이런 사고방식은 서양과는 다른 시각을 제공하여 우리 삶의 이야기를 볼 수 있는 관점을 제공해줄 수 있다.

벤야민은 두 가지의 이야기꾼을 말한다. 하나는 이곳저곳을 여행하면서 많은 경험을 가진 이야기꾼과 하나는 한곳에 오래 정착하면서 그곳의 많은 지혜를 가진 이야기꾼이다. 하나는 폭넓은 경험에서 나온 새로운 이야기이고 하나는 오랜 시간을 농축한 깊은 지혜를 말한다.

전자는 풍문만을 얘기하고 후자는 깊은 지혜를 말한다. 벤야민의 구분법을 빌린다면 『주역』은 오랜 시간을 농축한 깊은 지혜를 말하는 이야기꾼들이 만들어낸 문헌이다. 벤야민에 따르면 이제 이런 이야기꾼은 사라졌다.

3

왜 유방劉邦은
장례를 공표했을까

둔屯괘

1.

진시황의 가혹한 정치에 천하가 함께 노했다. 진나라가 망하고 천하는 혼돈에 휩싸였다. 혼돈 속에서 권력을 쟁탈하려는 세력들은 전국 각지에서 일어났다. 진승陳勝과 오광吳廣의 농민 반란은 유명하다. 항우項羽와 유방 모두 진시황에 대항했던 인물이었다.

항우는 훤칠한 키에 귀족적 용모를 가진 영웅이었다. 이에 비한다면 유방은 농민의 자식이었다. 사마천은 유방의 출생과 용모를 신비화하고 있다. 유방의 어머니 유온劉媼이 태몽으로 용꿈을 꾸었고 유방의 얼굴이 용을 닮았고 왼쪽 넓적다리에는 72개의 반점이 있고 관상을 보는 사람들은 왕이 될 상이라고 평했다.

유방은 이름 없는 신분의 비천한 출신이었다. 평민 출신으로 왕이 된 자는 중국 역사에서 흔치 않다. 출신은 비천했지만 배짱이 두둑하고 담대했다. 사마천의 기록에 따르면 유방은 공부도 하지 않고 술과 여색을 탐하는 건달이다. 이런 유방이 어떻게 황제의 자리에 오를 수 있었을까.

유방은 문인文人들을 무시했다. 유생儒生들의 관을 벗겨 오줌을 싸고 깔보기까지 했던 그였다. 역이기酈食其는 역상酈商의 형이고 역기酈寄의 큰아버지다. 역이기는 본래 하급 관리였지만 농민 반란이 일어나자 유방을 찾아가 전략을 올릴 만큼 대범한 사람이었다. 그는 키가 팔척이 넘고 오만한 성격이었다. 사람들은 그를 '미친 유생'이라고 불렀다고 한다. 지략이 뛰어나고 천하의 형세를 잘 알고 있었다.

역이기와 유방의 만남은 유명하다. 역이기는 환갑을 넘은 노인이었다. 사마천의 기록에 따르면 역이기가 방문했을 때 유방은 침대에 누워 여자 둘을 시켜 발을 씻게 하고 있었다. 역이기 또한 읍만 할 뿐 절을 하지 않았다. 역이기는 무도한 진나라를 정벌하려고 한다면 두 다리를 벌리고 노인을 이렇게 대해서는 안 된다고 호통을 쳤다. 유방은 옷깃을 여미며 사죄하고 역이기를 정중하게 대했다.

유방은 자신의 잘못을 알고 고칠 수 있는 태도를 지녔고 학식은 모자라지만 현자의 충고를 받아들일 줄 아는 사람이었다. 이중톈易中天은 『초한지 강의』에서 이런 점이 유방이 성공한 중요한 요인이라고 평가한다. 유방은 역이기의 도움으로 순조롭게 관중關中에 도착했다. 진나라의 왕이었던 자영子嬰은 투항했다.

유방은 관중으로 가장 먼저 들어간 사람이었다. 그렇다면 초 회왕懷王과 제후들의 약속에 따라 관중의 왕이 되어야 했지만 왕이 되지 않았다. 장량의 충고에 따라 마음을 바꿔 세 가지 일을 했다. 먼저 자영을 죽이지 않았다.

둘째 진나라의 가혹한 법들을 없애고 간략한 법 세 가지를 만들었다. 살인자는 죽인다, 남을 상하게 하거나 남의 물건을 훔치는 자는 법에 따라 처벌한다. 일명 약법삼장約法三章이다. 또한 진나라 백성이 준 포상을 받지 않았다. 백성에게 폐를 끼치고 싶지 않았기 때문이다. 유방은 민심을 얻었다.

유방은 홍문의 연회에서 구사일생으로 살아 돌아온 뒤 관중의 왕이
되지 않고 한왕漢王에 봉해졌다. 촉한蜀漢 땅으로 떠나면서 잔도棧道를
모두 불태웠다. 추격군의 기습을 막고 다시 돌아갈 의향이 없음을 보여
항우를 안심시키기 위함이었다.

의제義帝가 항우에게 피살되자 유방은 의제를 위해 정식으로 장례
를 공표하고 3일장을 치렀다. 이어 유방은 제후들에게 의제를 위해 친
히 흰옷을 입고 죽음을 애도하라고 고한다. 그리고 대역무도한 항우를
토벌한다고 선포했다. 천하의 명분을 얻었다. 항우와 유방의 본격적인
투쟁이 시작되었다.

양梁나라 팽월彭越은 종횡무진으로 활약하며 초나라 군사를 괴롭히
고 제나라 한신은 전열을 정비하여 초나라로 진격하려 했다. 지친 유방
과 항우는 천하를 양분하여 서쪽은 유방이 동쪽은 항우가 차지하기로
하고 화친한다. 항우가 초나라로 향하자 유방은 팽성으로 돌아가는 항
우를 뒤쫓아 급습하려고 했다. 장량과 진평이 간언했기 때문이다.

한왕 유방은 제나라 한신과 양나라 팽월에게 사자를 보내 기일을
정하여 출동할 것을 명하고 초나라 군사를 협공하려고 했다. 한나라 군
사가 고릉固陵에 이르렀으나 한신과 팽월은 오지 않았다. 초나라 군사
의 반격을 받은 한왕 유방은 장량의 계책에 따라 한신과 팽월의 봉지
를 넓혀주어 자신들의 이익을 위해 싸우도록 유인했다. 한신과 팽월이
모두 군사를 이끌고 출동하여 한왕 유방과 회합했다.

결국 한나라 군사는 초나라 수도 팽성을 함락시킨다. 이후 잘 알다
시피 기원전 202년 한왕 유방과 제후들은 일제히 초나라 군대를 향해
진격하여 해하垓下에서 항우와 결전을 벌였다. 전략가 한신은 해하에

서 30만 대군을 통솔하며 항우를 포위하며 무너트렸다. 초나라 군사를 포위한 한나라 군사들은 사기를 떨어트리려 사방에서 초나라의 노래를 불렀다. 사면초가四面楚歌다.

제후들과 장상들이 함께 상의하여 한왕 유방을 황제로 높이자고 청했으나 유방은 자신은 현명하지 못해 황제를 감당할 수 없다고 거절했다. 세 번을 사양한 뒤에 한왕 유방은 범수汜水 북쪽으로 나아가 황제의 자리에 올랐다. 기원전 201년이었다.

2.

유방이 천하를 얻을 수 있었던 이유는 여러 가지로 평할 수 있다. 대표적인 것이 용인술이다. 삼불여三不如라 하여 자신을 장량, 소하, 한신보다 못하다고 평한 일은 유방의 용인술을 상징하는 말이다.

세 사람은 모두 출중한 인재들이다. 유방은 이들보다 못하지만 세 사람을 기용할 수 있었다. 항우는 범증范增이라는 뛰어난 전략가가 있었지만 한 사람도 제대로 쓰지 못했다. 유방은 항우보다 뛰어나지 못했지만 천하를 얻을 수 있었다. 그는 어떻게 출중한 인재들을 기용하여 활용할 수 있었을까. 양만리는 그것을 겸손이라고 평가한다.

『주역』의 15번째 괘가 겸謙▤▤괘다. 지산겸地山謙이라 읽는다. 땅을 상징하는 곤坤≡≡괘가 위에 있고, 산을 상징하는 간艮≡≡괘가 아래에 있기 때문이다. 땅 아래로 산이 내려가 있는 모양이다. 땅은 하늘과는 달리 낮게 아래에 처한다. 그런데 높은 산이 땅 아래에 자리하니 겸손한 모습이다. 고귀하고 높은 덕을 갖고 낮은 곳에 처했으니 겸손의 뜻이다.

겸손이란 자신을 낮추는 것이라고 생각한다. 자신의 부족함을 수치스럽게 생각하면서 자신을 낮추는 것은 겸손이 아니라 자기 비하다. 자만심을 가지고 자신을 낮춘다면 오만이다. 자기 비하도 오만도 아닌 겸손에는 어떤 내적인 평온과 충만이 있다. 세상에 대한 이해와 인간에 대한 믿음이 있다. 거기에는 어떤 이해관계의 목적의식은 없다.

겸괘의 괘사는 간단하다. "겸손은 형통하니, 군자는 끝마침이 있다謙, 亨, 君子有終." 정이천은 '군자는 끝마침이 있다'는 말을 통해 겸손의 모습을 이렇게 설명한다.

> 이치에 통달했으므로 천명을 즐거워하면서 다투지 않고, 안으로 충만하므로 물러나 양보하면서 자만하지 않는다. 겸손하게 편안한 마음으로 직분을 실천하면서 죽을 때까지 바꾸지 않으니 스스로 낮출수록 사람들은 더욱더 존경하게 되고, 스스로 감출수록 덕은 더욱더 빛난다. 이것을 "군자는 끝마침이 있다"라고 한다.[1]

겸괘의 다섯 번째 효의 내용이 독특하다. 양만리는 육오六五효를 유방에 빗대어 설명하고 있다. 육오효의 효사는 이렇다.

> 육오효는 부유하지 않아도 이웃을 얻으나, 무력을 사용하는 것이 이로우니, 이롭지 않음이 없다六五, 不富以其鄰, 利用侵伐, 無不利.

육오효에서 오五의 자리는 일반적으로 군주의 지위를 상징한다. 육六은 음陰으로 강하지 못하고 부드러운 자질이고 음의 자리에 위치하여 중도를 얻었다. '부유함'은 부와 권력과 능력이 뛰어남을 상징한다. "부유하지 않아도 이웃을 얻는다"는 말은 상징적이다.

권력과 재물이 있는 곳에 사람이 몰리기 마련이다. 부와 권력이 없다는 것은 아니다. 군주인데 어찌 부와 권력이 없겠는가. 그것을 사사롭게 쓰지 않기 때문에 부와 권력이 없는 듯 보이는 것이다.

부와 권력을 자신의 것인 양 소유하지 않고 세상을 위해 공명정대하게 사용하기 때문에 부유하지 않다. 군주라는 높은 지위에 있으면서도 오만하지 않다. 겸손한 태도로 천하 사람들을 대하니 사람들이 모인다. 이것이 육오효의 의미다. 양만리는 이 육오효를 설명하며 유방을 예로 들고 있다.

> 오효는 군주의 존귀함을 지니고서도 겸손한 덕을 체득하여 자만하지 않고 숭고하고 부귀한 세력을 소유하지 않는 듯하니 이것이 이 괘에서 겸손한 덕이 성대한 모습이다. 부족하다는 겸손한 마음을 미루어 천하의 선함을 받아들이니 주변의 신하가 모든 선함을 가지고 몰려든다. 고제가 세 사람만 못하다고 여겼으니 그러므로 세 사람을 얻을 수 있었다. 천하의 지혜를 모으고 천하의 용맹함을 규합하니 어떤 일을 한들 이롭지 않겠는가?[2]

양만리는 "부유하지 않음"을 자산이 많지 않다는 것보다 역량이 부족하다는 겸손한 마음으로 해석하고 있다. 유방이 천하의 인재를 등용할 수 있었던 것은 이러한 겸손한 마음이 있었기 때문이라고 해석한다. 그렇다면 "무력을 사용하는 것이 이로운" 이유는 뭘까.

자신을 낮추는 겸손이 언제나 미덕이 될 수는 없다. 군주라면 더욱 더 그러하다. 군주가 언제나 자신을 낮추어 겸손만 부린다면 그것은 무능력이 될 수도 있다. 반드시 위엄과 권력으로 통치해야 한다. "무력을 사용하는 것이 이롭다"는 말은 전쟁을 하라는 말이 아니다.

지도자로서 이끌어나가는 강한 힘을 써야 할 때 써야 한다는 말이다. 나약한 지도자는 호구가 될 수 있다. 주변에 호시탐탐 권력을 뺏으려는 세력들이 들끓기 시작한다. 이들을 다스리지 못하면 어리석은 바보가 된다. 양만리는 이렇게 설명한다.

> '무력을 사용하는 것이 이롭다'는 것은 큰 상징을 들어 말한 것이다. 겸손으로는 이롭지 않음이 없겠지만, 겸손으로 하지 못하는 일도 있다. 그래서 성인이 경계하여 말했다. '복종하지 않는 것을 정복하라. 복종하지 않아 정벌하는 것은 부득이한 일일 뿐이다.'[3]

오五의 자리는 군주의 지위다. 지도자라면 지도자로서 해야 할 일이 있다. 지도자로서의 권한이 있다면 권한을 정의의 원칙에 따라 행해야 한다. 엄격한 법률과 명령을 시행한다. 그에 복종하지 않는다면 정의의 원칙과 권력의 힘으로 처벌할 수밖에 없는 일이다. 그것은 포악함이 아니다. 부득이한 폭력이다.

이중톈은 천하를 얻은 유방의 인재 활용법을 8가지로 나누어 설명한다. 제왕지술帝王之術이다. 사람을 알아보고 적재적소에 쓰는 것, 격식에 구애받지 않고 다양한 사람을 기용하는 것, 투항자나 적의 배신자를 적극적으로 받아들인 것, 과거의 감정을 들먹이지 않는 것, 진심으로 사람을 대하는 것, 일단 사람을 쓰면 의심하지 않는 것, 논공행상 등이 앞의 일곱이다.

마지막 여덟 번째가 재미있다. '은근히 압박하는 것'이다. 겸손한 듯 하면서 전적으로 사람들을 믿는 듯하지만 은밀하게 제어하고 통제했다는 말이다. 인재를 신뢰하며 전적으로 기회를 주고 등용하여 능력을 충분하게 발휘할 수 있는 동기와 조건을 만들어준다. 그러나 수수방관하는 바보는 아니었다. 은밀하게 통제할 뿐만 아니라 강력한 권력을 사용할 때에는 사용했다. 사람들은 어리숙한 사람을 이용하여 뭔가를 빼앗으려는 속성이 있기 때문이다. 그것이 정치 현실이다.

3.

중국 역사에서 유방만 한 풍운아는 없었다. 풍운아의 사전적인 정의는 좋은 기회를 타고 활약하여 세상에 두각을 나타내는 사람이다. 평민에서 최고의 권력자인 황제가 되었다. 유방은 48세에 기병하여 56세에 한 왕조의 황제에 올랐다. 그야말로 개천에서 용 난 꼴이다.

어떻게 이런 일이 가능했을까. 아무리 인재 등용에 뛰어난 인물이었고 주변에 현자와 조력자가 많았다고 해도 온전히 그것만으로 설명되지는 않는다. 그것은 하나의 운이기도 했다. 진나라 말기 천하가 혼돈에 빠져 각지에서 영웅호걸들이 일어나 진나라에 대항했던 때를 만나지 못했다면 평민이었던 유방이 천하의 황제가 될 수는 없었다. 어떤 때인가? 카오스의 때, 혼돈의 시대였다.

『주역』에는 혼돈을 상징하는 괘가 있다. 3번째 둔屯☵괘다. '둔'을 '준'으로 읽기도 한다. 주둔駐屯을 의미하는 것이 아니기 때문에 구별하여 '준'으로 발음한다. 둔괘가 『주역』의 3번째 괘에 배치되어 있다는 것은 상징적이다. 1번째 괘는 건乾☰괘이고 2번째 괘는 곤坤☷괘다. 건괘는 모든 효가 양인 순양純陽 괘이고 곤괘는 모든 효가 음인 순음純陰 괘다.

건괘는 양陽, 하늘天, 남성男, 아버지父, 남편夫, 군주君를 상징하고 곤괘는 음陰, 땅地, 여성女, 어머니母, 부인婦, 신하臣를 상징한다. 건괘와 곤괘는 우주의 두 가지 원리이자 힘인 음양을 상징한다. 순수한 양과 순수한 음이다. 순수한 상징이지 현실은 아니다. 구체적인 현실을 상징하는 것은 바로 음양이 뒤섞여 운동하기 시작하는 혼돈이다. 그러므로 『주역』의 실제적인 시작은 둔괘다.

'둔屯'이라는 글자는 풀屮과 땅一이 합해진 글자다. 땅一을 뚫고 생명의 싹이 솟아나려 애쓰는 모습이다. 생명력인 양이 땅이라는 음을 뚫고 이제 비로소 나오는 것을 상징한다. 풀이 꽁꽁 언 땅을 뚫고 나온다. 생명력의 힘은 엄청나지만 얼마나 험난하겠는가. 둔괘 「단전」은 이렇게 표현한다.

> 혼돈이다. 강剛함과 유柔함이 비로소 교류하기 시작했으나 험난함이 생기니, 험난함 속에서 움직인다象曰, 屯, 剛柔始交而難生, 動乎險中.

하늘과 땅, 음과 양이 있은 뒤에야 만물이 생겨난다. 건괘와 곤괘 다음에 둔괘로 이어지는 것은 우주 만물이 이루어지는 이야기의 시작점이다. 혼돈이다. 또한 '둔'은 가득 찼다盈는 의미이기도 하다. 음과 양이

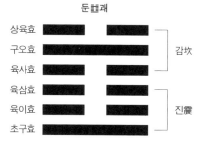

둔 ䷂ 괘

상육효

구오효

육사효   감坎

육삼효

육이효   진震

초구효

만나 만물이 생겨나려 하지만 얽히고설켜 아직 통하지 못하므로 하늘과 땅 사이에 꽉 차서 막혀 있는 모습이다.

　수뢰둔水雷屯으로 읽는다. 둔 ䷂ 괘의 형체는 아래의 진震 ☳ 괘와 위의 감坎 ☵ 괘가 합쳐져 있다. 진괘는 우레를 상징하고 감괘는 구름과 안개를 상징한다. 먹구름 속에 양의 기운과 음의 기운이 교류하기 시작하여 얽히고설켰지만 아직 비가 내리지 못하는 모습이기도 하다.

　혼돈은 음양이 교류하기 시작하면서 갈 길을 모르는 오리무중이다. 안개에 싸여 아무것도 보이지 않는 막막함이다. 구름이 뭉쳐 있지만 비가 내리지 않는 먹먹함이다. 우레가 치고 먹구름이 잔뜩 껴 있다. 갈 길을 찾지 못하는 험난함이다.

　그러나 혼돈은 새로운 생명이 소생할 수 있는 가능성이 꽉 찬 상태다. 이것이 중요하다. 혼돈은 하나의 세계가 몰락한 것임과 동시에 새로운 도약의 기회일 수도 있다. 음양이 교류하지만 얽히고 가득 차서 막혀 있다. 아직 펼쳐지지 못하고 움츠려 있다. 어떻게 펼쳐야 할지를 모른 채 두려움과 망설임과 혼란과 의혹으로 가득 차 있다. 모든 가능성이 뒤섞여 가득 찬 것, 이것이 혼돈의 상황이다.

이러한 이미지를 구성하는 것이 물坎과 우레震다. 비가 오지 않은 먹구름과 안개 속에서 우레가 번쩍한다. 이 괘가 뒤집어진 괘는 '뇌수해雷水解'다. 40번째 괘가 해解䷧괘다. 물을 상징하는 감坎☵괘가 아래에 있고 우레를 상징하는 진震☳괘가 위에 있다.

해解는 '칼로 소의 뿔을 잘라 반으로 나눈다'는 뜻의 글자다. '흩어진다' '풀어진다'는 뜻이다. 그래서 해괘는 험난함을 뚫고 비가 내려 만물이 해방되는 괘다. 우레는 강한 운동을 상징하고 물은 험난함을 상징한다. 해괘는 강한 힘으로 험난함에서 벗어났다는 의미에서 해방이기도 하다. 둔괘는 음양이 교류하여 구름과 우레가 일어나지만 아직 비가 내리지 않고 있다. 만약 비가 내린다면 해괘가 된다.

『주역』에는 어려움을 상징하는 괘가 3개 있다. 둔屯䷂괘, 곤困䷮괘, 건蹇䷦괘다. 모두 물을 상징하는 감坎☵괘가 들어 있다. 감괘는 '험險'으로 위험과 험난함을 상징한다. 정이천은 이 3개의 괘를 분간하고 있다. 둔屯은 처음에 어려워서 소통되지 못하는 혼돈이고 곤困은 역량이 부족하고 궁색한 곤경이고 건蹇은 위험과 장애로 막혀서 곤란한 상황이다.

주희는 이를 음양이 흘러가는 과정으로 분간한다. "둔屯괘는 음양이 아직 통하지 않을 때이고, 건蹇괘는 흘러가는 가운데 막힘이 있는 것이며, 곤困괘는 음양의 흐름이 한계에 달하여 곤궁해진 것이다."[4] 둔괘는 분명한 형태와 방향이 잡히지 않은 혼란스러움이다. 둔괘의 괘사는 이렇다.

혼돈은 크게 형통하고 올바름이 이롭다. 함부로 일을 진행해나가지 말고, 제후를 세우는 것이 이롭다屯, 元亨利貞. 勿用有攸往, 利建侯.

혼돈은 한 시대의 몰락이면서 동시에 새로운 상황이 시작될 수 있는 가능성이다. 그러므로 "크게 형통할" 수 있는 가능성이 많다. 위기가 기회라는 말이기도 하다. 우리는 예상치도 못한 혼란한 상황에 처했을 때 요행을 바라거나 혼란을 틈타 사욕을 채우려 하거나 그 상황을 해결하려고 발버둥을 치곤 한다.

혼란을 틈타 사적인 욕망을 채우려는 일은 비열한 짓이다. 부당한 방법을 써서라도 빠져나오려고 발버둥 치는 일은 조급한 일이다. 혼란한 상황을 해결할 수 있는 역량을 가지고 있지도 못하면서 혼란한 상황을 도와주는 사람도 없이 혼자 해결하려는 정의감에 불타오르기도 한다. 모두 흉한 결과를 자초할 수 있다.

『주역』은 세 가지를 충고하고 있다. "올바름이 이롭다" "함부로 일을 진행해나가지 말라" "제후를 세우는 것이 이롭다." 혼란한 상황에서 왜 올바름을 지키는 것이 이로울까. "올바름이 이롭다"고 번역한 한문은 '이정利貞'이다. 문제는 '정貞'이다.

'정'의 원래 뜻은 점쳐서 어떤 일의 길흉을 묻는다는 의미다. 여기서 올바른 길이라는 뜻과 굳건한 믿음이란 뜻이 나왔다. 올바른 길과 굳건한 믿음을 굳게 지켜 바꾸지 않는 지조를 뜻하기도 한다. 올바름에 대한 믿음과 굳게 지키는 지조가 없다면 어떻게 혼돈에서 벗어날 수 있겠는가. 벗어난다 해도 그것은 요행일 뿐이다. 올바름이 이롭다는 말은 이런 뜻이다.

"함부로 일을 진행해나가지 말라." 경거망동은 금물이다. 어려운 시기를 견뎌내는 덕목은 인내의 기다림이다. 에너지를 비축하고 힘을 얻어야 한다. 아직 준비가 안 된 상태에서 무모하게 행하거나 헛된 욕심에 휘둘려 아무 일이나 해서는 소득이 없다.

불안과 두려움이 어려움 앞에서 성급해지도록 마음을 재촉한다. 조급하지 않고 여유를 갖는 것, 먼저 불안과 두려움을 밀어내는 것, 그리하여 마음의 평정을 구할 것. 그래야 갈 방향이 안개 속에서 보이게 된다. 초조함은 최악이다. 믿음과 확신이 없을 때 초조한 것이다.

그러나 혼자 힘으로는 혼돈의 상황을 해결할 수 없다. 반드시 현명한 인재들을 넓게 구하고 도움을 받아야 한다. 그러므로 "제후를 세워야 이롭다"고 했다. 험난한 상황에 빠졌을 때 타인의 도움을 구하는 일은 부끄러운 일이 아니다. 혼돈을 해결할 세력을 널리 구하여 인내하며 기다릴 때 기회는 반드시 온다.

진나라의 폭정에 천하는 혼돈에 휩싸였고 권력을 쟁탈하려는 영웅호걸들이 일어났다. 유방은 어떻게 이 혼돈에서 벗어나 최고의 권력자인 황제가 되었던 것일까.

4.

과연 유방은 황제에 대한 욕망이 있었을까. 이중톈은 유방이 그런 욕망을 가질 수조차 없었다고 생각한다. 그의 집안은 이름조차 없는 계층의 사람들이었다. 유방의 방邦은 황제 즉위 후에 바꾼 이름이고 어렸을 적 자는 계季다. 계는 이름이 아니라 막내를 뜻하는 보통명사다. 유씨 집안 막내 정도의 의미다. 이름도 갖지 못한 신분이었다.

그런 유방이 어떻게 혼돈에 빠진 천하를 얻을 수 있었을까. 둔屯 괘의 괘사는 세 가지였다. "올바름이 이롭다." "함부로 일을 진행해나가지 말라." "제후를 세우는 것이 이롭다." 양만리는 혼돈에 빠진 천하를 구제할 수 있는 방도에는 세 가지가 있다며 유방을 예로 든다.

> 그 방도에는 세 가지가 있다. 오직 지극한 올바름이 천하의 불의를 바로잡을 수 있다. 그러므로 '올바름이 이롭다'고 했다. 오직 빨리 공을 세우려는 조바심에 욕심을 부리지 않아야 빨리 공을 이룰 수 있다. 그러므로 '함부로 일을 진행해나가지 말라'고 했다. 오직 조력자가 많아야 조력자가 적은 세력을 이길 수 있다. 그러므로 '제후를 세우는 것이 이롭다'고 했다. 한 고제는 진시황과 항우의 혼란을 평정하여 진나라의 가혹한 법을 없애고 의제義帝를 위해 상례를 공표했으니 둔괘의 '올바름이 이롭다'는 뜻을 얻었다. 관중의 왕이 되지 않고 촉한의 왕이 되어 은인자중하며 나라를 얻어 감히 계교하지 않았으니 둔괘의 '함부로 일을 진행해나가지 말라'는 뜻을 얻었다. 고릉에서 만나기로 했으나 제후들이 오지 않자 제나라와 양나라에게 신속히 봉지를 주고 한신과 팽월을 왕으로 삼았으니 둔괘의 '제후를 세움이 이롭다'는 뜻을 얻었다.[5]

양만리는 유방의 행위들을 천하의 혼돈을 해결하기 위한 일이라고 긍정적으로 평가한다. 그래서 의제를 위해 장례를 공표한 일을 정당한 명분을 얻은 올바른 일이라고 평가하고 관중의 왕이 되지 않은 것을 욕심을 부리지 않고 기다릴 줄 아는 지혜를 가진 것이라고 평가한다.

의제를 위해 상례를 치른 일로 천하를 위해 전쟁을 벌일 명분을 얻은 것은 분명하다. 물론 그것은 유방의 판단이 아니었다. 그렇다면 올바른 명분일지라도 다른 의도를 가진 것으로 볼 수 있다. 양만리는 유방을 천하의 혼돈을 해결한 훌륭한 제왕으로 평가하지만 유방에 대한 평가는 그렇게 단순하지만은 않다. 조선 후기 문인인 성대중成大中은 『청성잡기靑城雜記』에서 유방과 항우를 이렇게 평한다.

> 공업으로 말하면 유방이 항우보다 낫지만 인품으로 말하면 유방이 항우만 못하다. 유방이 "이를 어찌할까?"라고 한 것은 두려워하지만 가장했던 것이고, 항우가 "내 능력이 어떠한가?"라고 한 것은 교만했지만 사실이었다.[6]

장량과 친했던 항백項伯이 유방 진영을 찾아가 항우가 공격할 것이라고 장량에게 알려주자 장량은 동참을 거절하고 유방에게 말했다. 유방은 두려워하며 "이를 어찌할까?"라고 했던 것이다. 이에 장량은 항백으로 하여금 배반할 뜻이 전혀 없다고 거짓으로 항우에게 알리게 했다. 이 때문에 홍문의 연회가 열렸다.

홍문의 연회에서 항우는 유방을 무시하며 자신이 이겼다는 듯이 거드름을 피웠다. 유방은 장량의 계책을 따라서 겸손하고 유순한 태도로 겉으로는 항우를 높이는 척했지만 속으로는 항우를 죽이려 했다. 유방은 겉과 속이 다른 교활한 인간이었다.

홍문의 연회에서 항우는 교만했고 경거망동하게 자신을 도우려는 조무상曹無傷의 말까지 발설했다. 그런 의미에서 홍문의 연회에서 천하

대세가 결정되었다고 성대중은 평가한다. 한신과 진평 등은 항우의 이런 사소한 조짐을 보고 먼저 유방에게 갔던 것이다.

항우의 교만은 해하에서 패하고 유방에게 쫓겨 동성東城에 이르렀을 때 한 말에 잘 나타나 있다. "지금 내가 곤경에 빠진 것은 하늘이 나를 망하게 한 것이지 결코 내가 싸움을 잘못한 죄가 아니다." 그리고 한나라 장수를 죽이고 그의 부하들에게 "내 능력이 어떠한가?"라고 했다.[7] 이 말은 실로 교만한 말이지만 그의 진심이 담긴 말이었다. 그는 죽기 전까지도 자신의 능력을 의심치 않았다.

항우가 천하를 얻지 못한 이유는 교만이다. 그러나 성대중은 이렇게 질문한다. 유방과 항우 모두 교만한 것은 같았는데 성패가 달라진 것은 어째서인가? 이유는 간단하다. 한 고조 유방은 두려움을 알았고 항우는 두려움을 몰랐기 때문이다. 두려움을 알았기 때문에 교만을 숨기면서 교활했고 두려움을 몰랐기에 교만을 의식하지 못한 채 자신의 진심에 따라 행했다.

성대중은 인품으로 보자면 유방보다 항우가 낫다고 평가한다. 남을 속이는 교활함보다는 진심을 드러내는 어리석음을 더 높이 평가한 것이다. 교활한 점에서 본다면 한 고조 유방이 의제를 위해서 장례를 천하에 공표한 일도 다른 시각으로 볼 수 있다. 과연 그의 진심에서 우러나온 행위였을까. 이는 유방의 판단과 선택이 아니었다.

북송시대 사마광司馬光의 『자치통감』의 기록에 따르면 그것은 삼로三老 벼슬에 있던 동공董公의 충고를 따른 것이었다. 유방은 마지못해 촉한의 왕에 봉해진 뒤로 다시 항우를 정벌하고자 했다. 한나라 군사가 낙양洛陽의 신성新城에 이르렀을 때 동공이 길을 막고 "덕에 순응하는 자는 창성하고 덕을 거스르는 자는 망한다"8고 간언했다.

항우가 의제를 시해한 천하의 역적이므로 의제를 위해 흰 상복을 차려입고 제후들에게 알려 정벌한다면 천하가 그 덕을 우러러볼 것이라는 얘기다. 인의仁義를 행하라는 것. 이에 유방은 장례를 공표하고 상주喪主처럼 행동했다. 주희는 유방의 마음속에는 이런 생각이 조금도 없었다고 판단한다.

> 한 고조가 천하를 취하며 말한 인의가 어찌 진실한 마음에서이겠는가? (…) 이른바 흰 상복喪服을 차려입고 장례를 공표한 일도 그 의중이 어디에 있었는가?9

주희의 제자였던 진식陳埴은 속임수였다고 평가한다. 항우의 잘못을 꼬투리 잡아 이용했을 뿐이다.

> 고조가 의제를 위해 장례를 공표하고 삼군이 하얀 상복을 차려입자 천하의 마음이 그를 향해 돌아섰다. 그러나 고조도 또한 속임수로 이용했을 뿐이다. (…) 이는 삼로인 동공의 좋은 계책이지 어찌 고조의 본마음에서 나온 것이겠는가?10

항우는 진시황의 행차를 보고 "저 놈의 자리를 내가 대신하리라彼可取而代也"고 했다. 유방 또한 진시황의 행차를 보고 "대장부라면 마땅히 저래야 하지 않겠는가大丈夫當如此也!"라고 했다. 두 사람이 최고 권력을 보고 느낀 생각의 뉘앙스는 다르다. 항우가 진정에서 우러나온 분노라면 유방은 욕망이 감춰진 교활함이었다.

항우는 초나라 귀족의 후예로 태어나서 스스로 서초패왕西楚覇王이라 부를 정도로 의기양양했다. 유방은 미천한 신분에서 출발했고 항우에게는 매번 굴욕을 당했다. 유방에게는 결함도 많았다. 성대중처럼 인품이 아니라 왕으로 평가해본다면 어떨까.

소식蘇軾은 「한고제론漢高帝論」에서 평민에서 5년 만에 천하를 평정했으니 영웅이라 칭할 수 있다고 칭찬하지만 그의 결함을 지적한다. 황제가 되어 자신의 혈족들에게 너무 많이 땅을 봉해주어 계략이 치밀하지 못한 점, 공신들을 주륙하여 시기한 점, 후궁을 너무 총애하여 절제하지 못한 점이 그의 병통이다.[11] 소식이 보기에 치밀하지 못함, 시기심, 무절제가 그의 결함이다. 이런 결함에도 그는 용인술에 뛰어나 결국 황제가 될 수 있었다.

항우나 유방 모두 다른 측면에서 보자면 영웅이다. 그러나 영웅과 황제라는 이유만으로 그 사람을 평가할 순 없다. 그 사람은 죽음 앞에서 드러나는 것이다. 항우는 결국 궁지에 몰려 자신이 싸움을 하지 못해 진 것이 아니라고 하며 하늘을 탓했다. 그리고 죽음 앞에서도 부하들에게 "내 능력이 어떠한가?"라고 물으며 오만을 버리지 못했다.

한 고조 유방은 경포와의 전투에서 상처가 덧나 병세가 심해졌다. 여후가 명의를 불렀다. 명의는 폐하의 병은 치료할 수 있다고 했지만 고조는 욕을 해댔다. "나는 평민의 신분으로 일어나 삼척의 칼을 들고 천하를 얻었다. 이것이야말로 천명이 아니고 무엇이겠느냐? 사람의 명은 하늘에 달려 있는 것이니 비록 편작이 온들 무슨 도움이 되겠는가?"[12]

사람의 목숨은 하늘에 달려 있다. 마찬가지로 사람의 운명은 하늘에 달려 있다. 유방은 자신의 운명을 의연하게 받아들였다. 고조 13년(기원전 195) 4월 한 고제 유방은 장락궁長樂宮에서 숨을 거두었다. 고조는 장릉長陵에 장사 지내졌다.

4

왜 항우項羽는 오강을 건너지 않았을까

대장大壯괘

1.

갈 곳이 없는 궁지다. 항우는 오강을 건너 고향으로 돌아갈 수 있을 것이라는 오강烏江 정장亭長의 제의를 뿌리친다. 정장에게 자신이 가장 아낀 오추마烏騅馬를 감사의 표시로 넘겨주고 군사들과 함께 걷기 시작한다. 자신이 선택한 길로 직접 걸어 들어가는 비장함이다. 어디로 가려 했을까.

한때 항우의 부하였던 한나라 기사마騎司馬 여마동呂馬童을 만나 옛 친구로서 인사했을 때 여마동은 항우의 눈길을 외면한다. 그리곤 돌연 이자가 바로 항왕이라고 소리친다. 항우는 또다시 분노와 절망이 일었다. 이제 옛 친구마저 자신을 존중하지도 인정을 베풀지도 않는다. 그는 담담하게 말한다. "들으니 한왕이 내 머리를 천금과 만호의 읍으로 산다고 하니, 내 그대들에게 은혜를 베풀어주리라."[1]

항우는 스스로 목을 찔러 죽었다. 군사들과 기병들이 서로 짓밟으며 항우의 몸을 가지려고 쟁탈하다가 서로 죽인 자가 수십 명이 되었다. 항우의 몸을 가진 사람은 여마동을 포함해 모두 다섯이었다. 그들이 차지한 항왕의 몸을 맞춰보니 틀림없었다. 이들은 모두 땅을 다섯으로 나눠 제후로 봉해졌다.

사마천이 묘사하는 항우의 마지막은 무슨 이유인지 사람들에게 은 덕을 베풀려 한다. 자신의 죽음도 마치 그들에게 헌사하는 은혜와도 같다. 사마천이 항우를 바라보는 데에는 어떤 애정과 아쉬움의 시선이 있다. 하지만 마지막 평가는 냉정하다. 스스로의 공로를 자랑하고 사사로운 지혜만을 앞세워 무력으로 천하를 정복하려 몸을 망쳤는데도 깨닫지 못하고 하늘을 핑계 삼아 자신의 잘못이 아니라고 하니 어찌 잘못된 일이 아니겠는가!2

항적項籍은 하상下相 사람으로 자가 우羽다. 처음에 군대를 일으켰을 때 나이가 24세였다. 어렸을 때 글을 배우고 검술을 배우고 병법을 배웠지만 모두 중도에 그만두었다. 배움을 좋아하지 않았다. 키가 8척이 넘고 힘은 커다란 정鼎을 들어 올릴 만했으며 재기才氣가 범상치 않아 사람들이 모두 항적을 두려워했다.

삼촌인 항량項梁과 함께 진나라 군대에 대항하여 군사를 일으켰다. 항우의 눈은 중동자重瞳子였다고 한다. 중동자는 눈동자가 둘이라는 뜻이다. 순舜임금도 중동重瞳이라고 한다. 역발산기개세를 자랑하는 항우였지만 그에 대한 평가는 영웅과는 다른 측면이 있다. 한신은 항우를 필부지용匹夫之勇이라고 평가했다.

주희도 같은 생각이다. "부인의 인仁은 사랑을 억제할 수 없고 필부의 용기는 분노를 억제할 수 없다. 모두 큰일을 도모하는 계책을 망칠 수 있으니 항우와 같은 이가 그러하다."3 항우에게 인애仁愛가 없었던 것은 아니었다. 인정이 넘쳤다. 그것이 천하를 위하는 방식으로 드러나지 못했을 뿐이다. 주희를 신봉했던 노론 영수 송시열宋時烈은 「항우項羽」라는 시에서 항우의 도량을 이렇게 표현했다.

해하에서 초나라 노래 사면에 울리니 垓下楚歌四面同

천금과 만호를 준답시고 중동을 속였구나 千金萬戶欺重瞳

평생의 인자함을 지금에서도 믿겠지만 平生仁愛今方信

오히려 오강 여마동만이 덕을 봤구려 猶德烏江呂馬童

천금 만호를 준다고 시혜를 베푸는 척하여 요임금 같은 '중동'을 속인 것은 자기기만일 뿐이다. 항우는 인애에 넘쳐 친족과 백성을 위해 싸웠지만 그 인애를 베풀어 덕을 본 것은 여마동뿐이다. 그러나 그는 왜 오강을 건너 권토중래하여 재기할 생각은 하지 않았을까.

2.

천하를 위한 영웅이 아니라 필부의 용기로 평가받는 항우는 분명 인정에 넘치고 용맹했지만 원대한 야망이 없었던 것인지도 모른다. 스스로 서초패왕이라 칭하며 왕의 자리에 올랐지만 제왕帝王이 되어 천하를 얻으려는 포부는 없었다. 초나라의 패왕에 만족했던 것이다. 함양의 백성을 모두 죽이고 의제까지도 죽여 민심을 잃은 것은 천하를 경륜하려는 원대한 시선을 갖지 못한 잔혹한 용맹이다.

관중의 함양이 전략적인 요지이므로 수도로 정하고 천하를 다스리라는 신하의 간언도 듣지 않았다. 항우의 도량을 보여주는 대표적인 예다. 항우는 "부귀한 뒤에 고향에 돌아가지 않는 것은 비단옷을 입고 밤길을 가는 것과 같으니 누가 그것을 알아주리오?"[4]라고 했다. 이 말에 담긴 인정 욕구는 친척들에게 인정받고 싶은 어린아이의 투정에 불과하다.

게다가 인정에 얽매여 우유부단했다. 홍문의 연회에서 유방을 죽이지 못했던 것은 스스로 유방을 제압했다고 생각했기 때문이었다. 자만심에 가득한 착각일 뿐이었다. 유방은 속마음을 속이고 교활하게 처신했고 항우는 순진하게 그것을 믿었던 것이다. 오죽하면 범증이 홍문의 연회가 끝난 후에 항우에게 "에이! 어린아이와는 대사를 도모할 수가 없구나"라고 화를 냈을까.

항우의 자만심은 강고한 고집과 의심으로 이어질 수밖에 없다. 고집과 의심이 강하다는 것은 자만심의 결과이면서 동시에 자존감의 결핍이기도 하다. 항우는 진평의 반간계 때문에 아부亞父로 모셨던 범증을 의심하고 떠나게 만들었다. 이 일이 드러내는 것은 범증의 배반 가능성에 대한 항우의 불신만이 아니다. 오히려 배반을 당할 수도 있는 자신에 대한 불신을 드러낸다.

자신에 대한 불만과 불신이 자기 고집을 강화시키고 타인을 의심하게 만든다. 게다가 잔인하고 포악하게 만드는 것이다. 항우는 초나라를 위해 회왕懷王을 모셔 의제義帝로 옹립했다. 그런 그가 의제를 죽인 이유는 어쩌면 단순하다. 자신을 무시했기 때문이다. 항우는 그것을 초나라를 위한 일이라고 생각했을지도 모른다.

의제의 의義는 가짜라는 뜻이다. 초 회왕은 꼭두각시에 불과했지만 백성에게는 정신적 지주였다. 항우는 결국 민심을 잃었고 명분을 잃었으며 의롭지 못한 일을 저지른 꼴이 되어버렸다. 돌이킬 수 없을 정도로 모든 것을 잃었다. 이러한 태도가 결국 시간이 지나 그를 사면초가의 궁지로 몰고 갔던 것이다.

항우는 결국 스스로도 믿지 못하고 자존심만을 생각하여 다른 사람의 말을 듣지 않는 고집불통이었다. 출중한 능력도 옹졸함 때문에 제대로 활용하지 못했다. 마찬가지다. 훌륭한 참모가 많았지만 모두 도망가고 배반했다. 항우가 인정해주지도 않고 공을 나누어주지도 않고 의심했기 때문이다.

　사람들과 힘을 합하여 연합하기 위한 근본적 조건은 믿음이다. 진정한 믿음과 신뢰를 나눌 때 사람들은 힘을 합쳐 연대한다. 이러한 동지와의 연대를 상징하는 괘가 『주역』에 있다. 13번째 동인同人☰☲괘다. 동지와의 연대를 상징한다. 12번째 괘가 비否☷☰괘다. '비否'는 막힌다는 뜻이다. 세상이 조화를 이루지 못하고 정체 혹은 단절된 때를 상징한다. 비괘에 이어지는 괘가 동인괘다. 이유가 있을까.

　비괘는 천지비天地否라고 읽는다. 하늘을 상징하는 건乾☰괘가 위에 있고 땅을 상징하는 곤坤☷괘가 아래에 자리한 괘다. 건괘는 양이고 불火이고 곤괘는 음이고 물水이다. 불은 타오르고 물은 아래로 흐른다. 음과 양이 서로 만나 교류하고 조화하지 못한다. 각자 따로 자기의 성질대로 움직이고 있다. 교류하지 못하니 정체되고 막혀 있는 꼴이다.

　세상이 정체되고 단절되면 반드시 사람들은 힘을 합쳐 세상을 바꾸려 하므로 동지와의 연대를 상징하는 동인괘가 비괘 다음으로 이어진다. 동인괘는 비괘와는 달리 천화동인天火同人이라고 한다. 하늘을 상징하는 건乾☰괘가 위에 자리하고 불을 상징하는 이離☲괘가 아래에 자리한다. 이괘가 상징하는 불의 성질은 타오르는 것이다. 타올라 같은 성질인 하늘과 함께 한다. 그래서 동지끼리 연대하는 모습이 된다.

또 동인☰괘의 모습을 보면 하나의 음陰--효와 다섯 양陽—효로 이루어졌다. 오직 하나의 음이 있는데 다른 모든 양이 음과 연대하려고 하므로 또한 동지와의 연대를 뜻한다. 물론 다른 괘에서도 하나의 음이 있는 경우도 있다. 그러나 동인괘에서는 육이효와 구오효가 음효와 양효로 호응하여 알맞은 균형을 이루고 있기 때문에 그 의미가 크다. 동인괘의 괘사는 이렇다.

> 동지와의 연대는 광야에서 이루면 형통하니, 큰 강을 건너는 것이 이롭고, 군자의 올바름을 굳게 지키는 것이 이롭다同人于野, 亨. 利涉大川, 利君子貞.

'광야野'는 들판이다. 정치적으로 '조야朝野'라는 말이 있듯이 '조朝'로 상징되는 당파적 정치권의 바깥을 의미한다. 바깥은 비否괘가 상징하는 대립과 단절의 정체된 상황을 벗어나 모든 사람을 아우를 수 있는 공명정대한 장소다. 협애한 이념이나 사적인 의도나 친밀한 관계를 넘어 많은 사람이 공감할 수 있는 명분에 서는 공적인 공간이다. 그곳에서 정도正道를 세울 수 있다. 공명정대한 정도로 연합하는 것이 대동大同이다.

사람들은 오직 사사로운 의도를 숨기고 행하며 친한 사람들은 옳지 않더라도 연대하고 미워하는 사람은 옳더라도 배제하기 쉽다. 이러한 연대는 편파적인 당파를 이룰 뿐이니 공명정대한 대동과는 다르다. 군자의 올바름을 굳게 지키는 것이 이롭다는 말은 이런 맥락에서 이해할 수 있다. 동인괘의 상구上九효는 이 괘사와 대비된다.

상구효는 동지와의 연대를 들에서 하니 후회가 없다上九, 同人于郊, 无
悔.

'광야'와 '들郊'이 대비되고 있다. '교郊'는 교외다. 성 밖의 교외로 거
칠고 적막하고 궁벽하며 사람이 없는 곳을 상징한다. '광야'나 '들'이나
성 밖의 광활하고 먼 땅인데 '광야'에서는 대동의 의미를 취하고 '들'에
서는 사람이 없다는 의미를 취했다. 어떤 해석자는 상구효가 은둔자들
을 상징한다고 보기도 한다. 은둔자들은 세속을 피해 자신의 뜻을 굳
게 지키지만 함께하는 사람들이 없기 때문이다. 양만리는 이 효를 설명
하기 위해 항우를 예로 든다.

들과 광야는 마찬가지다. 광야에서 사람들과 연대하는 것은 형통하고
이로운데 들에서 연대하는 것은 단지 후회함이 없음에 그쳤다. 그는
뜻을 얻지 못한 자다. 상구효는 한 괘의 바깥에서 지위가 없이 사람들
과 연대하려고 하지만 사람들은 모두 구오효와 연대하고 있으니 누가
그와 연대하겠는가? 이것이 항우의 무리가 한번 흩어져 다시 합치되
지 못한 경우다. 그러므로 「상전」에서 뜻을 얻지 못했기 때문이라고 했
다. 군자는 사람들을 대하는 데에 뜻이 다르면 먼저 나서서 연대하지
않으며 뜻이 같으면 연대를 뒤로 미루지 않는다.5

양만리는 상구효를 항우의 신세에 빗대고 있다. 상上은 지위에서 벗
어난 위치이고 구九는 강한 성질을 가진 것이다. 항우도 진나라의 학정

에 저항하려는 명분을 가진 사람이었다. 천하의 혼란을 해결하겠다는 뜻도 있었다. 그런 점에서 본다면 '광야'에서 혹은 '들'에서 천하의 영웅들과 함께했다. 그러나 함께했던 사람들은 항우의 어리석음과 인색함 때문에, 시기와 의심 때문에, 포악함과 잔인함 때문에 떠나갔다가 다시 돌아오지 않았다.

많은 사람이 범증이 항우를 떠난 것을 아쉬워하지만 사실 항우를 떠난 인재는 아주 많다. 자신을 인정해주지 않아 떠난 한신이 있고, 목숨의 위협을 느껴 떠난 진평도 있다. 항우의 군사를 마지막에 쫓은 한나라 병사 상당수는 한때 모두 항우의 부하였다가 오만했던 항우 밑을 떠난 사람들이었다.

단적으로 죽기 전에 부하이자 친구였던 여마동이 그러하다. 여마동의 배신은 항우가 몰락하게 된 원인을 상징한다. 사마천이 마지막에 여마동의 머뭇거림과 배신을 삽입한 것은 어쩌면 항우가 패배하게 된 근본 원인을 압축적으로 상징하려고 했던 것인지도 모른다.

양만리가 "군자는 사람들을 대할 때 뜻이 다르면 먼저 나서서 연대하지 않으며, 뜻이 같으면 연대를 뒤로 미루지 않는다"고 마지막에 한 말은 이런 맥락에서 이해할 수 있다. 양만리는 항우가 사람들과 대동大同을 이루지 못했다고, 광야의 공적 명분이 없는 사사로운 애정과 의리로 뭉친 집단일 뿐이었다고 생각한 것이다. 한때 수많은 부하를 거느렸다가 홀로된 항우에게 하고 싶었던 말일 것이다.

그러나 왜 상구효의 효사에서는 '후회는 없다'고 했을까. 아무도 호응하지 않아 홀로되었으나 자신의 신념에 따라 연대를 구했으니 후회는 없을 수 있다. 양만리는 이에 대해 따로 설명하진 않는다. 그는 항우가

한 점의 후회도 없이 스스로 목숨을 끊었다고 보는 것일까. 과연 항우
는 죽기 전에 후회도 뉘우침도 없었을까.

3.

살아서도 사람 중에 호걸이더니 生前做人杰
죽어서도 귀신 중에 영웅이구나 死亦爲鬼雄
지금까지 항우를 그리워함은 至今思項羽
강동을 건너가길 마다했기 때문이라네 不肯過江東

송나라 시인 이청조李淸照의 「하일절구夏日絶句」다. 서초패왕 항우를
영웅으로 칭송한 시다. 이청조는 항우의 영웅됨을 오강을 건너가지 않
은 결단에서 찾고 있지만 그렇게 보지 않는 사람도 많다. 항우가 오강
을 건너가 살 수 있었음에도 건너지 않고 죽음을 선택한 것에 대한 평
가는 엇갈린다. 영웅으로 칭송하는 이도 있고 안타까워하는 이도 있다.
당나라 시인 두목杜牧은 고집불통을 못내 안타까워한다. 「제오강정題烏
江亭」의 마지막 구절이다.

승패는 병가로서도 기약할 수 없으니 勝敗兵家事不期
수치를 감싸고 견디는 것이 사내인 것을 包羞忍恥是男兒
강동의 자제 중에는 준재가 많으니 江東子弟多才俊
흙먼지 일으키며 다시 왔을지도 모르지 않겠는가 捲土重來未可知

두목은 개인적인 수치를 감내하고서 권토중래할 가능성을 무시했기 때문에 진정한 영웅이지 못했던 항우를 탓하고 있다. 마오쩌둥은 "항우는 정치가가 아니다. 유방이 고단수의 정치가다"라고 평했다. 마오쩌둥은 항우가 사면초가를 당하여 지은 「해하가垓下歌」 위에 이렇게 적어 놓았다고 한다. "다른 사람이 내는 다른 의견을 듣지 않는다." 고집불통이란 말이다.

정치를 알았다면 자신을 죽이는 극단적인 선택을 하지 않았을 것이다. 정치적 형세는 수시로 변하고 형세는 오랜 시간이 걸릴지라도 새롭게 만들어낼 수 있다. 그것이 정치적 전략이고 기술이다. 자신의 신념과 천하에 대한 뜻이 있었다면 수치를 감내하고 형세의 변화를 기다려야 했다. 왜 항우는 오강을 건너지 않았을까?

항우가 오강을 건너지 않고 자결한 이유에 대해 여러 가지 견해가 있다. 첫째는 우희虞姬 때문이라는 설이 있다. 우희는 미모가 빼어났기 때문에 우미인虞美人이라고도 불린다. 외모가 아름다웠을 뿐만 아니라 춤과 노래에도 능했다. 특히 검무劍舞에 뛰어났다고 한다.

사면초가에 빠졌을 때 항우는 사랑하는 우희와 함께 술을 마시며 시를 읊었다. 「해하가」다. 항우의 걱정스런 시를 우희는 조용히 듣고 있었다. 우희는 검무 한 곡을 추겠다고 한다. 항우는 별다른 생각을 하지 않고 자신의 검을 내준다.

우희는 얼굴에 엷은 미소를 띤다. 아름다운 선율에 맞추어 하늘하늘 춤을 추기 시작하다가 춤이 고조에 달할 무렵 우희는 갑자기 검을 들어 자기 목을 찔렀다. 눈부시게 희디흰 목에서 붉은 피가 솟구친다. 항우는 우희가 목숨을 끊은 그 검으로 31살 젊은 나이로 자결한다.

항우는 우희의 자살을 견딜 수 없었다. 인정이 넘치고 애정이 깊었던 항우로서 우희를 죽게 만든 자신을 용서할 수 없었을 것이고 우희 없이 구차하게 삶을 산다는 것조차 의미 없었을 것이다. 사람들은 이들의 사랑을 애석해하며 오늘날까지도 감동하고 있다. 하지만 아름답되 그것이 사실인지는 확인할 길이 없다.

둘째는 항우의 고결한 품성에서 이유를 찾기도 한다. 자신의 실패와 백성의 고통 때문에 전쟁을 빨리 끝내려는 생각이었다는 것이다. 자신의 희생으로 전쟁을 빨리 종결시켜 천하를 안정시키려는 생각 때문에 스스로 목숨을 끊었다고 보는 견해는 항우를 도덕적 성인으로 과장하고 있다. 지나친 미화다. 우희가 자살하기 전 항우가 노래했던 「해하가」를 보자.

> 힘은 산을 뽑고도 남음이 있었고 기백은 천하를 덮었노라! 力拔山兮氣蓋世
>
> 때가 불리한데 오추마마저 달리지 않는구나! 時不利兮騅不逝
>
> 오추마야 너마저 달리지 않으니 어찌할 수 있겠는가! 騅不逝兮可奈何
>
> 우희야, 우희야, 너를 어찌한단 말이냐! 虞兮虞兮奈若何

항우는 '어찌할 수 있겠는가'라고 말한다. 어찌할 수 없다는 말이다. 항우는 이미 자포자기의 심정에 빠진 것은 아닐까. 역발산기개세인 자신조차도 어찌할 수 없는 지경에 이르렀다. 하늘이 나를 버렸다. 어쩔 수 없는 지경에 이르렀다는 자각이다. 이러한 자각에는 어떤 그로테스크한 비장함이 있다.

흔히들 죽기 전에 과거의 일들이 주마등처럼 머리를 스치고 간다고 한다. 인간의 뇌는 극한적 위기 상황이나 죽을지도 모르겠다는 느낌이 들 때 그 상황에서 벗어나기 위해 뇌에 기록된 모든 정보를 총동원하여 과거의 기록들이 뇌에 투영된다고 한다.

항우도 예외가 아니다. 항우는 마지막 죽음을 준비했던 순간 어리석었고 오만했고 잔인했던 과거의 모습들이 주마등처럼 스치고 지나가지 않았을까. 결국 자신이 자초한 모든 결과에 대한 죄책감에 시달렸을지도 모른다.

스스로 자초한 결과에 대한 명증한 이해를 통해 그것이 자신의 책임일 수밖에 없다고 생각하고 그것을 운명처럼 받아들였던 것이다. 그 어찌할 수 없음을 자신에게 '합당한 몫'으로 받아들이는 것이다. 항우는 정장이 오강을 건너라고 충고했을 때 하늘이 자신을 망하게 하려 한다고 한탄하면서도 이렇게 말했다.

> 내가 강동의 젊은이 8000명과 함께 강을 건너 서쪽으로 갔었는데, 지금 한 사람도 돌아오지 못했거늘 설사 강동의 부형父兄들이 불쌍히 여겨 나를 왕으로 삼아준다고 한들 내가 무슨 면목으로 그들을 대하겠는가? 설사 그들이 아무 말 하지 않는다 해도 내 양심에 부끄럽지 않을 수 있겠는가?[6]

항우는 면목이 없었다. 하늘을 우러러 부끄러워했다. 하늘이 나를 버렸고 형세는 이미 기울어졌고 스스로는 부끄럽다. 항우는 자살하는 순간에 이 '어찌할 수 없음'에 직면했고 부득이한 필연성을 결단했던 것이다.

그러나 이런 결단은 이것보다는 차라리 저것을, 나쁜 이것보다는 더 좋은 저것을 '선택'하는 것이 아니다. 이것 이외에는 아무것도 할 수 없어 부득이하게 어찌할 수 없는 필연성에 '복종'하는 것이다.

항우가 오강을 건널 수 있었는데도 건너지 않았던 것은 강동으로 갔을 때의 이해관계를 따져보고 나서 그보다 더 좋은 선택을 한 것이 아니다. 오직 그것만을 할 수밖에 없는 그 필연성을 따랐을 뿐이다. 이 청조가 그리워했던 영웅의 모습은 바로 이것이 아닐까.

4.

그러나 항우는 마지막 순간에 동인괘의 상구효에서 말하듯이 아무런 후회가 없었을까. 항우는 죽음 앞에서도 시혜를 베풀어주려는 듯이 행동하고 수백만 병사들에게 포위되었을 때에도 100여 명을 죽인 뒤에 자신의 기병들에게 "내 능력이 어떠한가?"라고 자신의 능력을 과시했다. 죄책감을 느끼면서도 시혜를 베풀고 자신을 과시하고 과장하려는 이 모순된 심리는 무엇을 의미할까.

『주역』의 34번째 괘가 대장大壯▧괘다. 33번째 괘는 돈遯▤괘다. 돈괘는 은둔을 상징한다. 은둔이란 세상에서 물러나는 것이다. 그러나 어떤 것도 끝까지 물러나지만은 않는다. 다시 세상으로 나온다. 대장大壯괘에서 '대大'는 강함, 즉 양陽이다. 대장이란 강함이 장성하게 자라나는 괘다.

대장大壯䷡괘

상육효

육오효 ┐
　　　　　　　진震
구사효 ┘

구삼효

구이효 ┐
　　　　　　　건乾
초구효 ┘

　'은둔'은 음이 자라나서 양이 물러나는 것이고, '대장'은 양이 굳세게 성장하는 것이다. 어떤 것도 쇠락하면 반드시 성대하게 일어나니 영원한 몰락과 영원한 성장은 없다. 성장과 소멸은 서로 의존하고 있으므로 은둔을 상징하는 돈괘 뒤에 강함의 성장을 상징하는 대장괘가 이어진다.

　뇌천대장雷天大壯이라고 한다. 우레를 상징하는 진震☳괘가 위에 있고 하늘을 상징하는 건乾☰괘가 아래에 있기 때문이다. 하늘 위에서 우레가 진동한다. 대장괘는 굳센 양의 힘이 강성하게 성장하고 파죽지세로 전진하는 모습을 상징한다.

　항우의 삶과도 유사하다. 강함이 꺾이지 않고 강하게 전진하는 모습이다. 그러나 대장괘의 마지막 여섯 번째 효는 무모한 돌진을 경계하고 있다. 상육上六효의 말은 이렇게 묘사한다.

　　상육효는 숫양이 울타리를 들이받아 물러날 수도 없고 나아갈 수도 없다. 이로울 것이 없다. 어려움을 알고 신중하면 길하다上六, 羝羊觸藩, 不能退, 不能遂, 无攸利, 艱則吉.

진퇴양난이다. 항우가 왕성한 힘을 펼치며 파죽지세로 나가다가 사면초가를 당한 형세와 유사한 상황을 상징하고 있다. 물러날 수도 없다. 수치심과 죄책감을 가지고 있었지만 하늘을 찌를 듯한 자존감이 허락지 않는다. 오히려 자신의 능력을 과장되게 과시하는 태도를 보이게 된다. 물론 나아갈 수도 없다. 형세는 기울어졌고 하늘도 도와주지 않는 어찌할 수 없는 궁지에 빠졌다.

상육효의 「상전象傳」에서는 "물러가지도 못하고, 나아가지도 못하는 것은 신중하게 헤아리지 못했기 때문不能退, 不能遂, 不詳也"이라고 했다. 진퇴양난에 몰렸을 경우 자신의 허물을 인정하고 물러서야 한다. 상육효가 말하듯이 항우도 진퇴양난 속에서 어려운 현실을 냉정하게 알고 신중하게 처신했더라면 더 좋은 결과를 맺었을지도 모른다.

자신의 패배와 잘못을 인정하고 오강을 건너 스스로 자초한 추악한 결과에 대한 응분의 대가를 치르고 다시 후일을 신중하게 도모하는 것. 두목이 말하고자 했던 것이다. 그러나 왜 신중하게 헤아리지 못했을까. 냉정하고 강한 의지가 없었기 때문이다. 정이천은 상육효를 이렇게 해석한다.

자질이 나약해서 자신을 이기고 의로움을 취할 수 없기 때문에 물러서지도 못한다. 나약한 사람은 강성해지려는 마음에 차 있지만 나약하기 때문에 결국 강성해질 수 없어서 좌절하고 위축되어 나아가지 못한다.7

정이천의 해석에 따르면 물러서지도 나아가지도 못한 이유는 나약했기 때문이다. '수치를 감싸고 견디'며 물러나 권토중래하는 것이 항우에게 주어진 합당한 의로움義일 수 있다. 이러한 의로움을 선택하는 신중한 용기는 '역발산기개세'를 과시하며 수백 명의 군사와 싸우려는 무모한 광기와는 다르다.

스스로 서초패왕이라고 생각했던 항우의 오만은 그렇게 자신의 나약함에 무의식적으로 직면했던 것이다. 자신의 나약함을 의식한 주체는 자신이 나약하다는 것 자체를 부정하려는 과장된 행위를 하게 된다. 시혜를 베풀듯이 자신의 시체를 유방에게 팔라고 소리치며 스스로 목을 찔러 죽었던 것은 드러내고 싶지 않았던 자신의 나약함을 감추려는 과장된 행위다. 더불어 자신의 나약함을 감추는 동시에 강동의 고향 사람들에 대한 죄책감과 스스로에 대한 수치심 때문에 자신을 죽임으로써 스스로를 처벌하는 것이다.

스스로를 죽임으로써 자신을 처벌하는 행위는 자신에 대한 마조히스트적 복종이다. 동시에 자기를 학대하는 사디스트적 폭력이다. 또한 모든 것을 부정하고 싶었던 나약한 주체가 자신을 버린 하늘에 대해 분노하고 그럼에도 물러서지 않겠다는 용맹을 세상에 과시하는 것이다.

이런 사디스트적 광기는 시혜를 베풀어주듯이 자신의 시체를 포기하는 마조히스트적 절망과 통한다. 사디스트적 자기 학대와 마조히스트적 자기 포기가 곧 자포자기自暴自棄다. 항우는 오강을 건너지 못한 채 자포자기에 빠졌던 것이다. 결국 사도마조히즘적인 잔혹극이 바로 항우의 마지막이 아닐까. 여기에는 그로테스크한 숭고미가 있다.

왜 전횡田橫은 항복하지 않고 자결했을까

비比괘

1.

중국 칭다오靑島에서 떨어진 동해에는 톈헝다오田橫島라는 섬이 있다. 2000여 년의 역사를 가진 유명한 섬이다. 제齊나라 왕이었던 전횡田橫과 관련된다. 한나라 초기에 영웅호걸들은 많다. 항우와 유방 이외에 또 다른 비극적 영웅이 바로 전횡이었다. 『사기』「전담열전田儋列傳」은 전담과 사촌동생 전영田榮과 전횡이 제나라를 세우고 패망하는 과정을 그리고 있다.

전횡은 제나라 종실인 전씨 일족이었다. 진시황이 죽고 진승이나 오광이 반란을 일으키자 형 전영과 함께 제나라를 다시 일으켜 진나라와 전쟁에 휩싸이게 된다. 초나라 항량의 도움을 받았다가 항량이 전사하자 항량의 조카인 항우와 원한 관계가 되기도 한다. 항우에 반발한 전영이 살해되자 제나라 사람들이 강하게 반발한다. 전횡은 항우에 맞서 싸워 제나라를 회복하고 재상이 된다.

한 고조 유방이 즉위하기 직전의 일이다. 한나라와 대립 중이었던 초나라는 어쩔 수 없이 제나라와 동맹을 맺고 있었다. 제나라는 한나라 대장군 한신과 일전을 앞두고 있었다. 유방의 입장에서 전횡은 항우와 마찬가지로 제거하지 않으면 안 될 세력이었다.

유방은 세객說客 역이기酈食其를 전횡에게 보내 한나라에 항복하도록 했다. 이미 형세는 기울어졌다. 전횡은 역이기의 말이 옳다고 여겨 한신에 대한 방비를 풀었다. 한신은 공을 세우지 못할 것을 걱정하여 괴통의 책략을 듣고 제나라를 공격한다. 한신에게 급습을 당한 전횡은 역이기가 자신을 속였다고 여기고 분풀이로 역이기를 삶아 죽였다.

고조가 즉위하자 보복을 두려워한 전횡은 500여 명의 부하와 함께 지금의 톈헝다오로 도망갔다. 그 후 한 고조 유방은 전횡이 반란을 일으킬까 우려하여 그를 용서하고 조정으로 불렀다. 전횡은 자신의 빈객 두 사람과 함께 역마를 번갈아 타고 낙양으로 향했다. 전횡은 한때는 함께 왕이었으나 한나라 왕은 천자가 되고 자신은 포로의 몸으로 그를 섬겨야 하는 일을 치욕스럽게 여기고 스스로 목을 찔러 자결하고 말았다.

그의 장례를 마치고 두 빈객 또한 스스로 목을 베고 전횡을 따라 죽었다. 한 고조 유방은 섬에 있던 나머지 500여 명의 부하를 사신을 시켜 불러오려 했으나 전횡의 자결 소식을 듣고 모두 스스로 목숨을 끊었다. 이것으로 전횡 형제들이 사람들의 마음을 얻은 지도자였음을 알 수 있었다. 역사서는 전횡의 절개와 의리義理를 칭송했다. 사마천 또한 이렇게 평가한다.

"전횡의 고상한 절개여, 빈객들마저 그 의리를 사모해 따라 죽었으니 어찌 지극히 어질지 않겠는가!"[1]

치욕보다는 죽음을 선택한 일은 분명 고상한 절개다. 빈객들이 사모하는 의리義理는 치욕을 피하려 죽음을 선택한 용기였다. 제갈량諸葛亮

은 전횡의 죽음을 '수의불욕守義不辱'이라 평가했다. "의리를 지키고 치욕을 당하지 않았다"는 뜻이다. 무릎을 꿇는 치욕을 피하고 제나라의 왕으로서 죽음을 당당히 받아들였다. 과연 이것이 마땅한 선택이었을까.

죽음을 불사하며 은혜로운 군주에게 충성을 다하는 신하만이 충신은 아니다. 포악한 군주를 배반했다고 해서 신하를 비난할 일이 아니다. 신하가 사악하기 때문에 군주를 배반하는 것도 아니고 신하가 충직하기 때문에 군주에게 충성을 다하는 것도 아니다.

마찬가지다. 전횡은 많은 사람이 순사殉死할 정도로 덕이 있는 군주였다고 평가된다. 죽음을 마다하지 않고 아랫사람들을 복종하게 만드는 일은 쉬운 일이 아니다. 그러나 500여 명의 무리가 전횡을 따라 순사했다는 것만으로 전횡이 반드시 덕이 있는 사람이 되는 것은 아니다.

전횡의 부하들은 집단 자살을 한 것이다. 현대적인 시각에서 집단 자살은 결코 이성적인 행위는 아니다. 아무리 지도자가 위대할지라도 그를 따라 집단 자살을 한다는 것은 광기에 가깝다. 500여 명이 집단 자살하도록 만든 지도자의 덕이란 현대적 감각으로는 이해할 수 없다.

그렇다면 전횡이 치욕을 피하기 위해 선택한 죽음을 마땅한 의리라고 말할 수 있을까? 만약 유방이 섬길 만한 지도자가 아니라 왕으로 섬기는 일이 치욕스럽기 때문에 죽음을 택했다면 그것은 마땅한 의리인가? 그것이 치욕스럽더라도 대의大義를 위해 다른 일을 도모할 수는 없었을까.

2.

복파장군伏波將軍으로 유명한 마원馬援은 처음에는 왕망이 세운 신 나라에서 벼슬을 했지만 왕망에 반대하는 반란이 일어나자 왕망의 정 적들과 손잡았다. 결국에는 후한을 세운 광무제의 신하가 되었다. 후한 광무제를 도와 천하를 통일하는 데 기여한 마원이 광무제에게 했던 유 명한 말이 있다.

"지금 세상은 군주만 신하를 선택하는 것이 아니라 신하도 군주를 선 택할 수 있습니다."[2]

군주도 신하를 간택할 수 있지만 신하도 군주를 선택할 수 있다. 군 주답지 않은 군주라면 섬기기를 거부해야 한다. 물론 이런 거부와 배신 은 목숨이 걸린 문제이기 때문에 조심스럽고 신중하게 행해야 한다.

역사적으로 사대부가 군주를 선택하는 이야기는 많다. 이윤伊尹과 여상呂尙이 그러하고 제갈량도 마찬가지다. 많은 사람을 복종하게 만 드는 군주의 리더십은 어려운 일이다. 또한 군주다운 군주를 선택하여 자신의 도를 천하에 실현하는 신하의 팔로우십도 어려운 일이다.

『주역』은 정치적 권력장에서 이루어지는 권력의 게임 매뉴얼로 이해 할 수 있다. 군주와 신하 그리고 사대부가 갈등하고 선택하고 배신하고 연대하는 게임의 매뉴얼이다. 그럴 때 각각의 위치에서 이루어지는 처 세處世의 문제는 중요하다. 이 처세에서 자신에게 합당하고 마땅한 행 위 방식의 원칙이 바로 의리다.

『주역』의 8번째 괘가 비比☵☷괘다. '비比'는 따른다는 뜻이 있다. 친비親比 혹은 닐비昵比라는 말은 친하게 가까이 지낸다는 뜻이다. 또 신하들이 군주를 친밀하게 보좌한다는 말이다. 비괘 「서괘전序卦傳」에서 "군중이 모이면 반드시 친밀하게 협력하므로 비괘로 이었다"[3]라고 했다. 친밀한 협력을 상징한다.

「서괘전」은 『주역』의 경經을 해석하는 하나의 전傳, 즉 십익十翼 가운데 하나다. 이는 괘의 순서를 하나의 이야기 구조로 설명한다. 비괘는 여덟 번째 괘다. 1번째와 2번째 괘는 건乾☰괘와 곤坤☷괘다. 건곤乾坤은 순전히 음양을 상징한다. 음과 양은 우주의 운동을 가능케 하는 근본이다. 현실이 아니다.

우주의 운동과 인간의 역사는 3번째 둔屯괘로부터 시작한다. 8번째 비괘까지 순서는 이렇다. 둔屯☳☵괘, 몽蒙☵☶괘, 수需☵☰괘, 송訟☰☵괘, 사師☷☵괘, 비괘다. 둔괘는 혼돈과 무질서를 뜻한다. 몽괘는 무질서의 어리석음을 깨우치는 일을 상징한다. 수괘는 깨우쳐 성장하기 위한 기다림과 양육을 상징한다. 송괘는 양육하는 과정에서 갈등이 생겨나니 다툼을 상징한다. 사괘는 다툼과 갈등 속에서 모이고 흩어지는 군중을 뜻한다.

그래서 군중이 모이면 반드시 친밀하게 협력하므로 비괘로 이어지는 것이다. 비괘는 수지비水地比라고 한다. 위로 물을 뜻하는 감坎☵괘와 아래로 땅을 뜻하는 곤坤☷괘가 합쳐서 이루어진 괘☵☷이기 때문이다.

괘의 모습으로 본다면 감괘가 상징하는 물이 곤괘가 상징하는 땅 위에 있는 모습이다. 물이 땅속으로 스며들고 있다. 이것이 친밀하게 협력하는 모습이다. 물은 명明을 상징하고 땅은 순順을 상징하여 명철함과

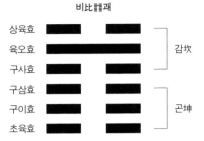

비比䷇괘

상육효		감坎
육오효		
구사효		
구삼효		곤坤
구이효		
초육효		

순종을 뜻한다.

비괘는 하나의 양—효와 다섯 가지 음--효로 이루어진 괘䷇다. 양효는 군주를 상징하고 음효는 신하를 상징한다. 하나의 군주에 많은 군중이 모여들어 친밀하게 협력하고 보좌하는 모습이다. 비괘는 군주를 친밀하게 보좌하는 도리를 말해주는 괘다.

비괘는 당연히 길한 괘다. 협력과 연대가 일을 수행하고 성취할 수 있는 힘이 된다. 제아무리 강인한 의지와 능력도 홀로 공을 이룰 수 없다. 홀로 모든 것을 해결하려고 하다가는 고립되고 흉하게 될 뿐이다.

문제는 누구에게 어떻게 협력할 것인가다. 윗사람만이 아랫사람을 면접 보는 것은 아니다. 아랫사람도 윗사람을 면접 보아야 한다. 군주와 친밀하게 협력할 때에도 적절하고 마땅한 방식과 도리가 있다. 그렇지 않고 함부로 어울리고 협력했다가는 후회와 허물이 있게 된다. 그래서 비괘의 괘사는 음미해볼 만하다.

친밀한 협력은 길한 도다. 근원적으로 판단하되 성숙한 지도력元, 지속적 일관성永, 도덕적 확고함貞을 갖추었다면 허물이 없다. 편안하지 못

해야 비로소 올 것이니 미적거리며 늦춘다면, 대장부일지라도 흉하다

比, 吉. 原筮, 元永貞, 無咎. 不寧, 方來, 後, 夫, 凶.

괘사란 협력이라는 비괘의 상황 전체에 대한 설명과 판단이다. 각각의 효에는 이 상황 속에서 각각의 위치와 시점과 지위에 따라 다른 마땅한 의리를 설명하고 있다. 하나의 양이 군주의 자리에 위치하고 다섯음이 그를 보좌하는 모습이 비괘의 형상이다.

군주, 즉 리더에게 무조건 복종하고 협력하는 것이 아니다. 군주에게 무조건적으로 복종하는 일편단심이 신하의 정치적이고 도덕적인 의리가 아니다. 신하도 군주를 선택할 수 있다. 리더의 능력을 근본적으로 판단해보고 협력할지 말아야 할지를 결정할 뿐이다. 협력할 만한 사람에게 협력하라.

"근원적으로 판단한다"고 번역한 '원서原筮'라는 말은 "다시 헤아린다"는 의미로 해석되기도 한다. 무엇을 헤아린다는 말일까. 일반적으로 군주의 능력을 헤아린다고 해석한다. 비괘에서 제시하는 리더의 능력은 세 가지다. '성숙한 지도력, 지속적 일관성, 도덕적 확고함'이다.

주목할 말은 "미적거리며 늦춘다면 대장부일지라도 흉하다"라고 번역한 '후부흉後夫凶'의 의미다. 정이천은 '후, 부, 흉'이라고 해석하여 "늦게 복종한다면 대장부일지라도 흉하다"라고 해석한다. 주희는 경전의 용례를 들어서 '후부, 흉'이라고 하여 "늦게 온 남자는 흉하다"라고 해석한다. 의미는 비슷하다.

이 늦게 협력한 사람을 양만리는 전횡을 예로 들어 설명한다. 양만리에 따르면 전횡은 유방에게 미적거리며 늦게 복종하여 흉하게 되었

다. 과연 그러할까?

3.

유방이 보낸 역이기가 전횡에게 했던 말이 있다. 양만리는 이 역이기의 말을 인용하면서 전횡을 예로 들고 있다. 역이기는 전횡에게 이렇게 말했다. "천하에 뒤늦게 복종하는 자가 먼저 망한다."[4] 비괘에서 말하는 것과 유사한 말이다.

비괘는 군주와 신하가 서로 친밀하게 협력하고 연대해서 천하의 공을 세우는 것을 상징하는 괘다. 여기에서 가장 중요한 것은 신뢰다. 서로가 협력하고 연대할 때 시작에서부터 먼저 구해야 하는 것은 서로에 대한 신뢰다.

비괘 각각의 효는 이 점을 다른 위치와 상황에서 드러내고 있다. 비괘는 다섯 음효들이 다섯 번째 구오九五효인 양효에게 협력하는 이야기다. 가장 아래 비괘의 초初효는 협력하기 시작하려는 시초다. 초初가 바로 시작을 의미한다. 초효는 시초에서 믿음이 중요함을 강조한다. 겉으로는 신뢰하는 듯하지만 마음속 깊이 다른 마음을 품고 있다면 결국에 원한 관계로 변질될 뿐이다. 초육효의 효사는 이렇다.

> 초육효는 믿음을 가지고 친밀하게 협력해야 허물이 없다. 믿음을 질그릇에 가득 채우면 결국에는 뜻하지 않은 길함이 온다初六, 有孚, 比之. 有孚, 盈缶, 終, 來有他吉.

질그릇缶은 꾸밈이 가해지지 않은 투박한 그릇이다. 자연 그대로의 투박한 질그릇은 거짓과 과장이 없는 신뢰를 상징한다. 협력의 시초에 진실한 신뢰가 없다면 그 후는 뻔한 일이다. 겉으로 보기에 신뢰를 나눈 사람처럼 보이지만 실상 권세와 이익을 추구했다면 그 관계는 오래가지 못한다. 진실한 신뢰를 가지고 협력한다면 뜻하지 않은 행운이 올 수 있다.

전횡과 관련된 효는 마지막 효인 상육上六효다. 효사는 "비지무수比之無首, 흉凶"이다. 일반적으로 "친밀하게 돕는데 머리가 없으니 흉하다"라고 번역한다. 여기서 '무수無首'라는 말을 어떻게 해석하느냐에 따라 의미가 달라진다. 정이천의 해석에 따라 번역하면 "친밀하게 협력하는데 시작할 때의 신중함이 없으니 흉하다"이다. 정이천은 초육효가 구오효를 보좌하는 시초에서부터 진실과 신뢰가 중요함을 강조하는 맥락과 연결해서 해석했다.

양만리는 좀 다르다. '무수'의 의미를 '먼저 하지 않았다'는 의미로 해석한다. 괘사에서 말하는 "미적거리며 늦춘다면 대장부일지라도 흉하다後夫凶"는 뜻과 연관시킨다. 양만리의 해석에 따르면 "친밀하게 협력하는데 먼저 하지 않았으니 흉하다"이다. 먼저 협력하지 않고 나중에야 겨우 협력한 인물이 전횡이다. 양만리는 이렇게 말한다.

"미리 예견하지 못했고 먼저 복종하지 않았으니 아래로 네 음陰의 동류를 포기하고 위로 하나인 양의 군주와 단절하니 흉하여 끝을 이루지 못하는 것이 당연하다."5

비괘는 협력해야 할 때다. 전횡은 협력해야 할 때 바로 협력하지 않고 마지막까지 버티다가 결국 억지로 협력하는 듯 태도를 취했다. 상육의 상上이 끝을 상징하는 것이다. 양만리는 전횡이 유방에게 일찌감치 복종했어야만 했다고 판단한 것이다.

양만리가 보기에 협력해야 할 때 먼저 복종하는 것이 전횡에게 합당한 의리였다. 양만리는 섬길 만한 군주라면 일찌감치 복종해야지 미적거리며 고집스럽게 뻗대다가 오히려 흉한 꼴을 당했다고 생각하고 있다. 이는 역이기가 전횡에게 했던 충고와 동일한 맥락으로 이해할 수 있다. 그러나 유방이 섬길 만한 군주가 아니었다면 전횡을 바라보는 이야기는 달라진다.

4.

수많은 사람은 전횡의 절의를 찬양했다. 일편단심의 충절로 유명한 포은圃隱 정몽주鄭夢周도 전횡을 추앙했다. 「오호도嗚呼島」라는 정몽주의 시가 있다. 오호도가 바로 톈헝다오, 즉 전횡도田横島다. 고려 말 사신의 행차가 이루어졌던 뱃길에 오호도가 있었던 모양이다.

세 호걸은 도로 한나라 신하 되었으나 三傑徒勞作漢臣
한때의 공업이 마침내 흙먼지로 되었네 一時功業竟成塵
지금은 다만 오호도만 우뚝 남아서 只今留得嗚呼島
오래도록 행인의 수건에 눈물 가득하게 만든다네 長使行人淚滿巾

세 호걸은 소하蕭何, 한신韓信, 장량張良이다. 세 사람은 한 고조 유방의 신하였지만 모두 제거되어 그들의 공업은 흙먼지처럼 사라졌다. 전횡은 스스로 목숨을 끊어 역사에 길이 남는 절의를 남겼다. 많은 사람이 비분강개하거나 눈물을 흘리며 전횡과 500여 명의 의사義士를 찬탄한다.

정몽주가 평가했듯이 초한삼걸은 유방에 의해 제거되었거나 산 속에 은둔했다. 항우는 우직하고 남자다웠다. 유방은 간사하고 교활하고 자기 이득에 안 맞으면 바로 제거해버리는 사람이었다. 혁혁한 공을 세운 한신을 제거한 이유도 모반할 것이라는 의심 때문이었다. 그렇다면 전횡은 유방을 어떻게 판단했을까?

유방이 전횡을 한나라로 귀순하도록 회유했을 때 전횡은 한나라에 귀순할 생각이 있었을 것이다. 그러나 유방은 이미 많은 사람에게 신뢰를 잃었다. 한신처럼 토사구팽 당하기 십상이다. 유방에게 귀순한 뒤 자신에게 닥쳐올 일들을 감당할 수 있을까?

한 고조 유방이나 전횡 모두 스스로 천하의 왕을 칭한 사람이다. 지금은 한 사람은 천하의 왕이 되었고 자신은 신하가 되어야 한다. 이건 치욕스런 일이다. 게다가 역이기를 죽였는데 동생 역상酈商에게 당할 후환이 두렵다. 유방이 복수를 하지 못하게 했지만 역상과 동료로 함께 일하는 것도 쉬운 일이 아니다.

전횡은 치욕을 감당하여 유방의 신하가 되더라도 죽음을 면치 못할 것이라고 판단했을 수도 있다. 죽음을 선택하는 것이 전횡에게는 어쩔 수 없는 일이었을 것이다. 전횡은 한신처럼 피살되지 않았다. 오히려 자신의 절의를 보여주었다. 역사적으로 이러한 전횡의 절개와 의리 정신을 높이 평가한다.

『주역』 비괘에서 말하는 것은 자신이 어려움에 처했을 경우 미적거리거나 망설이지 말고 신속하게 협력과 연대를 구하라는 것이다. 홀로 모든 것을 감당하려는 것은 용기가 아니라 어리석음이며 오만이기도 하다. 어려움에 처했을 때 도움을 구하는 것은 비굴함이 아니다.

도움을 구하지 않으려는 것은 독립적인 강함이지만 타인에 대한 신뢰가 부족하다는 점에서 오만이기도 하다. 자신에 대한 지나친 과신에서 오는 과욕이다. 비괘에서 말하는 점은 간단하다. 아무리 천하의 영웅 대장부일지라도 미적거리며 협력을 늦춘다면 흉하게 된다. 도움을 필요로 할 때는 구해야 하며, 받아야 할 때는 받아야 한다. 그것은 치욕이 아니다.

정몽주처럼 조선 전기 사람들은 전횡의 절개와 의리를 높이 평가하지만 조선 후기 사람들의 평가는 좀 다르다. 17세기 남포南圃 김만영金萬英은 「전횡론田橫論」에서 전횡의 죽음을 다르게 본다. 형세를 판단하여 죽을 수밖에 없다고 해서 스스로 목숨을 버리는 것은 대의大義가 아니라는 것이다. 김만영은 이렇게 평한다.

> 설사 천명과 인심이 한나라로 돌아가고 도모할 계략이 없어 어찌할 수 없다면 마땅히 배수진을 치고 일전을 벌여 원수를 복수하는 대의大義의 전장에서 죽는 것이 옳았을 것이다. (…) 그래서 나는 전횡은 작은 은혜를 베풀어 사람의 마음을 얻은 적이 있지만 그에게 대의가 있다고는 듣지 못했다고 하는 것이다.[6]

함께 자살한 부하들에게 작은 은혜를 베풀었는지는 모르지만 대의를 품고 있는 인물은 아니었다. 18세기 청성靑城 성대중成大中의 평가는 더욱 엄격하다. 그는 『청성잡기靑城雜記』「췌언揣言」에서 전횡을 고상한 절개를 가진 사람이 아니라 "발끈 성내어 작은 절개나 지키는 사내와 어리석을 정도로 무모한 용사"7로 묘사한다. 자신의 목숨을 부지하기 위해 섬으로 도망가거나 원수의 나라인 초나라의 도움을 애걸하는 것은 구차한 일이라고 평가한다. 열혈 대장부가 아니라는 말이다.

성대중은 전횡의 계책이 처음부터 잘못되었다고 비난한다. 성대중의 판단은 이렇다. 임금을 무시한 항우의 죄와 아버지를 무시한 유방의 죄를 천하 사람들에게 묻고 호응을 얻어 죽기를 각오한 500명의 결사대를 거느리고 주변국과 함께 초나라와 한나라와 대적해 일전을 벌여야 한다. 실패하더라도 오히려 그것이 대의를 지키는 일이다. 그러지 못하고 궁지에 몰려 스스로 목을 찔러 그 목을 한나라에 바쳤다고 평가한다.

성대중이 보기에도 전횡은 대의를 지킨 사람이 아니다. 도량이 부족하여 계책도 없이 목숨을 부지하기 위해 이리저리 도망 다니다가 궁지에 몰려 죽음을 택한 사람일 뿐이다. 진정으로 대의가 있다면 대의명분으로 유방과 일전을 벌여야 했다. 그것이 그에게 합당한 의리다.

전횡에게 주어진 선택지는 세 가지다. 천하의 형세가 유방으로 넘어갔으니 유방에게 빨리 복종하는 것이 하나다. 유방에게 복종하는 것은 치욕스러운 일이니 스스로 자결하는 것이 또 하나다. 유방과 항우의 죄를 묻고 죽음을 불사하고 일전을 벌이는 것이 또 하나다.

어떤 것이 이런 상황에 처한 전횡에게 마땅한 의리일까. 협력? 자살? 투쟁? 역사적으로 또 중국과 조선에서는 전횡의 자살이라는 사건을 바라보는 평가가 다르다. 그러나 『주역』 비괘에서 말하는 "후부흉後夫凶"은 지도자다운 지도자에게 복종하고 협력하되 미적거리며 버티고 늦추다가는 대장부일지라도 흉한 꼴을 당한다는 말이다. 사람은 홀로 살아갈 수 없다.

6

왜 장량張良은 적송자赤松子를
따르려 했을까

이履괘

1.

속내를 알 수 없는 신비에 싸인 사람이 있다. 어느 순간 평소 알던 이미지와는 달리 전혀 다른 사람으로 느껴지는 사람도 있다. 사람이 어떤 사람인지를 알기는 어려운 일이다. 그의 본색은 그의 온 삶을 이해했을 때 비로소 드러나는 법이다. 장량張良이 그러한 사람이다.

『사기』「유후세가留侯世家」의 마지막에서 장량의 체격이 몹시 클 것이라고 생각했는데 나중에 그의 화상畫像을 보니 얼굴 생김새가 여자처럼 너무도 예뻐서 놀랐다고 사마천은 말하고 있다. 공자도 용모로 사람 판단하는 데 실수했듯이 자신도 "유후에 대해 또한 그러할 것"이라고 했다. 장량이 어떤 사람이었는지 자신도 잘 알지 못하겠다는 고백이다.

장량보다 신비한 베일에 싸인 인물이 있을까? 자는 자방子房이요, 시호는 문성文成이다. 흔히 소하·한신과 더불어 한초삼걸漢初三傑로 불리는 한나라 개국 공신이다. 사마천은 장량에 대한 이야기를 신비한 분위기를 만들어내는 장치들로 구성하고 있다.

먼저 신비한 황석공黃石公을 만나 『태공병법』을 얻은 얘기로부터 시작한다. 부귀공명을 버리고 신비한 은둔자 적송자赤松子를 따르겠다고 하는 것으로 이어져 벽곡辟穀을 먹고 도인道引을 행하며 신선이 되려는 이야기를 배치한다. 마지막 죽기 전에 누런 돌, 즉 황석을 얻어 제사를 지냈다가 죽어 함께 안장되었다는 이야기로 장량의 신비한 일들을 묘사한다.

어떤 사람은 장량을 유학자의 풍모를 지닌 인물로 평가하고 또 어떤 사람은 도가적 술수에 뛰어난 사람으로 칭한다. 책략과 술수에 뛰어난 점에서 진평과 유사하다. 차이점이 중요하다. 진평이 세속적이고 현실적이라면 장량은 탈세속적이고 신비적이다. 유방을 보좌해 공을 세워 부귀를 얻을 수도 있었지만 모든 것을 사양하고 세속을 초월하고 구름과 함께 자유자재로 떠돈다.

장량의 가장 주목할 만한 이야기는 황석공을 만나 『태공병법』을 받은 일화다. 신비감을 준다. 그는 실존 인물일까? 황석공이라 불리는 이유는 장량이 유방과 곡성산을 지날 때 황석黃石, 즉 누런 돌을 보고 그것을 정중하게 모셔 제사를 지냈다는 일화가 있기 때문이다. 즉 누런 돌이 바로 노인의 정체였던 것이다.

장량은 유방에 대해 "패공은 필시 하늘이 낸 사람일 것이다"라고 극찬하고 있다. 또한 자주 태공병법을 설명하고 자신의 병법을 이해하는 사람을 만나 기뻐했다고 한다. 유방은 누런 돌에 관해 어떻게 생각했을까. 사마천은 "학자들은 귀신은 없다고 말하지만 신령스런 물건은 있다고 한다"[1]라고 하여 황석공을 만난 일을 괴이한 일로 여긴다. 유방도 누런 돌과 그에 관한 이야기를 괴이한 일로 여기지 않았을까.

황석공이 돌이냐 사람이냐 귀신이냐는 핵심이 아닐지도 모른다. 이중톈은 『초한지 강의』에서 중요한 것은 유방이 황석공에 대한 이야기를 믿었다는 점이라고 생각한다. 음미해볼 만한 주장이다. 장량은 유방에게 다가가기 위해 이런 이야기들을 꾸며낸 것일 수도 있다. 달리 말하면 장량이 고도의 사기를 친 것이다.

주목할 만한 또 다른 이야기는 복수에 관한 일화다. 장량은 한韓나라 사람으로 명문가 재상 집안 출신이다. 명문가에서 태어난 장량에게 한나라를 멸망시킨 진나라는 나라와 집안과 자신을 망가뜨린 원수였다. 장량은 진나라에 복수하기 위해 가산을 털어 진시황을 죽일 수 있는 자객을 구하려 했다.

장량은 동방으로 가서 창해군倉海君을 만나 대력사大力士를 찾아내 진시황이 동방을 순시할 때 박랑사博浪沙에 매복했다가 120근이나 되는 철퇴를 던져 저격했으나 실패하여 이름을 바꾸고 하비下邳로 숨어들었다.

이 이야기는 복수심에 가득한 장량의 모습을 단적으로 드러내준다. 복수하고 조국 한나라를 재건하려는 뜻은 그가 죽을 때까지 변치 않았다고 보는 사람도 있다. 「유후세가」는 장량이 자주 했던 말을 기록하고 있다.

우리 집안은 대대로 한나라의 재상을 지냈는데 한나라가 멸망하자 만금의 가산을 아끼지 않고 한나라를 위해 강대한 진나라에 복수하여 천하를 떠들썩하게 했다. 지금은 세 치의 혀로 황제의 스승이 되고 식읍이 만호에 이르고 지위가 제후의 반열에 올랐으니, 이는 평민으로서는 최고의 지위로 나 장량으로서는 매우 만족스럽다. 그러므로 세속의 일일랑 떨쳐버리고 적송자를 따라 노닐고 싶을 뿐이다.[2]

신비한 도술과 계책에 뛰어났던 도가적 풍모를 지닌 장량과 군주에 대한 충절과 복수심에 가득한 유가적 풍모를 지닌 장량, 어느 쪽이 장량의 진짜 모습일까? 달리 말하면 신비한 책략, 즉 사기술과 숨겨진 복수심이다. 그렇다면 장량은 왜 적송자를 따라 노닐고 싶다고 말하고 다녔을까?

2.

장량은 장자방으로 더 알려져 있다. 장자방이란 명칭이 더 신비롭다. 장자방은 『역』을 알았을까? 소강절이 『역』을 사고하는 방식은 독특하다. "『역』을 진정으로 잘 아는 사람은 『역』에 대해 말하지 않는다." 대표적으로 맹자가 그러하다.[3]

장자방은 어떠했을까? 소강절은 장자방이 마음의 작용을 잘 감추었다고 평가한다. 소강절은 장자방의 일생과 행적으로부터 무엇을 보았기에 마음의 작용을 잘 감추었다고 평가했을까? 흔적이 없는 행위는 범죄학에서 완전범죄를 의미한다. 범죄를 저지른 사람은 결코 범죄의 증거를 남기지 않으려 한다. 완전범죄를 꿈꾼다. 그러나 성인의 행위에도 흔적이 없다. 『노자』에는 이런 말이 있다. "뛰어난 행위는 흔적을 남기지 않는다."[4]

사람들이 걸어가거나 수레를 타고 갈 때 발자국이 남지 않을 수 없다. 그러나 잘 걸어가는 사람은 흔적이 없다. 훌륭한 일을 하거나 공을 세우면 사람들이 알아주길 원하고 보답을 얻기를 원한다. 다툼이 일어날 수밖에 없다. 공적비를 세우고 이름을 역사에 남기고 싶어하며 부귀를 누리려 한다. 이 모든 것을 부질없는 것이라 여기고 훌훌 털어버리고 흔적 없이 떠나기란 어려운 일이다. 장자방이 그러했다.

조선 개국 공신인 정도전鄭道傳은 "한 고조가 장자방을 쓴 것이 아니라, 장자방이 곧 한 고조를 쓴 것이다"라고 했다. 자신의 속내를 드러내는 평가였다. 하지만 그러한 평가는 이미 정이천이 했다. 소강절과 같은 시대를 살았고 왕래가 잦았던 정이천은 장자방을 정통 유학자의 풍모를 지닌 인물로 평가한다.

> 장량은 역시 유자儒者다. 나아가고 물러나는 데에 매우 도리가 있다. 사람들은 한 고조가 장량을 잘 썼다고 말하나, 장량이 고조를 잘 쓴 것을 알지 못하고 있다. 장량은 계책을 함부로 내지 않았고 내면 반드시 적중했다.[5]

정이천은 장자방의 행적에서 유자의 풍모를 보았다. 주목해야 할 대목은 이것이다. 유방이 장자방을 이용한 것이 아니라 장자방이 유방을 이용했다. 장자방은 무엇 때문에 유방을 이용했을까.

정이천의 제자인 양구산楊龜山은 여기서 나아가 장자방은 처음부터 끝까지 고국 한나라의 복수와 재건을 위해 움직였다고 평가한다. 양구산은 장자방의 행적을 하나하나 분석한다. 장자방이 한 고조 유방에게 잔도棧道를 불태워 끊으라고 한 것은 유방에 대한 충정이 아니다.

숨겨진 마음이 있었다. 항우에게 동쪽으로 나아갈 뜻이 없음을 보이려는 계략이 아니었다. 오히려 유방이 다시 동쪽으로 진출할 수 있는 길을 끊고 한왕韓王 성成을 도와 천하를 도모하려는 것이었다. 만약 한왕 성이 생존했다면 장자방은 그를 보필하여 천하를 얻으려고 했던 것이다.

또한 항우에 의해 한왕 성이 살해당하자 장자방은 다시 지름길을 따라 한韓나라로 돌아가 유방을 섬겼다. 그 의도는 한나라를 위해 항우를 쳐서 원수를 갚으려는 것이다. 당연히 유방이 항우를 제거하고 한漢 왕조를 세운 후에는 장자방은 정치에 관여하지 않았다. 유방이 황제에 등극하고 공을 세운 신하들에게 공을 치하할 때도 장자방은 자신의 공이 미미하다며 스스로 낮추었다.

권력과 부귀에 초연한 모습을 보이며 한신과 소하가 제거되는 권력 싸움에서 스스로를 보전했다. 장자방이 유방을 도왔던 것은 자신의 고국 한나라에 대한 충정과 진나라에 대한 복수 때문이었다. 양구산에 따르면 장자방은 한 고조의 신하가 아니었다. 양구산은 이렇게 결론을 내리고 있다.

> 그가 고조의 신하가 된 것은 그의 본마음이 아니다. 부득이했기 때문일 뿐이다.6

부득이함. 어찌할 수 없었던 것이다. 고국의 재건과 복수를 위해 어찌할 수 없었던 것이다. 한 고조를 이용하여 자신의 목적을 이루고자 했지만 결국 천명天命이 미치지 못하여 뜻은 이루지 못했다. 장자방이 끝까지 감춘 마음은 고국에 대한 복수였을까. 양구산이 장자방을 묘사한 것에서 주목할 대목이 있다.

비록 몸은 조정에 맡기고 있었지만 초연한 모습이 마치 멀리 강호江湖
만 리 밖에 있는 것과 같아서, 높은 하늘 위의 기러기와 표연히 날아
오른 봉황에게 화살이 미칠 수 없었다.[7]

몸은 조정에 있지만 저 멀리 강호에 숨어 있다는 말은 장자방을 가
장 잘 묘사하는 표현이 아닐 수 없다. 더러운 세속의 정치권에 살지만
부귀공명과 이해득실에 얽매여 살지 않고 자신의 꼿꼿한 지조를 버리
지 않겠다는 고상함이 있다.

조정과 강호 사이에서 왕래했던 장자방이었다. 이것은 진퇴進退의 문
제이며 출처出處의 문제이며 거취去就의 문제다. 『주역』의 핵심이다. 양
구산은 바로 장자방이 진퇴의 의리를 어기지 않았다는 점을 높이 평가
한다.

3.

양구산의 "몸은 조정에 맡기고 있었지만 초연한 모습이 마치 멀리
강호 만 리 밖에 있다"는 말을 이해할 수 있는 단서는 『주역』에 있다. 양
만리는 이履괘에서 이러한 모습으로 장자방을 평가한다.

10번째 괘인 이履☰☱괘는 천택리天澤履라고 읽는다. 하늘을 상징하
는 건乾☰괘가 위에 있고 연못을 상징하는 태兌☱괘가 아래에 있기 때
문이다. 하늘이 위에 있고 연못이 아래 있으니 있어야 할 자리에서 각
자의 역할을 수행하고 있다는 의미다. 이괘는 자신의 본분을 이행하는
내용이다. 그래서 예禮와 관련된다.

「서괘전」에서는 사물들이 모여서 길러진 후에는 질서를 이루는 예禮가 있으니 예를 상징하는 이괘가 9번째 괘인 소축小畜괘를 이었다고 설명한다. 사물이 모이면 크고 작고 높고 낮은 다양한 차이가 생긴다. 이러한 차이를 조화시킬 수 있는 것이 예다. 예란 인간이 자신의 본분을 이행하는 형식이기 때문이다. 이괘의 괘사가 특이하다.

> 호랑이 꼬리를 밟더라도 호랑이가 사람을 물지 않으니, 형통하다履虎尾, 不咥人, 亨.

호랑이가 꼬리를 밟았는데 왜 호랑이가 물지 않았을까? 본분에 합당한 의리를 이행했기 때문이다. 본분에 합당한 의리를 이행했다면 지극히 위험한 곳에 처했더라도 해로운 바가 없다는 말이다. 괘사의 말은 위험한 상황 속에서 적절한 방식으로 본분을 행하면서 뜻을 행하는 모습이다. 정이천에 따르면 "오직 그 행하는 바가 이치에 순종하고 의리에 합당하다."[8]

양구산은 장자방을 "기회에 적중하고 의리를 어기지 않은" 사람으로 평가했다. 장자방은 진퇴와 거취의 의리를 어기지 않았다. 기회에 적중하고 의리를 어기지 않은 것은 중도中道를 행했기 때문이다. 양만리는 이 점을 이괘 구이효에서 설명한다. 이괘 구이효의 괘사는 이러하다.

> 구이효는 이행하는 도리가 탄탄하다. 유인幽人이라야 올바르고 길하다九二, 履道坦坦, 幽人, 貞吉.

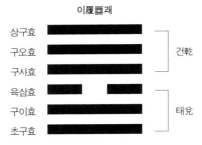

이履䷉괘

상구효

구오효

구사효   건乾

육삼효

구이효   태兌

초구효

구이효는 구九이기에 강직한 자질을 가지고 자신의 도리를 행하니 나아가 뜻을 행하는 데에 어려움이 없다. 또 오五효라는 권력의 중심부에서 멀리 떨어진 이二의 위치에 자리한다. 이효는 오효와 호응하는 위치이기도 하다. 그리고 이二라는 자리는 괘의 중심에 위치하여 중도를 이룬 모습이다. 이러한 태도는 권력에 집착하지 않고 거리를 두고 있는 모습이기도 하다. 양만리는 구이효의 모습을 장자방에 빗대어 이렇게 묘사한다.

구이효는 양강陽剛한 자질을 가지고 하괘下卦의 중심에 자리하니 나아가 일을 도모하고 그 도를 행할 수 있다. 탄탄하여 어려움이 없다. 마치 산림에서 그윽하고 독립적인 지조를 지켜 올바른 정도를 지키면서 외물에 의해 그 마음을 스스로 혼란스럽게 하지 않는다. 종묘와 조정에 자리하면서도 거친 밥과 물 한 모금 먹는 청빈한 기상을 버리지 않으며, 관직의 옷과 패옥을 지닌 반열에 올랐으면서도 평민과 야인의 마음을 잊지 않는다. 세상의 부귀를 얻었으면서도 마음이 혼란하지 않는구나. 장량이 이에 가깝다."9

여기서 구이효 효사에 나온 '유인幽人'이라는 말을 정이천은 마음이 안정되고 사리사욕이 없는 사람으로 풀었다. '유인'을 은둔한 사람으로 보는 경우도 있다. 은둔의 고수는 세속을 버리고 산속에 숨지 않는다. 세속에 은둔한다. 세속에 은둔하면서도 산림의 기상을 잃지 않는다. 일명 시은市隱이다. 시장에 은둔한다. 이보다 더한 고수는 세속 속에서도 권력의 중심에 은둔한다. 일명 조은朝隱이다. 조정에 은둔한다.

권력에 빌붙어 부귀를 누리는 자들은 사리사욕에 빠져 그들의 잇속을 채우려고 권력과 지위와 자본을 이용한다. 원리원칙을 망각하고 정도를 버리며 권모술수와 이해득실에 따라 움직일 뿐이다. 진퇴와 거취를 정할 때 의리를 어기고 무리를 짓고 갑질을 하는 것이다.

구이효는 권력과 관계하고 있지만 거리를 두고 자신에게 마땅한 의리를 행할 뿐이다. 지조를 지키고 정도를 걸으며 자신의 본분에 합당한 예의를 지킨다. 예의를 지킨다는 것은 본분에 주어진 의무와 권리를 이행하는 일이다.

양구산이 장자방을 "비록 몸은 조정에 맡기고 있었지만 초연한 모습이 마치 멀리 강호 만 리 밖에 있는 것과 같다"고 한 말은 양만리가 구이효를 묘사하는 말과 매우 유사하다. 조정에서 강호의 기상을 초연하게 행하는 것은 권력투쟁에서 중도를 행하는 사람의 모습이다.

4.

장자방은 분명 탈세속적이고 신비한 초탈의 경지를 보이고 있다. 그러나 그것이 도가의 신선 사상에 빠져 신선이 되려 했기 때문만은 아니다. 양만리는 다른 괘에서 적송자를 따르려 한 장자방의 마음을 묘사한다. 진실한 마음이 부화하여 영향력을 미친다는 뜻을 가진 괘는 중부中孚괘다.

『주역』의 61번째 괘는 중부中孚䷼괘다. 풍택중부風澤中孚라고 읽는다. 바람을 상징하는 손巽☴괘가 위에 있고 연못을 상징하는 태兌☱괘가 아래에 있기 때문이다. 중부괘는 진실한 믿음과 그 영향력을 상징한다.

60번째 괘는 절節䷻괘다. 수택절水澤節이라고 한다. 절節이란 절도와 지조다. 절도 있는 행위가 자기 믿음을 형성한다. 외면이 내면을 만든다. 그것을 지속적이고 일관되게 행하면 진실한 마음이 바깥에 영향을 미쳐서 사람들의 신임을 얻는다. 그래서 절괘에서 중부괘로 이어진다.

종자기鍾子期라는 사람이 있다. 백아伯牙가 자신의 소리를 알아주던 종자기가 죽자 거문고 줄을 끊었다는 백아절현伯牙絶絃으로 유명하다. 친구의 참된 가치를 알아주는 진정한 친구를 뜻하는 지음知音이라는 것도 이와 관련된다.

전국시대 말기 유향劉向이 편집했다고 알려진 『신서新序』에는 이 종자기와 백아의 지음에 관한 고사를 소개하면서 진실한 마음을 말하고 있다. 중부괘에 빗대어 마음의 진실에 관한 문제를 군주의 영향력과 관련하여 설명한다.

군주가 지극히 정성스런 마음으로 행할 수 있다면 만백성이 반드시 호응하여 감동하고 따를 것이다. (…) 그래서 먼 황무지 변방 사람도 그 교화에 복종하고 봉새가 날아들고 기린이 춤추었으며 미물에까지 미쳐 모두 제자리를 얻었다. 이것이 『역』에서 말하는 '진실한 마음이 영향을 미쳐 돼지와 물고기조차 감화되어 길하다中孚豚魚吉'라는 뜻이다.[10]

여기서 인용된 말이 중부괘의 괘사다. 지극히 진실한 믿음과 정성으로 행하여 돼지와 물고기라는 미물에게까지 영향을 미친다는 의미다. 당연히 사람들은 감동하고 호응한다. 양만리는 장자방을 중부괘의 육사六四효와 연관해서 설명한다. 육六은 음효이고 사四는 오五라는 군주의 지위와 매우 가까운 위치에서 보필하는 신하의 자리를 상징한다. 육사효의 효사는 이렇다.

육사효는 달이 거의 가득 찬 것이니, 말의 짝을 잃으면, 허물이 없다
六四, 月幾望, 馬匹亡, 无咎.

양陽이 군주라면 음陰은 신하다. 태양이 군주라면 달은 신하다. 음양이라는 상대적 개념에 따른다면 그러하다. 그렇다면 '월기망月幾望'이라는 말에 주목해야 한다. 신하를 상징하는 달이 거의 찼다는 말을 어떻게 해석할 수 있을까. 삭망朔望이라는 말이 있다. 간단히 말하면 '삭'은 달이 태양에 가려져 보이지 않는 것이고 '망'은 보름달을 말한다. '월기망'은 달이 거의 보름달이 된다는 뜻이다. 완전하게 꽉 찬 보름달이 된 것이 아니다.

완전한 보름달로 가득 찬다는 말은 세력이 가득 찬다는 것이기도

하다. 신하의 세력이 사람들의 지지와 호응을 얻어 득세하면 군주는 어떠하겠는가. 시기하고 질투할 뿐 아니라 불안하기도 하다. 결국 신하의 자리가 위태롭게 되는 것이다. 군주로부터 의심을 받고 믿음을 잃고 미움을 받게 된다. 자칫 잘못하면 죽음에 이르게 된다. 이는 역사가 증명하고 있다.

한신과 팽월이 죽임을 당한 이유는 모반을 일으킬 것이라는 의심을 받았기 때문이었다. 장자방은 죽임을 당하지 않았다. '월기망'은 달이 거의 보름달이 되려고 하는 것이지 완벽하게 보름달이 된 것은 아니다. 양만리는 장자방의 이런 거취의 태도를 현명하다고 판단한다. 바로 육사효가 장자방의 모습과 유사하다고 평한다.

신하된 자로서 자신에게 진실하고 정성스럽지 못하면 군주에게 진실하고 정성스러울 수 없다. (…) 사람들은 가득 찬 것을 스스로 여유롭다고 여기지만 가득한 것이 스스로를 자빠지게 만드는 경우를 알지 못한다. 사람들은 편당을 이루어 스스로를 도울 줄만 알지 편당이 스스로를 좀먹게 만드는 경우를 모른다. 육사효는 가득 차지 않아 달이 거의 보름달이 되는 듯하고 편당을 짓지 않아 마치 말이 그 짝을 잃는 듯하다. 그 마음이 진실하고 믿음직하다. 사람들이 그를 신뢰하고 군주도 그를 신뢰하니 또한 무엇을 허물하겠는가. 장량이 일찍이 황석공을 모시고 만년에 적송자를 따른 것이 달이 거의 가득 찬 것이다.[11]

양만리는 장자방이 권력을 대하는 태도를 '월기망'으로 해석했다. 그만큼 장자방은 권세가 높았고 대중의 신임을 받았던 것이다. 그런데도 육사효처럼 부드러운 태도로 겸손하게 아래에 자리하되 처신이 교만하지 않았다. 오직 붕당 세력을 만들지 않고 홀로 군주에게 나가 책략을 올렸다. "말이 짝을 잃는다"는 말은 붕당을 만들어 세력을 확대하지 않고 권세를 자랑하지 않는다는 의미다. '거의'라는 말은 완전한 보름달이 되지 않으려 한다는 뜻이다. 그래야 허물이 없다.

장자방은 실제로 공을 이룬 뒤에 권력의 중심에서 물러났기 때문에 자신을 보존할 수 있었다. 완벽하게 가득 찬 보름달이 되지 않으려고 했던 것이다. 한신과 팽월은 죽임을 당했고 경포는 반역을 일으켰다가 유방에게 진압되었다. 장자방은 공을 세웠으나 그 자리에 연연하지 않고 물러나 천수를 누렸다.

산시성陝西省 류바留坝현에는 장자방의 사당이 있다. 그곳에는 '공을 이루면 물러나야 한다'는 뜻인 '공성신퇴功成身退'와 '그칠 줄 알아야 한다'는 뜻인 '지지知止'라는 말이 적혀 있다. 이 말은 장자방의 처신을 상징하는 말이다. 모두 『노자』에 나온 말이다. 『노자』에는 이런 말이 있다.

> 지니고서 그것을 가득 채우는 것은 그치는 것만 못하다. 갈아서 그것을 날카롭게 하는 것은 오래 보존할 수 없다. 금과 옥을 집안에 가득 채우면 그것을 지킬 길이 없다. 부귀하여 잘난 척 교만하면 스스로 허물을 남길 뿐이다. 공을 이루면 스스로 물러나는 것이 하늘의 도다.[12]

멈출 줄 아는 지혜를 '지지知止'라고 한다. 장자방은 멈춰야 할 때 멈출 줄 알았다. '지止'라는 한 글자는 멈춤을 의미한다. 이 멈춤에 대한 괘가 『주역』 52번째 괘인 간艮 ䷳괘다. 여기서 말하는 멈춤은 단지 운동이 없는 정지를 의미하지 않는다. 합당한 장소에 멈춘다는 것이다. 나가야 할 때 나아가고 물러서야 할 때 물러서며 행해야 할 때 행하고 멈춰야 할 때 멈추는 것이 바로 멈춤의 의미다.

5.

정이천이나 양구산이나 양만리 모두 장자방에게서 유학자의 풍모를 읽었다. 고국 한나라에 대한 충정과 복수심도 유학자의 풍모이고 나아가고 물러나는 때와 의리를 잃지 않았던 것도 유학자의 모습이다. 무엇보다 그는 세속적 가치에 연연하지 않고 부귀명성을 가볍게 보고 권력에 아부하거나 집착하지 않았다.

그렇지만 '모성謀聖'이라 칭하듯이 계략과 책략에 뛰어나 단지 도덕과 예의형식만을 내세우는 유자와는 달리 혁혁한 공을 세웠다. 이중톈은 『초한지 강의』에서 장량을 기이한 선비인 '기사奇士'로 칭한다. '기사'란 세속을 초탈한 군자다. 세속을 떠나지 않았으면서도 세속을 초탈한 정신을 가지고 세속의 일을 하는 사람을 말한다.

과연 장자방은 어떤 사람일까. 장자방을 이해할 수 있는 핵심은 이렇다. 고국 한나라에 대한 복수를 행한 협사俠士이며 진퇴의 도리와 의리에 어긋나지 않았던 유자儒者다. 더불어 계략과 책략에 뛰어난 모사謀士다. 신비에 가득한 도사道士다. 도가의 지혜를 잘 알았던 술사術士다. 부귀와 권력 등 모든 세속의 이해득실에 연연하지 않았던 신선神仙이다. 어떤 모습이 진짜 장자방인가.

『오주연문장전산고五洲衍文長箋散稿』라는 문헌이 있다. 이규경李圭景이라는 조선 후기 학자가 쓴 백과사전 형식의 문헌이다. 이규경은 규장각 검서관으로 유명한 이덕무李德懋의 손자이며 이광규李光葵의 아들이다. 여기「경사편經史編·논사류論史類」에 '장량변증설張良辨證說'이 있다. 이규경은 장자방을 독특하게 해석한다.

이규경은 결코 세상 사람들이 말하듯 장량이 고국 한나라의 복수만을 위해 행동하지는 않았다고 본다. 그는 한평생 노자의 학문을 가장 잘 배웠다고 단언한다. 협사로서 의리를 알고 모사로서 일의 기미幾微를 알고 형세를 알아 공을 세웠지만 유자는 아니다.

이규경은 장자방의 행적을 하나하나 따지며 그의 의도를 분석한다. 고국 한나라를 위한다고 하지만 면밀히 살펴보면 한나라를 위해 천하의 일을 도모할 기회가 있었는데 그렇게 하지 않았다. 유방을 따라간 일들을 분석하면서 오히려 고국 한나라를 망하게 한 장본인이 장자방이라고 주장한다. 한나라를 위한답시고 오히려 일신의 안전을 꾀했을 뿐이라는 것이다. 이규경은 이렇게 결론을 내리고 있다.

> 그렇다면 장량이 자신의 안전을 꾀하여 마침내 일신을 보존한 것이야말로 노자의 도에서 기인된 것이 아니고 무엇이겠는가. 그러므로 장량은 노자를 배웠다고 말하는 바다. (…) 더욱이 웅雄을 알고 자雌를 겸비하여, 곤란한 시기에 처해서는 굴욕을 참았다가 자기의 뜻을 펴고 적합한 시기를 만나서는 결단을 내려 공을 이루었고, 공을 이루고 나서는 고상하게 놀고 멀리 떠나서 일신을 보존했으므로, 그 기미를 아는 것이 마치 신神과 같다 할 만하니, 이야말로 노자의 학문이 아니고

무엇이겠는가. 그러므로 나는 장량이 시종 한韓나라를 위했다는 것은 진정 한나라를 위한 것이 아니라 한漢을 위한 것이고 시종 한을 위한 것은 진정 한을 위한 것이 아니라 자신을 위한 것이라고 단언한다. 노자를 잘 배운 자로 장량을 제외하고 또 누가 있겠는가.[13]

소강절의 평가에 따른다면 장자방은 마음의 작용을 잘 감춘 사람이다. 이규경에 따른다면 장자방이 마음속에 깊이 감춘 것은 한나라를 위한 복수도 아니고 유방을 위한 충성도 아니다. 오직 자신을 위한 것이다. 과연 장자방은 자신을 위하여 적송자를 따르려 했을까? 장자방은 죽임을 당하지 않았다. 일신을 보존하고 천수를 누렸다. 그 살벌한 권력 쟁투 속에서 말이다.

7

왜 한신韓信은 괴통蒯通의
말을 듣지 않았을까

점漸괘

1.

타인을 평가하는 일이란 어쩌면 자신에 대한 무의식적 평가를 남에게 투사하는 것이 아닐까. 프로이트의 정신분석학은 프로이트의 자서전일 뿐이라는 평가는 이런 맥락을 드러내준다. 프로이트는 자신을 분석한 내용을 많은 사람의 보편적 심리인 양 투사했다고 학자들은 평가한다. 이런 논리라면 우리가 비난하는 타인의 모습은 어쩌면 자신의 무의식 속에서 끌어올린 자신의 모습일 수 있다.

만약 이것이 사실이라면 한신이 항우를 비난하는 말에도 동일하게 적용될 수 있다. 소하가 유방에게 한신을 추천하자 항우를 평가하면서 한신이 유방에게 한 말이 있다. '필부지용匹夫之勇'과 '부인지인婦人之仁.' 이는 한신 자신이 무의식적으로 스스로를 의식한 말일 수도 있다.

'필부지용'은 맹자의 말이다. 천하를 상대하는 것이 아니라 한 사람만을 대적하며 힘만 자랑하는 것이 필부의 용기다. '부인지인'은 누가 병에 걸리면 눈물을 흘리며 음식을 나누어주면서도 공을 세워 벼슬을 주어야 할 사람에게는 선뜻 내주지 못하는 것이다. 공적인 일에는 사랑을 합당하게 주지 못하면서 사적이고 사소한 일에는 아낌없이 사랑을 주는 것을 말한다.

대부분의 사람은 한신이 죽임을 당한 이유를 겸손하지 못한 오만 때문이라고 평가한다. 사마천도 「회음후열전淮陰侯列傳」에서 "한신이 도리를 배워 겸양한 태도로 자신의 공로를 뽐내지 않고 자신의 능력을 자랑하지 않았다면 한나라에 대한 공훈은 주공·소공·태공망 등의 공훈에 비할 수 있었을 것이고, 후세에 사당에서 제사를 받을 수 있었을 것이다"[1]라고 한신의 능력을 극찬하고 있다. 그러나 그의 교만의 원인에 대해 묻는 사람은 없다.

한신은 가난한데도 방종했고 장사할 능력도 없었고 남을 따라다니며 먹고살아 사람들이 그를 싫어했다고 한다. 「회음후열전」에서는 두 가지 특이한 일화를 기록하고 있다. 하나는 빨래를 하던 아낙이 제 힘으로 살아가지도 못하는 한신을 가엽게 여겨 밥을 주었다는 일화다. 나중에 한신은 아낙에게 천금을 내려 은혜에 보답한다.

두 번째는 유명한 '과하지욕胯下之辱'이다. 한신을 업신여기는 이가 한신을 겁쟁이라고 놀리며 가랑이 사이를 기게 했다는 일이다. 마을 사람들은 이 일로 한신을 겁쟁이라고 비웃었다. 한신은 초나라 왕이 된 후에 겁쟁이라 놀렸던 사람을 자기 부하로 받아들였다.

사마천은 왜 「회음후열전」을 이런 치욕스런 일로부터 시작할까. 유방은 한신을 초왕에서 회음후로 강등시켰다. 『사기』는 세 가지 등급으로 구분된다. 제왕들의 이야기인 「본기本紀」, 제후국 왕들의 이야기인 「세가世家」, 세 번째 등급이 「열전列傳」이다. 소하와 장량은 「세가」에 속하지만 한신은 「열전」에 속한다. 「회음후열전」 자체가 한신이 보기에 상당히 치욕적인 것이다.

한신은 최고의 명장이자 최고의 공신이었다. 모든 전투에서 뛰어난 공을 세웠다. 백전백승하여 최고의 위치에 올랐다가 몰락했다. 치욕을 참으며 성공한 그는 영웅으로 불릴 만하다. 왜 그는 한나라를 세우는 데 큰 공을 세웠는데도 불구하고 죽임을 당할 수밖에 없었을까.

한신은 유방을 배신하고 항우와 유방에게 대적할 기회도 있었다. 한신은 배반하지 않고 유방을 따랐다. 그랬던 그가 성공할 가능성이 별로 없을 때 모반을 꾀했다. 물론 한신은 모반을 일으킬 생각이 전혀 없었다고 보는 사람도 있다. 억울한 누명을 쓰고 죽었다고 보는 것이다. 사마천도 『사기』를 편찬할 때 고의로 한신의 죽음에 관한 일을 허술하게 기술했을 것이라고 의심까지 한다.

반면 한신이 모반을 일으켰을 것이라고 보는 의견도 있다. 한신은 공명심이 강했기 때문에 권력을 찬탈하려는 욕망을 품고 있었을 것이라는 말이다. 사마천도 한신이 보통 사람과는 달랐다는 점을 강조하기도 한다. 야심이 컸기 때문에 모반을 일으킨 것은 당연한 결과였고 죽임을 당한 것도 당연하다고 보는 것이다.

한신이 반란을 일으킬 뜻이 있었느냐 없었느냐 하는 문제보다 더 중요한 문제가 있다. 한신은 유방을 어떻게 생각했을까. 그 일단을 드러내주는 일화가 있다. 다다익선多多益善으로 유명한 고사다. 한 고조 유방과 장수들의 능력에 대해 대화를 한 적이 있다. 유방이 자신은 얼마만한 군사를 거느릴 수 있겠냐고 한신에게 물었다. 한신은 10만도 못 거느린다고 했다.

유방은 침착하게 그렇다면 한신 너 자신은 어떠하냐고 물었다. 많을 수록 좋다고 했다. 다다익선이다. 한신은 말하고 나서 '아차' 하지 않았을까? 그 이유를 이렇게 답했다. 유방은 군사를 거느리는 데에는 능하지 못하지만 장수를 거느리는 데에는 능하다. 자신이 유방을 따르는 이

유라는 것이다. 그리고 이렇게 답했다. "폐하는 하늘이 내린 사람이지 인력으로 만들어진 인물이 아닙니다."[2]

한신은 유방을 하늘이 내려준 인물로 보고 있다. 스스로 1인자가 되려는 욕망과 배짱은 없었을까. 한신이 토사구팽 당한 이유는 자만심과 교만이라는 것이 통설이다. 유방 앞에서도 자신을 뽐내며 은근히 유방을 무시하는 태도를 보였다. 의심을 살 수밖에 없다.

1인자가 되려는 욕망도 없이 교만을 부리는 태도는 처세의 의리를 모르는 것이다. 2인자로서의 처신도 제대로 하지 못했던 것이다. 오만했던 한신은 왜 천하를 삼분으로 나눌 수 있는 괴통의 계책, 즉 '천하삼분지계天下三分之計'를 받아들이지 않았을까?

2.

한신은 죽을 때 이렇게 탄식했다. "내가 괴통의 계략을 듣지 않았던 것이 후회스럽다. 그래서 아녀자에게 속았으니 어찌 운명이 아니겠는가."[3] 이 말은 괴통의 계략을 듣지 않았기 때문에 아녀자인 여후몸后의 속임수에 당한 것은 당연한 일이라는 뜻이다. 달리 말하면 괴통의 계략을 따랐다면 이렇게 죽지는 않았을 것이라는 말이다.

한신에게 한나라를 배반하고 초나라와 손잡아 천하를 셋으로 나누어 왕이 되지 않겠느냐고 제안했던 것은 항우가 보낸 무섭武涉이었다. 이때 한신은 한나라 유방의 은혜를 배반할 수 없다고 답했다. 이후 괴통은 대권의 향방이 한신에게 있음을 알았다. 괴통의 계책은 결코 무리한 수가 아니었다.

먼저 괴통이 기발한 계책을 올린 적이 있었다. 전횡田橫이 역이기의 제안을 받아들여 유방에 투항하려고 했을 때다. 한신은 제나라를 치라는 명령을 이미 받은 상태였다. 유방은 잠시 공격을 중지시키려 했다. 괴통은 자칫 잘못하다가 공이 역이기에게 갈 수 있으므로 한신에게 제나라를 쳐서 공을 올려야 한다고 했다.

한신은 실제로 행동에 나서 제나라를 장악했다. 그 공로로 유방에게 가왕假王, 즉 임시라도 왕을 시켜달라고 했다. 이는 분명 뜻을 거스르는 행위였다. 유방은 크게 노했다. 유방이 크게 노하자 장량이 그를 제나라 왕으로 삼아야 한다고 해서 유방이 그를 가왕이 아니라 진왕眞王, 즉 진짜 왕으로 임명했던 적이 있다.

이 일 때문에 유방이 한신을 의심하고 경계했던 것이다. 한신과 유방 사이가 갈라지게 된 계기는 바로 이 사건이다. 괴통 때문에 한신과 유방의 관계는 망가지기 시작했다. 사마천도 「전담열전田儋列傳」에서 괴통의 계략을 비난했다. 괴통의 계략 때문에 전횡은 자살하게 되었고 역이기는 죽임을 당했고 한신은 교만하게 되었다고 괴통을 비난한다.

승승장구했던 한신이 괴통의 천하삼분지계를 받아들이지 않았던 일은 의아하다. 어쩌면 여기서 한신의 감춰진 정체가 드러날 수도 있지 않을까. 괴통의 계책은 설득력이 있었고 형세상 불가능하지도 않았다. 괴통은 자신만만했고 논리적이었으며 직설적이었다.

괴통은 어떤 사람인가. 진秦나라의 폭정으로 진승과 오광의 봉기가 일어났던 때다. 진승은 황후장상의 씨가 따로 있냐고 외쳤던 인물이다. 무신武臣은 진승이 농민 봉기를 일으킨 뒤 그의 부하가 된 사람이다. 괴통은 무신을 찾아가 기발한 계책을 올렸다. 무신이 괴통의 계책을 받아들여 세력을 확장하여 조나라를 세우고 조나라의 왕이 되었다.

무신이 죽은 뒤에 괴통은 행적이 알려지지 않았다가 한신이 위나라, 조나라를 격파하고 제나라를 공격할 때 나타났다. 한신에게 여러 계책을 올리다가 한신이 계책을 듣지 않자 미친 사람처럼 행세하며 숨어 지냈다고 한다. 한신이 죽은 뒤에 반란을 사주했다고 해서 체포당했지만 풀려났다. 그 후 조참의 빈객으로 갔다.

괴통은 전문적인 떠돌이 책사策士였을 것이다. 괴통도 물론 출세를 위한 야망이 있었을 것이다. 무신에게 가고 한신에 이어 조참에게 가는 것만 보아도 알 수 있다. 괴통의 계책은 형세상 불가능한 것이 아니었다. 또한 괴통의 말대로 실현되었다.

괴통은 먼저 관상으로 한신에게 접근한다. "사람이 귀하게 되느냐 천하게 되느냐는 골법骨法에 달려 있고, 근심이 생기느냐 기쁨이 생기느냐는 용색容色에 달려 있고, 성공하느냐 실패하느냐는 결단에 달려 있습니다. 이것을 참조하면 만의 하나도 어긋남이 없습니다."[4] 그리고 주변 사람들을 물러나게 했다. 독대했다는 말이다.

괴통이 독자 세력을 구축하라라고 권한 논리는 명확하다. 첫째, 초나라와 한나라가 대치하고 있지만 한신이 어느 쪽에 서느냐에 따라 대세는 결정된다. 둘째, 유방이 제나라 왕으로 봉한 것은 공이 크기 때문이 아니라 항우를 치기 위한 부득이한 조치다. 유방을 믿지 말라. 실제로 유방은 화가 나 있고 의심하고 있다. 셋째, 전투능력이 뛰어난 자는 위험하고 공이 너무 크면 위태롭다. 항우가 망한다면 한신의 신변은 위태롭다. 넷째, 때를 놓치면 안 된다. 지금 항우가 바라듯 천하를 셋으로 나누어 왕이 되는 것이 현명한 길이다.

괴통은 유방의 속내를 꿰뚫어 보았을 뿐 아니라 형세가 어떠한지 천하의 민심이 어떠한지도 잘 알고 있었다. 괴통은 이렇게 말했다. "하늘이 주는 기회를 받지 않으면 도리어 벌을 받고 때가 이르렀는데 시행하지 않으면 도리어 재앙을 받는다."[5] 이 얼마나 명쾌한 말인가.

한신은 오랜 고민 끝에 받아들이지 않는다. 한신은 유방이 자신을 후하게 대우해준 것을 상기하며 "남의 옷을 입은 자는 남의 근심을 자기 마음에 품으며 남의 것을 먹은 자는 그의 일을 위해 죽는다"라고 답하고 나서 "내가 어찌 이익을 바라고 의리를 저버릴 수 있겠습니까"[6]라고 답하고 있다. 이익이 아니라 의리를 택한 것이다.

한신의 말을 그대로 믿을 수는 없다. 왜 괴통의 말을 따르지 않았는가는 여러 가지 측면에서 분석이 가능하다. 물론 초나라 왕으로 봉해졌던 한신은 모반을 일으킬 것이라는 누명을 쓰고 체포되었다. 이때 초왕에서 회음후로 강등되었던 것이다. 또한 끊임없이 유방은 의심했고 제거하려 했다. 결국 모반 혐의로 여후에 의해 죽임을 당한다. 한신은 괴통의 계략을 듣지 않은 것을 후회했다.

사후적으로 보았을 때 괴통이 말했던 대로 되었다. 괴통의 계책은 형세상 일리가 있었다. 그런데 왜 한신은 괴통의 계책을 받아들이지 않았을까. 정말 유방과의 의리를 선택했던 것일까. 괴통은 한신을 공명심도 크고 야망도 클 것이라고 판단했을 것이다.

한신이란 인물에 기대를 걸었지만 괴통의 선택은 결과적으로 실패했다. 한신의 그릇을 잘못 본 것은 아닐까. 한신은 천하에 대한 야망이 아니라 공명심만 강했을 뿐이고 천하의 왕인 일인자가 되고 싶었던 것이 아니라 그저 싸움을 좋아했을 뿐이다. 천하의 형세를 읽지 못하고 백전

점漸䷴괘

상구효 ──────

구오효 ──────
　　　　　　　　　　손巽
육사효 ── ──

구삼효 ──────
　　　　　　　　　　간艮
육이효 ── ──

초육효 ── ──

백승의 승리에만 취했던 것이다. 천하를 위한 영웅이 아니라 필부에 불과했다.

또한 유방이 자신을 어떻게 생각하고 있는지조차 몰랐다. 왕을 능가하는 능력을 지녔다는 것은 왕에게는 큰 위협이 된다. 장량은 이를 잘 알았기 때문에 스스로를 낮추었다. 유방은 항상 한신을 견제했고 의심했다. 이런 낌새를 한신은 잘 읽지 못했던 것이다. 결국 한신은 천하삼분지계를 감당할 수 있을 능력이 없었던 것인지도 모른다.

3.

유방은 어찌 보면 허풍과 허세가 가득한 건달이었다. 같은 고을의 관리인 소하나 조참, 비단장수 관영, 개백정 번쾌, 상가에서 피리를 불던 주발, 친구 하우영을 데리고 다니며 전쟁을 벌였던 인물이 아니던가. 오히려 초나라 귀족 출신은 항우였다.

한신은 어떠한가. 찌질한 인물이었다. 여러 차례 한신을 겁쟁이로 묘사하는 부분이 많다. 항우의 부하였던 용저龍且는 대놓고 한신을 무시하고 있다. 한신이 항량項梁을 따랐을 때도 항우 밑에 있었을 때도 모두가 그를 무시했다.

유방에게 갔을 때도 높은 지위가 아니었고 처형 순서를 기다리다 하우영의 도움으로 겨우 살아났다. 유방도 알아주지 않았다. 다행히 소하 덕에 대장군에 올랐다. 초나라에서 겁쟁이 취급받던 한신이 순식간에 최고사령관이 되었다.

승승장구했지만 유방은 한신을 믿지 못했다. 그럼에도 한신은 정말 유방의 은혜에 감사했고 공을 세웠다. 한신이 죽었다는 소식을 들은 유방은 사마천의 기록에 따르면 "한편으로 기뻐했고 한편으로 안타까워했다且喜且憐." 과연 한신과 유방은 어떤 관계였을까.

양만리는 53번째 괘인 점괘에서 한신과 유방의 관계를 빗대어 설명하고 있다. 점漸▤괘는 풍산점風山漸이라 한다. 바람을 상징하는 손巽☴괘가 위에 놓이고 산을 상징하는 간艮☶괘가 아래에 놓여 이루어졌기 때문이다. 손괘는 바람을 상징하면서 나무도 상징한다. 그래서 괘는 산 위에 나무가 있는 모습이다.

나무가 높이 서 있을 수 있는 것은 산 때문이다. 산을 바탕으로 높은 곳에 올라간 것이다. 이 모습은 높은 곳에 올라가는 데에는 차례와 순서가 있다는 점을 뜻한다. 급작스럽게 갑자기 높은 곳에 올라갈 수 없기 때문이다. 차례를 뛰어넘어 나아갔을 때 흉하다.

점괘가 상징하는 점진적인 나아감은 시간적인 순서의 문제가 아니다. 신뢰와 예의의 문제다. 군주와 신하의 관계는 물론 타인과의 관계도 마찬가지다. 깊은 관계를 맺기 위해서는 신뢰를 쌓는 과정과 절차가 필요하다. 특히 군주와 신하는 각각 서로에게 예의에 맞는 절차를 통해 신뢰를 얻어야 함께 공을 이룰 수 있다.

52번째 괘는 간艮괘다. 간艮☶은 산을 상징한다. 합당한 자리에서 멈춤이라는 의미다. 사물은 그대로 멈추어 있지 않는다. 운동하려고 한다. 그래서 53번째 괘가 점차적으로 나아가는 점漸괘다. 합당한 자리는 각자에게 합당한 예의를 취하여 서로 예우하는 것이다. 합당한 곳에 멈추면 나아가게 마련이다. 멈춤이 운동의 전제가 된다. 이것이 운동의 기본이다.

타인에게 나아가기 위해 자신이 먼저 합당하게 행해야 한다. 그것이 멈춤의 의미다. 합당함과 적절함에 멈추는 것이다. 그것이 점차적으로 타인의 신뢰를 얻기 위해 다가서는 것이다. 다가서는 데에도 도리가 있으니 그것은 순서와 차례를 거치면서 나아가는 일이다. 점괘가 간괘에서 이어지는 것은 이런 이유다.

위에 있는 손괘는 겸손을 상징하고 아래에 있는 간괘는 멈춤을 상징한다. 윗사람이 겸손하게 아랫사람을 대하고 아랫사람은 자신의 신분에 합당하게 행하면서 윗사람을 대한다. 그것이 겸손과 멈춤의 의미이고 점차적인 다가감의 조건이다. 그럴 때 둘의 관계는 점차적으로 신뢰가 깊어지고 단단해진다. 괘사는 간단하다.

점차적인 나아감은 여자가 시집가는 것이니 길하다. 이로움은 정도正道를 지키는 데에 있다漸, 女歸吉, 利貞.

여자가 시집간다는 의미가 '귀歸'다. 점차적인 나아감을 여자가 시집가는 것으로 상징했다. 점차적인 순서를 따르는 일 가운데 여자가 시집가는 일이 가장 중하기 때문이다. 신하가 조정에 나아가는 일이나 어떤 일을 진행시켜 나아가는 것에는 당연히 순서와 절차가 있다. 절도와 절차를 무시하면 일을 망친다. 양만리는 점괘를 군주와 신하 간의 관계로 해석한다. 여자가 남자에게 시집가듯이 신하가 군주에게 시집가는 것이다.

> 신하가 군주를 따르는 것은 여자가 남자를 따르는 것과 같다. 여자가 남자를 따르는 데 빙례를 갖추면 점차적으로 나아가고, 예를 갖추지 않고 사적으로 다가오면 성급하게 다가간다. 점차적으로 나아가면 정도에 맞게 맺어지고 성급하게 다가가면 사특한 관계가 된다. 정도로 맺어지면 본처가 되고 사특한 관계가 되면 첩이 된다. 마찬가지로 신하가 군주를 따르는 데에 성급하게 다가가서 점차적인 절차를 거치지 않고 사적으로 다가가 정도를 갖추지 않을 수가 있겠는가? 점차적으로 나아가면 윗사람의 신뢰를 얻어 공을 세우고 정도를 갖추어 나아가면 그 몸을 바르게 하여 나라에 영향을 미친다.[7]

점괘의 초육初六효, 육이六二효, 구삼九三효, 육사六四효, 상구上九효 모두 군주인 구오九五효에게 다가가려는 것이다. 여기서 육이효와 구오효에 올바른 호응 관계로 시집가는 모습이 있다. 오五의 자리는 군주이고 그에 호응하는 위치가 이二이며 구九는 양으로 남성성이 강한 강직한 사람이고 육六은 음으로 여성성이 강한 사람이다. 양만리는 구오효와 육이효의 관계를 한신과 유방의 관계로 빗대어 설명하고 있다. 구오효의 효사는 다음과 같다.

구오효는 기러기가 높은 언덕에 점차적으로 나아가는 것이니, 부인婦人
이 3년 동안 잉태하지 못하나 끝내는 그를 이기지 못하니 길하다九五,
鴻漸于陵, 婦三歲不孕, 終莫之勝, 吉.

점괘는 모두 '기러기鴻'의 모습을 취해서 상징했다. 기러기는 오는 데
에 때가 있고 무리를 짓는 데에 질서가 있기 때문이다. 때와 순서를 잃
지 않는다. 이런 모습이 점괘를 상징한다. 오五의 자리는 군주를 상징한
다. 이二의 자리는 아랫사람으로 군주와 힘을 합해 천하를 다스리는 일
을 돕는 위치다. 양만리는 구오효를 이렇게 설명한다.

구오효는 강하고 현명하며 중정中正의 도를 지닌 군주로 숭고하고 부
귀한 지위에 자리하여 기러기가 가장 높은 언덕으로 나아가는 모습이
다. 아래에 육이효는 유순하며 중정의 도를 지닌 신하가 있다. 구오효
는 육이효와 뜻을 합하고 능력을 합쳐서 천하를 크게 다스린다. 이는
마치 기러기가 순풍을 만나 사해를 횡단하는 모습과 같으니 어찌 어려
움이 있겠는가. 그러나 3년이 지나도록 합치지 못하고 공을 이루지
못하는 것은 어째서인가? 구오효는 육이효와 친해지려고 하지만 구삼
효가 육이효 옆에서 이간질을 하니 마치 괴통이 한신에게 계책을 올
리는 것과 같다. 이것이 부인이 3년 동안 잉태하지 못한 이유다.[8]

양만리의 해석에 따르면 괘사에 나온 부인婦人은 육이효로서 한신
을 의미한다. 구삼효는 괴통을 의미한다. 구오효는 유방이다. 부인인 한

신이 유방과 점차적인 과정을 통해 신뢰를 쌓고 친밀한 관계가 되지 못한 원인은 구삼효인 괴통의 이간질 때문이다. 그러나 괴통의 이간질이 통하지 않아서 유방은 결국에는 길하게 되었다는 판단이다.

유방은 한신의 공로를 높이 평가했고 한신도 유방을 하늘이 내려준 왕으로 여기고 섬기려 했지만 괴통 때문에 둘 사이의 관계가 틀어졌다고 본 것이다. 유방은 의심했고 한신은 원한을 품게 되었다. 양만리는 유방과 한신은 서로 친해지려는 의지를 가지고 있었지만 괴통의 이간질 때문에 서로의 신뢰가 깨졌다고 본다. 그렇다면 한신을 상징하는 육이효는 어떨까.

> 육이효는 기러기가 반석에 점차적으로 나아가는 것이라서, 음식을 먹는 것이 즐거우니, 길하다六二, 鴻漸于磐, 飮食衎衎, 吉.

반석이란 높고 안정된 곳이다. 육이효는 점차적으로 나아가 대신의 지위에 올라 나라의 녹봉을 먹고 있는 것을 상징한다. 양만리는 대신의 지위에 올라 헛되이 나라의 녹봉만을 먹을 수는 없다고 평한다. 나라를 안정된 반석에 놓고 백성이 모두 행복할 수 있도록 힘써야 한다고 말한다. 그래야 길하다. 한신은 그러하지 못했다.

여기서 육이효의 육六은 음효다. 음효는 긍정적으로 보면 부드럽고 겸손하고 유연하며 융통성 있는 것을 상징한다. 그러나 부정적으로 보면 나약하고 줏대없고 시기 질투하며 조급하다. 양만리는 괴통의 이간질 때문에 한신과 유방의 관계가 틀어졌다고 본다.

과연 단지 괴통의 이간질 때문이었을까. 괴통이 유방의 명령을 어기고 제나라를 치도록 계책을 올려 한신이 제나라를 쳤을 때 유방은 한신을 달리 보았을 것이다. 한신은 공명심이 강해 명을 거역하고 정도를 따르지 않았다. 이때가 둘 사이의 틈이 벌어지도록 만든 계기일 수 있다. 이후 한신은 오만했고 원망했다. 양만리의 평가는 전적으로 괴통의 이간질을 문제 삼고 있지만 과연 유방과 한신에게는 과오가 없을까. 양만리도 보지 못한 것이 있다.

4.

『동문선東文選』에는 이규보李奎報의 「한신의 전에 대하여 논박함韓信傳駁」이라는 글이 있다. 여기서 이규보는 『한서漢書』의 「한신전韓信傳」을 논박하고 있다. 한신은 분명 모반을 꾀하려 했으니 용서할 수 없지만 이는 유방의 잘못도 없지 않다는 것이다. 이를 드러내지 못하는 반고班固의 사필史筆도 공평하지 못하다고 논박하고 있다.

이규보는 한신이 그렇게 되도록 만들었다는 점에서 유방에게 군주로서 큰 잘못이 있다고 생각한다. 한신이 모반하려는 지경에 이른 것은 "본래 고조가 키워서 이루어진 일이다."⁹ 군주가 신하를 의심하면 신하는 그 의심을 없애도록 겸허하게 행해야 하는데 한신은 군주를 원망하고 오만하게 행동했으니 죄가 크다.

그러나 당시에 형세는 초나라 편을 들면 한나라가 위태롭고, 한나라 편을 들면 초나라가 위태로울 정도로 다급한 상황이었다. 이런 형세에서 초한楚漢의 안위安危가 한신의 손에 달렸다. 그런데도 한신은 끝내 유방을 배반하지 않았다. 괴통의 계책을 따르지 않고 유방을 섬겨 천하를 평정해서 공을 이루었다.

이규보에 따르면 천하의 형세로 볼 때 한신 자신이 왕이 될 수도 있었는데 그는 그렇게 하지 않았다. 유방은 한신에 대한 모함을 의심하지 않고 거짓 꾀를 써서 한신을 다루었다. 한신을 잡아 낙양에서 놓아준 것은 죄가 없다고 본 것이다. 그렇다면 왕위를 빼앗아 제후로 강등시키는 것은 한신의 원망을 더욱더 키운 꼴인 것이다. 한신은 유방을 원망하고 죽임을 당할 것을 알았기에 부득이 반역을 꾀했으니 이는 고조가 그렇게 만든 것이다. 그래서 이규보는 "유방도 잘못이 없지 않다"[10]고 평가한다.

괴통의 예측은 빗나가지 않았다. 유방은 한신을 견제하고 끊임없이 의심했다. 모반의 누명을 쓸 때 한신은 친구 종리매의 목을 직접 가져다 유방에게 바친다. 이는 이미 유방에게 겁을 먹었다는 증거가 아닐까. 그렇다면 한신은 스스로 자신은 장군이지 유방과 같은 왕이 될 수 없다고 생각했던 것이다.

한신은 모반죄로 감옥에 갇혔다가 회음후로 강등되었다. 그런데도 한신은 병을 핑계로 조회에 나가지도 않고 유방을 원망했다. 원망했다는 것은 유방이 자신을 잘 대우해줄 것이라는 기대가 있었다는 것이다. 순진한 것이다. 게다가 한신은 오만방자한 태도를 여러 차례 보였다. 한신은 순진했고 우유부단했다. 유방은 한신의 이런 마음을 잘 알았던 것이다.

한신이 죽었다는 소식을 들은 유방은 "한편으로 기뻐했고 한편으로 안타까워했다"고 사마천은 서술했다. 이 말에는 유방의 속내가 드러난다. 오만방자하여 자신에게 위협이 될 수 있으니 한신의 죽음을 기뻐했지만 출중한 전쟁 능력과 충직한 순진함을 생각하자면 안타까웠던 것이 아닐까.

한신이 괴통의 계책을 따랐다면 중국 역사는 달라졌을 것이다. 괴통의 말을 듣고도 결단하지 못한 것도 그릇의 크기를 보여주는 것이다. 형세가 유리한데도 한신은 세력의 판도를 자신에게 유리하게 만들지 못했다. 형세를 판단하지도 못했을 뿐 아니라 형세를 이용하여 유방을 뛰어넘으려는 용기도 없었다.

그러나 어떻게 그렇게도 승승장구하며 천하의 영웅으로서 공을 세울 수 있었을까? 이익李瀷은 『성호사설星湖僿説』「경사문經史門」에서 한신을 다룬다. 이익은 뜻밖에 한신이 이룬 공로는 요행이고 우연일 뿐이라고 평한다. 사람을 보는 지혜도 없었고 대단한 전략을 세운 것도 아니었다.

> 그의 지혜와 계책으로써 말한다면 고조가 사자를 사칭하고 군중軍中으로 들어가서 기를 바꿔칠 때도 한신은 오히려 그것을 깨닫지 못했고, 형양滎陽에서 고조가 군사를 집합시키자 초나라 군사가 몰려와 습격할 때도 한신은 바로 군중에 있다가 요행으로 사로잡힘을 면했으니 소위, "싸우면 반드시 이기고 치면 반드시 뺏으며 군사는 많을수록 더욱 좋다"라고 한 말이 어디에 부합하는가?[11]

조선 후기 인물인 성대중은 『청성잡기』「췌언」 편에서 한신을 더욱더 가혹하게 평가한다. 단적으로 이렇게 말한다. "'득의만만하고 기세는 교만하며 도량은 좁고 지혜는 어두웠다'는 말로 회음후의 묘지명이나 화상찬畫像贊을 지을 만하다."[12]

　성대중은 '겸양하지 못하고 오만하여 실패했다'는 사마천의 평을 비판한다. 한신에게 여러 가지 장점도 있지만 가장 큰 문제는 도량이 작다는 것이다. 성대중은 한신의 잘못을 조목조목 나열하고 이렇게 결론 짓는다.

> 이는 모두 도량이 협소한 탓에 빚어진 잘못이다. 영웅은 기세를 중요하게 여기니, 일이 뜻대로 되면 기세가 높아지고 기세가 높아지면 도량이 좁아지고 도량이 좁아지면 지혜가 어두워진다. 한신이 패망한 이유는 바로 이 때문이지 배우지 않은 허물이 아니다.[13]

　성대중의 평가는 주목할 만하다. 도량이 작다는 것은 1인자의 기개가 없다는 것이다. 게다가 2인자로서의 도량도 없다. 2인자로 만족하려 한다면 자신의 지위와 본분이 무엇인지를 알아야 하며 1인자의 심리를 알아야 했다.

　자신이 1인자에게 위협적인 존재라는 점도 알지 못하면서 1인자 앞에서 거들먹거렸다. 자신의 능력과 공로가 뛰어나더라도 1인자의 권위를 침해해서도 안 된다. 그럴 때 1인자는 그를 제거할 궁리를 하기 시작한다. 그것은 아주 미세한 곳으로부터 시작한다. 틈이 생기기 때문이다. 성대중은 이렇게 결론 내린다.

> 한신이 도를 배웠다면 높은 기세를 반드시 낮추었을 것이고 좁은 도량을 반드시 넓혀서, 공명功名 사이에서 겸양으로 처신하여 재주를 다

쓰지 않고 능력을 다 드러내지 않았을 것이다. 그렇게 했다면 의심하고 꺼릴 점이 적어 화를 면할 수 있었을 것이다. 그런데 한신은 이렇게 하지 않고 그 능력만을 자랑했으니 이것은 진실로 배우지 않은 허물이다.[14]

천하를 경륜할 만한 도량도 가지지 못했고 타인을 받아들일 수 있는 도량도 없었다. 한계를 알고 처신한 인물 가운데 최고는 장량이다. 두 번째는 치욕을 감수하며 견딘 소하다. 한신은 처세를 모르는 인물이었기에 죽임을 당했을 뿐이다. 공명심은 기세 높은데 도량은 좁았던 것이 그의 운명을 만들었다.

괴통의 계책을 받아들이지 않았던 이유는 유방에 대한 의리 때문도 아니었고 괴통의 계책을 믿지 못했기 때문도 아니었다. 항우를 필부지용으로 평했지만 정작 자신이 필부지용을 가진 인간이었음을 스스로는 몰랐다. 성대중에 따르면 한신은 도량이 좁은 사람이었다. 천하를 이끌 인물이 아니었던 것이다. 괴통의 계책을 받아들이지 않았던 이유도 여기에 있지 않을까.

8

왜 소하蕭何는
한신을 천거했을까

대과大過괘

1.

9급 하급 공무원에서 국무총리급 고위 관직까지 올라 수많은 공을 세우기란 현대 사회에서 쉽지 않은 일이다. 소하蕭何가 그런 인물이라 할 수 있다. 소하는 영웅처럼 빛나는 공로를 쌓기보다는 눈에 보이지 않는 곳에서 군주의 신임을 얻어 기득권을 누리며 대대손손 부귀를 누렸다. 권력도 돈도 연줄도 없던 이인데 어떻게 가능했을까?

세 가지가 못하다는 뜻인 '삼불여三不如'라는 말이 있다. 유방이 세 사람보다 못하지만 자신은 그들을 등용하여 적절하게 사용했기에 천하를 얻을 수 있었다는 말에서 유래했다. 장자방은 계책과 전략에 뛰어나고 한신은 전쟁에서 반드시 이긴다고 칭찬했다. 소하는 어떠한가? 국가를 지키고 백성을 달래며 식량 공급과 운송로가 끊어지지 않게 한 일은 소하만 못하다고 했다.

소하는 지혜가 뛰어난 전략가도 아니고 백전백승하는 장군도 아니다. 눈에 보이지 않는 맡은 바 임무를 책임감 있게 성실히 수행했던 행정 관리였다. 천하를 평정하고 논공행상이 시작되었을 때 유방은 소하가 가장 공이 크다고 여겼다. 유방이 워낙 음흉한지라 다른 이유가 있었겠지만 공신들은 불평불만을 털어놓았다. 유방은 소하를 이렇게 비유하며 그의 공을 치하했다.

사냥에서 짐승이나 토끼를 쫓아가 죽이는 것은 사냥개이지만, 개의 줄을 놓아 짐승이 있는 곳을 지시하는 것은 사람이다. (…) 소하로 말하면 개의 줄을 놓아 목표물을 잡아오게 지시하는 것이니, 공로는 사냥꾼과 같다.[1]

소상국蕭相國 하何는 패현沛縣 풍읍豊邑 사람이다. 그는 형법율령에 통달한 주리主吏의 하급 관리 출신이다. 유방이 평민이었을 때 여러 차례 유방을 도왔다. 유방이 패공沛公이 되었을 때는 승丞으로 공무를 담당했다.

소하의 진면목을 알 수 있는 일화가 있다. 패공이 함양으로 진입하자 유방뿐 아니라 모든 장수가 금은보화가 가득 찬 창고와 여자들에 관심을 보였지만 소하는 달랐다. 먼저 궁으로 들어가 진나라의 법령문서들과 산의 형세와 천문·지리와 관련된 문서, 족보, 관리의 명부, 호적 등의 문서를 수집하고 보관했다.

유방은 천하를 통일한 뒤 법령 체계를 만들라고 소하에게 명한다. 소하는 도율盜律, 적률賊律, 수율囚律, 포율捕律, 잡률雜律, 구율具律, 호율戶律, 구율廐律의 9편으로 이루어지는 '구장율九章律'을 제정했다. 이는 함양에서 수집한 진나라 문서에 기초한 것이었다.

세상 사람들은 소하를 도필리刀筆吏라 하여 문서나 취급하는 하급 관리라고 무시했다. 소하는 분명 냉정하고 주도면밀한 군사적 능력이 부족했고 혁혁한 공도 세우지 못했다. 업적을 본다면 소하는 분명 한신보다 못하다.

그렇다고 소하의 공이 한신보다 못하다고 할 수는 없다. 사마천은 제후들을 다룬 세가世家에 제후로서 직위를 가지지 않은 공자와 농민 반란을 이끌었던 진섭陳勝을 넣었다. 또한 소하는 「소상국세가蕭相國世家」로 다루었고 장량은 「유후세가留侯世家」로 다루었으나 한신은 「회음후열전淮陰侯列傳」으로 강등시켰다.

사마천은 "소하는 직책을 충실히 수행했으며, 백성이 진나라의 법을 증오하는 것을 알고 그것을 시류에 순응시킴과 아울러 다시 새롭게 했다. 한신, 경포 등은 모두 주살되었지만 소하의 공훈은 찬란했다"[2]라고 칭송하고 있다.

유방과 항우는 영웅이다. 소하는 영웅 축에 들지 못한다. 이중텐은 『초한지 강의』에서 소하를 영웅이 아니라 호걸 정도로 평하면서 그의 장점 세 가지를 나열한다. 첫째 식견, 둘째 지혜, 셋째 도량이다.

먼저 지혜. 지혜로운 사람은 식견이 높고 원대하다. 자신을 잘 알고 분별력 있는 행동을 할 줄 안다. 한신과는 달랐다. 한신은 교만하면 손해를 보고 겸손하면 이익을 본다는 가장 기본적인 처세의 이치도 몰랐다. 원대한 안목이 없었다. 소하는 그렇지 않았다. 금은보화나 여자들에게 혹하지 않고 법령 문서들을 챙긴 것만 봐도 알 수 있다.

항우와 한신과는 달리 소하는 또한 도량이 넓었다. 쉽게 분노하거나 의심하지 않고 자중했다. 유방의 신뢰를 얻기 위해 타인의 말을 받아들여 실행했다. 모반을 일으킬 것이라는 의심을 받을 때에도 소평召平의 충언을 받아들여 유방을 안심시켰다. 한 고조는 잇따른 반란을 진압하기 위해 수도를 비울 때가 많았다. 그때 왕권을 위임받아 내정을 담당한 사람은 바로 승상인 소하였다.

또한 소하는 조참과의 사이도 좋지 않았다. 병이 들어 혜제惠帝가 찾아와 그대가 죽는다면 누가 그대를 대신할 수 있겠는가라고 물었다. "신하를 아는 것은 군주보다 나은 사람이 없습니다"라고 답했다. 혜제는 조참과의 사이가 좋지 않다는 것을 알면서도 조참이 어떤가라고 했다. "폐하께서 잘 택하셨습니다. 신은 죽어도 여한이 없습니다"[3]라고 소하는 답했다. 그의 도량을 보여주는 일화다.

또한 주목할 만한 일화는 소하가 한신을 추천한 일이다. 이중톈이 주목한 마지막 소하의 장점은 바로 식견이다. 소하는 한신을 어떻게 보았기에 많은 사람이 의아해하는 방식으로 한신을 유방에게 추천했던 것일까. 이것이 소하가 다른 사람과는 달리 높은 식견을 가지고 있는 증거일까?

2.

사람의 욕심은 한이 없기에 욕심을 완전히 채우는 일이란 불가능하다. 욕심을 내려놓고 남에게 양보하기란 욕심을 채우는 일만큼이나 어려운 일이다. 누구나 영웅이 될 수는 없다. 영웅이 될 만한 사람을 알아보고 자신은 2인자의 자리에 만족할 줄 아는 것은 영웅이 되는 것만큼이나 어려운 일이다.

소하는 영웅이 아니었다. 영원히 2인자의 자리에 만족했다. 2인자라고 해서 영웅보다 못한 것도 아니고 공이 적은 것도 아니다. 영웅이라 할 수 있는 유방이나 한신보다 뛰어난 점은 영웅을 알아볼 수 있는 식견이었다. 이중톈이 주목했던 것은 바로 소하가 가진 식견이었다.

천리마가 있더라도 천리마를 알아보는 백락伯樂이 있어야 달릴 수 있다. 귀명창이 있어야 명창이 있다는 말이 있다. 자신을 알아주던 종자기가 죽자 자신의 거문고 줄을 끊고 일생 동안 거문고를 타지 않았다는 거문고의 명인 백아의 고사는 중국의 지음知音 전통을 상징한다. 지음 전통은 지인知人 전통과 통한다. 사람을 알아보는 식견과 안목은 삶에서, 특히 정치권에서 중요한 능력이다.

한신의 묘비명에는 "생사일지기, 존망양부인生死一知己, 存亡兩婦人"이라는 구절이 있다. "생사는 한 지기知己에 의해 존망은 두 부인에 의해 결정되었다." 두 부인이란 여후와 빨래하는 여인이다. 빨래하는 여인이 밥을 나눠줘 한신의 목숨을 살렸고 여후는 음모를 꾸며 한신을 살해했기 때문이다. 한 지기는 바로 소하다.

한신은 처음에 항량을 따랐다. 항량이 죽자 항우를 따르면서 낭중郞中 벼슬에 올라 여러 차례 계책을 올렸지만 항우는 그 계책을 받아들이지 않았다. 이에 유방에게 귀의했다. 유방에게 가서도 눈에 띄지 못하고 보잘것없는 벼슬을 받았을 뿐 비범한 인물로 평가받지 못했다.

한신은 소하와 어울렸는데 소하는 한신이 뛰어난 인물임을 알아보았다. 유방이 한왕이 되어 서쪽 끝 한중 땅으로 나아갈 때 도망친 장수가 수십 명이 되었다. 한신도 유방이 자신을 등용하지 않을 거라고 생각하고 달아났다.

소하는 한신이 달아났다는 말을 듣자 왕에게 말할 겨를도 없이 그를 직접 뒤쫓아 갔다. 유방은 소하가 도망친 것으로 알고 양쪽 손을 잃어버린 것처럼 어찌할 바를 몰랐다. 소하가 돌아오자 그는 소하가 한신을 뒤쫓아 갔다는 것을 믿지 않았다.

소하는 한신의 비범함에 대해 설명했다. 유방이 한왕에 만족한다면 한신을 문제 삼을 필요는 없지만 천하를 다스릴 생각이 있다면 한신이 반드시 필요한 인물임을 역설했다. 그 말을 들은 유방은 마침내 한신을 대장으로 삼기로 하고 예를 갖추어 임명하기로 했다. 마침내 한신이 임명되자 전군이 모두 깜짝 놀랐다.

『사기』「회음후열전」에서는 이 장면을 이렇게 묘사한다. "여러 장수는 저마다 자신이 대장이 될 것이라 생각했다. 그러나 대장으로 한신이 임명되자 온 군대가 모두 놀랐다."[4] 온 군대가 놀랄 정도로 한신이 대장이 된 일은 상도常道를 벗어난 일이었다. 모든 사람이 의아하게 생각했다는 것은 상식에 어긋난 일이었다는 뜻이다.

소하는 왜 한신을 대장으로 추천했을까. 사람을 알아볼 줄 아는 능력은 비범한 것이다. 그러나 비범한 인물을 자신보다 더 높은 지위에 추천하여 천하의 공을 세우도록 만드는 일은 더욱더 비범한 일인지도 모른다. 시기도 의심도 없이 겸손하게 양보하는 도량이 없다면 불가능하다.

3.

사람들은 자신의 상식에서 벗어난 일에 대해서 의심한다. 비범한 일이라고 선의의 시선으로 보지 않을 수도 있다. 특히 공적인 가치를 실현하기 위해 스스로를 낮추고 자신보다 뛰어난 사람에게 권력을 내어준 일을 다른 목적의식이나 속셈이 있을 것이라고 의심하기도 한다.

요순의 선양禪讓이 대표적인 예다. 유가의 입장에서 본다면 요순의 선양은 성인의 비범한 능력을 발휘하여 천하를 이롭게 한 행위다. 선양은 친족에게 왕위를 넘겨준 것이 아니라 다른 혈족에게 왕위를 넘겨준 것이다. 이는 그 당시 상도, 즉 상식에서 벗어난 행위다.

요임금은 자신의 아들인 단주丹朱에게 자리를 물려주지 않고 현명한 순에게 넘겨주었다. 이것이 평화적인 권력 승계인지 아니면 권력 다툼에서 이루어진 찬탈인지에 대한 이견이 분분하다. 분명한 점은 당시 상식에서 벗어난 비범한 행위에 대한 이야기라는 점이다.

『주역』에서 바로 이런 비범한 행위에 대해 다루는 괘가 있다. 28째인 대과大過괘는 흔히 큰 것의 과도함이라고 번역할 수 있다. 큰일의 과도함이기도 하고 큰사람의 비범함이기도 하다. 과도하다는 것은 상도를 벗어난 일이다.

27번째 괘는 이頤䷚괘다. 턱을 상징한다. 턱을 움직여 음식물을 씹어서 몸을 기르기 때문에 '기르다養'라는 뜻이 있다. 배양한다는 의미다. 「서괘전」에 따르면 실력을 배양하지 못하면 어떤 큰일도 할 수 없다. 실력을 충분히 배양했다면 움직이게 되고 움직이다 보면 과도하게 일을 처리하는 경우도 생긴다. 과도하게 움직이는 것이다.

그래서 이괘 다음에 대과괘로 이어진다. 대과괘 다음 29번째 괘는 감坎괘다. 함정과 위험을 상징한다. 과도하게 일을 처리하다가 함정과 위험에 빠지기 쉽기 때문이다. 비범한 일을 과감하게 행하면 항시 리스크를 감당해야 한다. 이렇게 이괘, 대과괘, 감괘는 배양, 비범함, 위험이라는 이야기 구조로 연결된다.

대과괘는 택풍대과澤風大過라고 한다. 괘의 모습䷛은 연못을 상징하는 태兌☱괘가 위에 있고 나무를 상징하는 손巽☴괘가 아래에 있다.

대과大過䷛괘

상육효		태兌
구오효		
구사효		
구삼효		손巽
구이효		
초육효		

　물은 나무의 뿌리를 통해 나무를 길러주는 것인데 지금은 물이 나무 위에 있어서 나무를 침몰시켰다. 연못은 나무를 윤택하게 길러주는 것인데 오히려 나무를 침몰시키는 지경에까지 이르렀으니 상도에서 벗어난 모습이다.

　정이천은 "성인과 현자의 도덕과 공업이 일반 사람들보다 크게 뛰어나고, 어떤 일이 일상적인 일보다 크게 과도한 것이 모두 여기에 해당한다"[5]고 했다. 정이천은 대과괘에서의 과도함이 비정상적이거나 정도를 벗어난 것은 아니라고 본다.

　이치에서 벗어난 것이 아니라 일상의 상식에서 벗어났기에 과도하게 보일 뿐이다. 과도함은 중도中道를 얻으려는 과도함이다. 일상의 상식에서 벗어났기 때문에 세상 사람들은 지나치게 과도하다고 말할 뿐이다.

　왜냐하면 잘못을 바로잡는 데에 조금 과도하게 한 뒤에야 중도에 이를 수가 있으니, 이렇게 과도하게 하는 것이 곧 중도를 얻으려는 작용이다. 큰 것의 과도함이란 평상시의 일에서 큰 것을 말할 뿐이니, 이치에서 벗어나 과도한 것은 아니다.[6]

요순이 천하를 현자에게 선양한 것은 종법제에 따라 친족에게 왕위를 물려주지 않았다는 점에서 당시 법도에 어긋난 것이다. 탕왕과 무왕이 걸왕과 주왕을 정벌한 것은 신하가 왕의 자리를 찬탈했다는 점에서 당시의 정도에서 벗어난 일이다.

　　그러나 이는 그렇게 할 수밖에 없는 부득이한 대처로서 당시 상황에 적합한 이치에 따른 것이라는 점에서 정도를 벗어난 것은 아니다. 단지 성인들의 비범한 행위를 당시 사람들이 지나치다고 여겼을 뿐이다. 그럼에도 이에 아랑곳하지 않는 군자의 태도는 「상전象傳」에 묘사되어 있다.

　　　세상에 홀로 우뚝 서서 두려움이 없고, 세상에서 벗어나 은둔해도 근심이 없다君子以獨立不懼, 遯世无悶.

대과괘의 괘사는 이렇다.

　　　대과는 들보가 휘어진 것이니 나아가는 것이 이롭고 형통하다大過, 棟橈, 利有攸往, 亨.

　　큰 것의 과도함인 대과괘는 대들보로 상징된다. 대들보는 집안의 동량이다. 괘의 모습은 양효 ━가 가운데에 4개 자리하고 처음과 끝은 음효 --로 구성되어 있다. 이는 들보 기둥이 휘어지려는 모습이다. 들보 기둥이 휘어졌다는 것은 뿌리와 끝이 약하다는 의미를 취한 것이니, 가운데가 강하고 뿌리와 끝이 약하므로 휘어진 것이다.

뿌리와 끝이 약하다는 말은 대과괘의 초육효와 상육효의 음효를 말한다. 초육효가 뿌리이고 상육효가 끝이다. 두 음효가 네 양효의 무게를 감당할 수 없는 형세다.

양만리는 이러한 상황이 천하의 기강이 무너진 때라고 본다. 대과의 때는 큰 재능과 큰 덕이 있는 사람이 상도常道의 본분을 넘어서 세상의 쇠락과 폐단을 바로잡는 때다. 그러나 아무 때에나 이런 일이 가능한 것은 아니다.

> 대과의 때는 어떤 때인가? 큰 집이 무너지려고 하는 때다. 아래 부분이 휘어져 넘어지려 하니 그 뿌리가 약하고 윗부분이 휘어져 꺾이려 하니 그 말단이 약한 것이다. 이때는 어떠한 일도 할 수 없는 상황인데 '나아가는 것이 이롭고 형통하다'고 한 것은 무슨 이유인가? 천하가 어떠한 일도 할 수 없는 때가 아니라면 크게 비범한 천하의 인재를 쓸 필요가 없다.7

대과의 때는 일반적인 상황이 아니다. 이러한 때에 성인이 비범한 능력을 발휘하여 세상을 바르게 다스린다. 일반적인 상식과는 다르기 때문에 사람들에게 과도하게 보인다. 들보 기둥이 휘어진 것은 세상이 쇠락하는 때를 상징한다. 집안이 무너지는 형국이다. 이러한 때는 상식적인 방법보다는 강한 충격을 주는 방법이 문제를 해결할 수 있다.

이는 병을 치료하는 것과 유사하다. 병의 증세가 깊고 고질병일 경우 반드시 명현瞑眩의 약으로 치료해야 한다. 명현이란 약을 복용한 뒤에 고통과 어지럼증을 일으키는 강렬한 반응을 말한다. 『서경書經』「열명상說命上」에 "만약 약이 명현 현상을 일으키지 않으면 병을 치료하지 못한다"[8]고 말하고 있다.

소하가 한신을 대장군으로 추천했을 때 모든 사람이 놀랐다. 상식적인 등용이 아니기 때문이다. 천하의 기강이 무너지고 세상의 도가 쇠락하는 때에 소하의 인재 등용은 사람들이 이해할 수 없는 방법이었다. 양만리는 이 대과괘의 구이九二효를 소하의 일로 설명하고 있다. 구이효의 효사는 이렇다.

> 구이효는 마른 버드나무에 새로운 뿌리가 생기며 늙은 남자가 젊은 아내를 얻으니 이롭지 않음이 없다九二, 枯楊生稊, 老夫得其女妻, 无不利.

지나치게 강직하게 자신의 주장만을 앞세우면 어떤 일도 이루기 어렵다. 구九는 양陽을 상징하여 강한 성질을 가졌다. 버드나무도 양기陽氣의 영향을 쉽게 받아 양기가 과도하면 마르기가 쉽다. 그런데 마른 버드나무에 다시 새로운 뿌리가 생기고 늙은 남자가 젊은 아내를 얻는 모습이다. 새로운 뿌리가 생기고 젊은 아내를 얻는다는 것은 무엇을 상징할까?

양인 구가 음의 자리인 이二의 위치에 있다는 것은 지나치게 강직하게 행하는 것이 아니라 겸손한 태도를 상징한다. 그의 처신이 과도하지 않게 행하여 중도를 얻은 것이다. 또한 초육효와 나란히 하여 힘을 얻고 있다. 양만리는 구이효를 소하가 한신을 추천하여 천하를 얻은 일에 빗대어 설명하고 있다.

구이효는 강양剛陽한 자질로 겸손하고 부드러운 태도로 아래 초육효와 나란히 협력하고 있다. 이것은 대신이 아래 선비에게 몸을 낮추어 도움을 얻는 모습이다. 큰 집안이 무너지는 듯한 때를 이러한 도리로 대처하면 무너지는 집안을 일으키고 쇠락하는 것을 부지할 수 있다. 나무가 마르는데 뿌리가 생겨나고 몸은 늙었는데 처가 젊어 쇠락하는 것을 부지할 수 있는 것과 같다. 그러니 큰 집안이 무너지더라도 무슨 근심이 있겠는가? 그러므로 이롭지 않음이 없다고 했다. 소하가 한신을 추천할 수밖에 없고 등우鄧禹가 구순寇恂을 천거할 수밖에 없었으니 큰 집안은 나무 한 가지로 지탱할 수 없고 태평성대는 한 선비로 준비할 수 없기 때문이다.9

양만리는 소하가 한신을 추천한 것을 비범한 일로 보고 있다. 즉 높은 위치이면서 양陽효인 구이효가 낮은 위치의 음陰효에게 자신을 낮추어 도움을 얻는 것은 음양의 도리에서 보자면 상식에 어긋난 일이다. 자신보다 낮은 지위의 사람을 높은 관직에 추천한 일은 과도한 일이면서 동시에 비범한 일이다.

그러나 집안의 들보 기둥이 무너지려는 때에 상식에 어긋난 과도한 일이 명현 현상을 일으켜 병을 치료할 수 있는 처방일 수 있다. 마치 마른 나무에 새로운 뿌리가 생기고 늙은 남자에게 젊은 여자가 생기는 것과 같다. 늙은 남자가 젊은 여자를 얻는다는 비유는 시대착오적 비유지만 의미는 다시 새로운 생명을 얻어 공을 이룰 수 있다는 뜻이다.

소하는 실로 한신을 대장군에 추천하여 유방이 천하를 얻는 데 큰 공을 세웠다. 양만리는 소하의 겸손한 태도와 비범한 통찰력을 높이 사고 있다. 그러나 소하가 천하를 다스려 태평성대로 만들려는 웅대한 꿈과 백성의 삶을 편안하게 하려는 뜻을 가졌는지는 알 수 없다. 그 이후의 행적은 꼭 그렇지만은 않다.

4.

『사기』 「소상국세가」에서는 소하가 죽고 난 뒤 소하의 후손들이 작위를 받았다고 한다. 소하가 이룩한 공훈이 다른 공신보다 컸기 때문이다. 쉽게 말하면 대대손손 부귀와 기득권을 유지했다는 말이다. 물론 소하의 공적은 다른 공신보다 뛰어났다. 유방과 한신의 비범함을 일찍부터 알아보는 식견이 있었다.

또한 행정 문서와 여러 정보를 수집하여 법규를 정비했다. 영웅들이 전쟁을 통해 혁혁한 공을 세운 것과는 달리 눈에 보이지 않는 곳에서 물자를 공급하고 행정을 담당했다. 천하가 통일된 뒤에도 소하는 관중을 지키며 기반을 다졌다. 다른 공신들은 죽임을 당했지만 소하는 유방에게 몇 번의 의심을 받았으면서도 천수를 누렸다.

유방은 소하에게 최고의 대접을 해주었으니 그는 제국의 승상까지 올랐다. 유방이 죽고 난 뒤 혜제 아래에서도 최고의 권력을 유지했다. 소하는 1인자는 아니지만 2인자로서 오랫동안 기득권을 잃지 않았으며 대대손손 기득권을 유지했던 권력자이자 특권층이었다. 한신과도 달랐고 장량과도 달랐다. 소하는 튀지 않는 처세로 부귀를 누렸던 것이 아닐까?

'성야소하패야소하成也蕭何敗也蕭何'라는 말이 있다. "성공하는 것도 소하에게 달려 있고, 실패하는 것도 소하에게 달려 있다"는 말이다. 한신이 대장군이 된 것은 소하가 천거했기 때문이고 죽음을 맞이한 것도 소하의 배신 때문이었다. 그래서 항간에는 '성야소하패야소하'라는 말이 떠돌았다고 한다. 세상 사람들은 소하를 어떻게 생각했을까.

소하는 비범한 영웅으로 판단했던 한신을 왜 죽였을까? 한신은 진희陳豨와 모반을 꾸몄다. 한 고조가 진희를 치러 나갔을 때 한신이 여후와 태자를 습격하려 했다. 한신의 가신 중에 죄를 지어 죽임을 당한 사람이 있었다. 그 가신의 아우가 이 모반의 정보를 여후에게 알렸다. 여후는 소하에게 계책을 물었다.

소하는 진희가 처형당했다고 거짓 정보를 꾸몄고 한신에게 축하하러 궁으로 오라 했다. 그리고 장락궁長樂宮의 종실鍾室에서 한신의 목을 베었다. 여후는 한신의 삼족을 멸했다. 결과적으로 한신은 소하의 추천으로 대장군이 되어 성공했지만 정작 소하의 음모 때문에 죽게 되었으니 성패가 모두 소하에 의해 결정되었던 것이다.

한신이 모반을 일으켰기에 한신을 죽일 수밖에 없었겠지만 그를 죽이는 계책을 낸 이가 소하라는 것이 아이러니한 일이다. 소하는 왜 그렇게 적극적으로 여후에 협력하여 한신을 죽이려 했을까. 한신은 백전백승할 수 있는 천하제일의 장군이다. 소하는 유방의 보호 아래 기득권을 누리는 자다.

한신이 모반에 성공한다면 자신은 어찌될까. 유방이 어떤 인물인지를 소하는 잘 알고 있었다. 유방과 여후는 한신을 질시하고 의심하고 있다. 한신은 어쩌면 죽임을 당할 수밖에 없는 형세다. 그렇다면 여후에게 협력하는 것이 자신의 기득권을 대대손손 누릴 수 있는 길이다. 또한 소하도 유방으로부터 의심을 받고 있는 처지였다. 이 일로 유방의 신임을 얻을 수 있을 것이다.

이중톈에 의하면 소하는 지혜도 있었고 도량도 있었고 식견도 있었다. 이런 능력으로 천하의 공로를 세워 승상의 자리까지 올라 대대손손 기득권을 누렸다. 소하는 여러 차례 위기를 맞이했지만 주변 사람들의 충고를 받아들여 위기를 넘기곤 했다.

승상이 되었을 때 소평召平이 유방이 의심할지도 모른다며 자식들을 최전방으로 보내라는 충고를 하자 이를 받아들여 유방의 의심을 풀었다. 유방이 반란을 진압하러 외지로 출정을 나갈 때 소하에게 후한 상을 내린다. 소평이 좋은 징조가 아니라고 충고하자 소하는 후한 상을 사양하고 자신의 재산을 군비로 사용하여 유방의 의심을 푼다.

계속해서 유방이 의심하고 오해하자 일부러 자신의 명예를 훼손시키는 일을 벌이기도 했다. 결국에 소하는 구금을 당했다. 석방된 뒤에 황제를 배알할 때 맨발로 사죄했다. 맨발로 사죄하는 것은 가장 치욕스러운 일이다. 소하는 이런 일을 모두 감내했다. 일신의 안위를 위해서다.

『사기』「소상국세가」에 따르면 집과 밭을 살 때 반드시 외딴 곳에 마련했고, 집을 지을 때에도 담장을 치지 않았다고 한다. 검소함 때문이라 하지만 모두 권력자의 의심을 두려워했기 때문이다. 권력자가 두려워 수치와 비굴을 감내하여 자신의 권세와 기득권을 잃지 않으려 했던 것이다.

분명 유방이 천하를 얻는 데에 공로를 세웠고 '구장율'을 세워 천하를 안정케 했다는 점에서 소하는 존경받는 신하였다. 그러나 천하를 위하려는 웅장한 뜻도 없었고 그저 2인자로서의 기득권을 유지하는 데에 만족했던 것이다. 또한 사재를 털어 군비에 보태고 일부러 자신의 명예를 훼손시키고 옥에 감금당하는 치욕을 당하는 지경에까지 이르렀다. 비굴한 일이다.

양구산은 소하가 천하를 위한 일에는 교묘했지만 자신을 위한 계책에는 서툴렀다고 소하를 질책한다. 그 이유는 학문이 어둡고 견문이 없어 공을 세우고 물러서야 하는 의리에 어둡기 때문이다. 기득권과 군주의 총애를 탐했던 소하였다. 때문에 거만하고 어리석은 군주를 바로잡지 못했음을 양구산은 애석해한다.

> 소하는 영화와 총애를 막무가내로 탐하여 벌벌 떨며 마치 귀중한 보화를 손에 쥐고 행여 미끄러질까봐 두려워해서 넘어질 뻔한 일 또한 여러 차례 겪었다. 고조는 거만하게 남들을 업신여겼으나 사람들에게 작위와 봉읍을 가볍게 주었다. 때문에 청렴하고 절의 있는 사람은 얻지 못하고, 일시에 어리석고 굼뜨며 이익만을 좋아하고 부끄러움이 없는 자들만 대부분 유방에게 귀의했다. 소하의 현명함을 가지고서도 오히려 이를 면하지 못했으니 애석하도다![10]

양구산의 시각에서 보면 유방에게 치욕을 감수하며 비굴하게 행하면서 부귀와 권세를 누렸다는 점에서 소하는 지조를 지키는 지혜는 없었다. 소하가 한신을 천거한 이유는 한신이 뛰어난 장군이었기 때문일 것이다. 한신의 뛰어난 능력이라면 유방을 도와 천하를 얻을 수 있다.

그러나 깊이 숨겨진 이유는 천하를 얻어 온 백성을 위한 태평성대를 꿈꾸었다기보다는 자신의 부귀와 권력을 탐했기 때문이었을 것이다. 한신을 천거한 일은 사람들이 보기에 이해할 수 없는 비범한 일이었다.

하지만 세상 사람들이 '성야소하패야소하成也蕭何敗也蕭何'라고 말했다는 것은 분명 소하를 비난하는 말이다. 소하가 비범할지언정 세상 사람들 생각에도 일리는 있지 않을까. 소하가 자신의 사사로운 욕망 때문에 한신을 천거하고 또 한신을 죽였구나.

9

왜 진평陳平은
주색에 빠졌을까

감坎괘

1.

한초삼걸漢初三傑 장량, 한신, 소하만이 영웅은 아니다. '육출기모六出 奇謀'라 하여 여섯 번이나 교묘한 계책을 내놓아 유방을 살렸던 진평도 있다.

유방은 한나라를 세운 뒤에 공이 큰 삼걸을 하나씩 제거했다. 다른 사람의 말을 전혀 듣지 않았던 고집불통 항우는 의심이 많았다. 그러 나 다른 사람 말을 잘 들었던 용인술의 달인 유방도 의심이 많았다. 진 평은 제거되지 않았고 최고 권좌인 승상까지 올랐던 인물이다. 의심 많 은 유방을 섬겼던 진평은 어떻게 처신했을까.

진평은 가난한 집안에서 태어났지만 책 읽기를 좋아했다고 한다. 사 마천에 따르면 기골이 장대하고 풍채가 좋았다. 젊었을 때 황로학黃老 學을 좋아했다. 황로학의 정치술에 뛰어난 모략가였다. 사마천은 "진평 이 지혜와 책략이 없었다면 어떻게 큰 공을 세우고 승상이 되어 시작 과 끝이 다 좋을 수 있었겠는가"[1]라고 칭송한다.

하지만 전형적인 정치가로서 은밀한 계책으로 유명하다. 주특기가 바로 이간질이다. 대표적인 것이 바로 항우와 범증을 이간시킨 계책이 다. 장량과 진평은 모두 도가 계열의 술사라고 할 수 있다. 하지만 장량 은 진평에 비해 세속을 초탈한 면이 있지만 진평은 세속적이며 현실적이다.

　현실 정치인이며 모사인 진평이 성공할 수 있었던 요소는 무엇일까? 이중톈은 이를 네 가지로 평한다. 아첨, 기회주의적 태도, 수단과 방법을 가리지 않는 이익 추구, 중상모략이다. 이중톈은 성공을 위해 권모술수를 쓰면서 권력을 추구하는 아첨형 인간으로 진평을 묘사한다. 자기보존이 유일한 고려 대상이고, 이익이 유일한 척도이며 성공이 유일한 원칙이다.

　'도수미금盜嫂昧金'이란 말은 진평에 관한 말이다. 형수를 빼앗고 금을 탐한다는 말이다. 그만큼 진평은 사람들 사이에 악평이 자자했다. 유방도 사람들이 진평을 비방하자 그를 천거한 위무지魏無知를 불러 질책했다.

　이때 위무지의 답은 독특하다. "소신은 그의 재능能을 보고 소개한 것인데, 폐하께서는 그의 품행行에 관한 이야기만 들으셨군요."[2] 재능이 뛰어나 공을 많이 세운다면 행실이 부도덕한 것은 별 문제 아니라는 말이다.

　진평은 교활한 계책을 많이 썼다. 『사기』「진승상세가陳丞相世家」에 기록된 바에 따르면 진평 스스로도 은밀한 계책을 많이 써서 후손들이 잘 되기 어려울 것이라고 했다. 다른 사람을 해치는 계책을 많이 사용했기 때문이다. 실제로 훗날 그의 증손 진장陳掌이 가문을 일으켜 원래의 봉작을 이어 받으려고 했지만 끝내 이룰 수 없었다.

　유방이 죽은 후 한 왕실은 유방의 비인 여후의 태풍이 휘몰아친다. 여태후呂太后가 수렴청정으로 권력을 잡았던 것이다. 여태후는 각 지방의 제후 왕으로 있던 유방의 서자들을 제거하고 그 자리에 여씨 일족을 봉했다. 이때 왕릉王陵이 우승상이었고 진평은 좌승상이었다. 왕릉은 고조의 유언에 어긋난 일이라고 간언했지만 진평은 안 될 것이 없다며 여태후를 옹호했다. 진평은 여태후에게 영합했던 것이다.

이에 여태후는 우승상 왕릉을 파직하고 진평을 우승상에 임명했다. 왕릉은 직언을 서슴지 않는 강직한 사람이었다. 이 일로 왕릉은 화를 참지 못하고 병을 핑계로 관직에서 물러났다. 진평은 이후로 여태후 집권 기간 주색酒色에 빠져 모든 일을 그 당시 좌승상이었던 심이기審食其에게 일임하고 자신은 관여하지 않았다. 여태후가 하는 대로 내버려 두었다.

여씨 일족의 전횡은 더욱더 심해졌다. 기원전 180년 여태후가 병으로 사망하자 우승상 진평은 태위 주발周勃과 함께 모의하여 여씨 일당을 죽이고 문제文帝를 옹립했다. 주모자는 진평이었다. 진평과 주발은 국력을 거의 소모하지 않고 여씨 일족을 몰아냄으로써 정권을 안정시켰다. 옹립된 문제를 이어 경제景帝가 즉위했다. 문제와 경제는 모두 사회 질서를 안정시켜서 태평성대를 이루었다. 이 시대를 '문경文景의 치治'(기원전 179~기원전 141)라고 부른다.

진평은 일부러 주색에 빠졌던 것이다. 정세를 판단하여 지나치게 강직하게 행동하지 않았다. 순응하며 때를 기다릴 줄 알았던 것이다. 여태후가 권력을 휘두를 때 어떻게 해야 할지 알고서 참고 기다리며 미래를 대비했던 것이다. 사마천은 이런 지혜와 책략을 높이 사고 있다. 그러나 정이천의 평가는 다르다.

진평은 단지 요행으로 성공했을 뿐이니 당시 여러 여씨에게 순응한 것

도 역시 단지 죽음이 두려웠기 때문일 뿐이다.3

정이천은 진평의 계책이 졸렬하고 교활하다고 본다. 그의 성공은 요행이다. 때문에 신하의 도리는 마땅히 왕릉을 정도로 삼아야 한다고 본다. 과연 진평이 주색에 빠져 때를 기다린 것은 죽음이 두려워서일까, 아니면 후일을 도모하려는 계책 때문이었을까. 그도 아니라면 그저 요행일 뿐이었을까.

2.

정도正道는 중요하다. 정도를 잃고서 권모술수를 써서 공을 이루는 것을 정이천과 같은 정통 유학자는 인정하지 않는다. 정이천이 왕릉을 높이 평가하는 이유는 여기에 있다. 그러나 강직한 태도가 언제나 좋은 것은 아니다. 지나치게 강직하면 부러지게 마련이다. 『노자』의 지혜는 여기에 있다. 부드러움의 지혜다. 『노자』 43장에 이런 말이 나온다.

"천하의 지극히 부드러운 것이 천하의 지극히 굳센 것을 부리고 있다. 형체가 없는 것이 틈이 없는 곳에까지 들어갈 수 있다."4

강직하게 정도를 행하는 것도 상대가 누구인가에 따라 혹은 상황이 어떠한지에 따라 달라야 한다. 유연성이 있어야 한다. 그것은 교활함이 아니라 섬세함이다. 진평은 순발력과 임기응변에 뛰어났다. 이는 상황에 대한 정확한 판단이 없었다면 불가능하다. 진평이 여태후에게 아첨하고 주색에 빠져 여태후의 뜻대로 행하도록 한 것은 일신을 보존하기 위한 것으로 볼 수도 있지만 때를 기다리면서 후일을 도모하려 한 것일 수도 있다.

『주역』에는 고蠱䷑괘가 있다. 16번째 괘가 예豫괘이고 17번째 괘가 수隨괘이고 18번째 괘가 고蠱괘다. 「서괘전」에서는 "기쁨을 가지고 사람을 따르니 반드시 어떤 일을 도모하게 된다"[5]고 했다. 기쁨을 상징하는 예豫괘와 사람을 따르는 수隨괘를 이어 고괘가 이어진다. 기쁨에만 빠져 어떤 지도자를 추종하다가 어려움에 빠진다는 이야기 전개다.

'고蠱'라는 글자는 부패되어 혼란하다는 뜻이 있다. '고'라는 글자의 모양을 보면 벌레 충蟲과 그릇 명皿으로 이루어졌다. 그릇에 벌레가 있는 것은 좀먹고 부패하게 된다는 뜻이다. 주희에 따르면 고괘의 상황이란 "부패가 극한에 이르러 일을 도모하는 때다."[6] 고괘는 정치적 상황이 악화되어 부패한 때를 상징한다. 부패한 때에 다시 일을 도모하여 다스리는 모습을 말하고 있다. 고괘 구이九二효가 독특하다. 구이효 효사는 이렇다.

> 구이효는 어머니의 일을 주관하니, 곧아서는 안 된다九二, 幹母之蠱, 不可貞.

'어머니'란 육오六五효를 상징한다. 오五란 군주의 지위다. 구九는 양陽으로 강직한 신하다. 육六은 음陰으로 유약한 군주다. 강직한 신하가 유약한 군주를 보필하는 것으로 정이천은 해석한다.

송나라 이광이 편찬한 『독역상설讀易詳說』에서는 '어머니'를 구체적으로 여자 군주女君로 풀고 있다. 부패한 여자 군주를 섬기는 방법은 예외적 상황이다. 유순한 방식으로 보좌하고 인도해야지 지나치게 강직하게 대해서는 죽음에 이를 수밖에 없다.

이광은 구이효의 구체적인 예로 진평을 들고 있다. 여태후를 섬기는 데에 왕릉은 오히려 강직했기 때문에 죽음에 이를 수밖에 없었고 진평은 성공했다. 이것이 고괘 구이효 효사에서 말하는 "곧아서는 안 된다"는 의미다.

고괘 구이효 「상전」에서는 "어머니의 일을 주관하는 것은 중도中道를 얻은 것이다"[7]라고 했다. 이광에 따른다면 목숨을 걸고 강직하게 행하는 것보다는 유순하게 보좌하며 인도하면서 결국에는 조정을 안정케 하는 것이 중도를 얻은 것이 된다.

상황에 따라 강직함을 고수하지 않는 것이 중도다. 이광에 따른다면 진평은 왕릉처럼 헛되이 죽음에 이르지 않았다. 상대의 경향성과 상황 판단으로 어려운 상황을 극복해 나가서 유씨 정권을 회복했으니 중도를 이룬 것이다. 진평은 노자에 정통한 사람이었다. 『노자』에는 이런 말이 있다.

"상대를 줄어들게 하려면 먼저 펴서 넓히고, 약하게 하려면 강하게 하고, 무너지게 하려면 먼저 일으키고, 빼앗으려면 먼저 베풀어준다."[8]

『노자』의 처세 방식에서 본다면 진평이 주색에 빠져 여태후에게 최대한 협조하고 모든 일을 여태후의 뜻대로 행하도록 한 것은 이유가 있다. 단지 자신의 일신을 보존하기 위함은 아니다. 몸을 납작 움츠리고 오랜 기간 꾹 참으며 여씨 세력이 성장하도록 내버려두었다가 정변을 일으켜 유씨 정권을 회복하려 했던 계책일 수도 있다.

이광의 평가처럼 진평은 기회를 잡을 때까지 상대를 내버려둔 채 기다릴 줄 아는 인물이었을까? 아니면 진평은 정이천이 평가했듯이 단지 일신의 보존을 위해 죽음을 피하려고 비굴하게 행동하다가 우연하게 공을 이룬 것일까? 분명한 점은 진평은 유씨 정권을 회복시켰다는 것이고 절묘한 타이밍과 단호한 결단으로 공을 이루었다는 사실이다.

3.

도덕적인 행실이 훌륭하더라도 현실적인 공로를 세울 수 있는 감각이 떨어진다면 큰일을 할 수 없다. 대의를 위해서건 공익을 위해서건 공적인 업무를 맡기기에는 문제가 많다. 진평은 분명 현실적인 판단 능력과 민첩한 임기응변에 뛰어난 인물이었다. 자신의 성공을 위해 다섯 번이나 결혼한 여자와 혼사를 강행한 일과 돈을 뺏으려는 사공에게 비단옷을 다 벗어던지고 거지꼴로 죽음을 모면한 일은 진평의 민첩한 현실 판단 능력을 단적으로 보여준다.

그만큼 그는 야망을 가지고 체면과 형식 같은 것을 중요하게 여기지 않은 현실주의자이며 실용주의자였다. 게다가 그는 어떤 수단과 방법을 가리지 않고 목적을 이루어내려는 인물이다. 또한 그것을 이루어내는 과정이 어떠할지라도 속내를 드러내지 않고 참으면서 기회를 포착하는 능력을 가진 정치적 처세의 달인이다. 기발한 계책과 함께 그것을 이루어내는 인내까지도 겸비한 인물인 것이다.

유방이 천하를 얻은 뒤에 한초삼걸보다는 유방의 신임을 얻은 인물은 조참, 왕릉, 진평이었다. 물론 진평은 유방의 전적인 신뢰를 받지는 못했다. 그러나 유방을 도와 한나라를 건국하는 공을 세웠다. 통일 후에는 유방을 도와 정치적 안정을 이룬 충실한 관리였다. 유방이 죽은 뒤에는 여태후의 잔혹한 통치기간 10년을 견뎌내고 다시 유씨 왕조의 정통을 계승시킨 인물이다.

무엇보다도 여태후의 통치 기간 여태후의 신뢰를 얻어 죽음을 모면하고 주색에 빠진 척하며 오랜 기간 인내하면서 기회를 포착하여 주발과 함께 여씨 일가를 숙청했던 일은 유씨 왕조의 입장에서 보면 크나큰 공을 세운 일이 아닐 수 없다.

진평이 높이 평가받을 일은 유방의 목숨을 구한 일들보다 여태후를 대한 그의 처세다. 그가 만일 때를 기다리지 못하고 후일을 도모하는 것처럼 행세했다면 어떠했을까. 여태후의 의심을 받아 목숨을 부지하지도 못했을 뿐 아니라 유씨 왕조를 다시 일으키는 공을 세우지 못했을 것이다.

양만리는 진평이 주발과 협력하여 여씨 일가를 숙청한 일을 높이 사고 있다. 28번째 괘가 감坎괘다. 양만리는 이 감괘에서 진평과 주발의 일화를 예로 들고 있다. 감坎☵괘는 물을 상징하는 감坎☵괘가 겹친 모습이다. 그래서 중수감重水坎이라고 한다. 중重은 거듭된다는 뜻이다. 물水을 상징하는 감괘가 중첩되었기 때문이다. 이는 잇달아오는 파도와 같은 모양으로 위험이 연이어 온다는 말이다. 어려움이 겹친 모습이다.

「서괘전」에 따른다면 어려움을 상징하는 29번째 감괘는 28번째 대과大過괘와 연결된다. 대과괘는 상도常道를 벗어나 대범하게 행하는 일

감坎괘

상육효		감坎
구오효		
육사효		
육삼효		감坎
구이효		
초육효		

을 뜻한다. 상식을 벗어나고 도리를 벗어나서 행하는 일은 오래 지속해서는 안 되는 일이다. 긴급한 상황에 대처하는 방식일 뿐이다. 과도한 일을 오래 지속하다가는 위험에 빠진다. 그래서 대과괘 뒤로 위험에 빠진다는 뜻의 감괘가 이어진다.

감坎은 함정에 빠진다는 뜻이다. '감'이란 물을 상징한다. 감괘에서 말하는 것은 험난함에 대처하는 도리다. 함정과 위험에 빠진 모습은 하나의 양—효가 두 음--효 사이에 빠진 모습☵이기도 하다. 그래서 감괘는 위험에서 빠져 나오는 도리를 말하고 있다. 감괘의 괘사는 이렇다.

잇단 위험에 빠질 경우 믿음이 있어야 오직 마음이 형통하니, 나아가면 가상함이 있다習坎, 有孚, 維心亨, 行有尙.

엎친 데 덮친 격이라고 불행은 한꺼번에 밀려온다. 뜻하지 않은 어려움이 밀려올 때 쉽게 정신이 무너진다. 마음을 잃고 헤매는 것이다. 잇달아 밀려오는 거대한 파도와 같은 힘에 저항하거나 휩쓸리게 되면 익사한다. 파도에 몸을 맡기는 것도 방법 중의 하나다. 어쩔 수 없다. 피할 수 없는 일이다. 그러나 버리지 말아야 할 것은 믿음과 진실한 마음이다. 괘사에서 말하는 "믿음이 있어야 오직 마음이 형통한다"는 말이 그것이다.

어려움에 빠졌을 때 흔히 수많은 경우수와 극단적인 상황까지 생각하며 복잡한 생각과 불안에 빠진다. 단순할 필요가 있다. 불안에 빠져 이런저런 생각을 다 해보지만 오히려 그러한 생각 자체가 문제를 더 복잡하게 만들 뿐이다. 자기 꾀에 자기가 넘어간다는 말이 있다. 감괘의 초효는 이러한 상황을 말해주고 있다.

초육효는 잇따른 위험에 빠졌는데 구덩이의 구멍으로 들어가니, 흉하다 初六, 習坎, 入于坎窞, 凶.

정이천은 초육효의 상태를 이렇게 묘사한다. 초初는 어려움의 시초를 뜻한다. 육六은 음효로서 나약함을 뜻한다. 어려움의 시초에서부터 나약하고 호응하는 사람이 없어 도움을 줄 수 없고 처신하는 것이 합당하지 못하여 위험으로부터 빠져나올 수 없다.

그런데도 빠져나갈 잔꾀를 써서 더욱더 깊은 위험에 빠지는 상태다. 능력도 없고 도와줄 사람도 없다. 지위도 낮고 때에 합당한 태도를 취하지도 않았다. 위험에서 빠져나올 수 없는 상태인데도 마음만 불안하고 어찌할 바를 몰라 애를 쓰고 꾀를 내다가 오히려 더 깊은 위험에 빠진다.

『중용』에서 "군자는 평이한 도리를 행하면서 천명을 기다리고, 소인은 위험한 짓을 행하면서 요행을 바란다"9는 말이 있다. 딱 초육효에 해당하는 말이다. 오히려 어려움에 빠졌다면 어려움에 처하게 된 여러 원인을 생각해보고 어려움을 의연하게 받아들이는 태도가 좋다. 위험한 파도에는 저항하지 말고 파도에 몸을 맡기고 파도가 지나가기를 기다리는 것이 좋은 방법이다. 진평은 그 점을 알았다. 기다렸던 것이다.

4.

홀로 모든 것을 해결하려는 것은 오만이 아니면 고집이다. 위험에 빠졌을 때 힘들고 외롭고 힘에 부친다면 도움을 구하는 것이 현명하다. 자신이 높은 지위에 있더라도 낮은 지위의 사람에게라도 도움을 구해야 한다. 감괘 육사六四효의 효사는 논란거리가 많은 독특한 효다. 효사는 이러하다.

> 육사효는 한 동이 술과 두 그릇 밥을 질그릇에 담아 사용하고, 마음을 결속시키는 것을 창문을 통해서 하면 결국에는 허물이 없다六四, 樽酒簋貳, 用缶, 納約自牖, 終无咎.

양만리는 승상 진평이 낮은 지위인 태위 주발과 기쁘게 협력하여 한나라를 안정시켰던 일을 육사효에 빗대어 설명한다. 진평이 주발과 협력하게 된 일은 사실 육가陸賈의 힘이 컸다. 사마천의 「역생육가열전酈生陸賈列傳」에 자세히 기술되어 있다.

육가가 진평을 찾아갔을 때 진평이 깊은 생각에 잠겨 있었다. 이유는 여씨 일족의 횡포와 어린 황제의 앞날에 대해 근심했기 때문이었다.

그를 해결할 방법으로 육가는 태위 주발과 협력하라고 권했다. 이에 진평은 주발을 초청하여 주연을 베풀어 협력 관계를 맺고 여씨 일족을 몰아내고 문제를 옹립할 수 있었다.

정이천의 해석에 따르면 감괘 육사六四효에서 육六은 음효로서 나약한 자질로 아래로 도움을 주는 사람이 없어, 세상의 위험을 구제할 수 없는 자다. 이런 사람이 사四라는 높은 지위에 있다. 신하로서 위험에 대처하는 도리를 육사효에서 말하는 것이다.

즉 높은 대신大臣으로서 나라가 위험에 직면했을 때는 오직 진실과 정성으로 군주에게 신임을 보여야 한다. 그리고 군주와의 교류를 견고하게 해서 군주가 어려움을 구제할 수 있도록 충직하게 간언해야 한다는 뜻으로 푼다.

이런 맥락에서 육사효에서 술과 밥을 "질그릇에 담는다"는 말은 군주를 진실과 정성으로 대하는 태도를 상징한다. 즉 허례허식으로 번잡하고 지나치게 꾸미지 않은 소박한 잔치 음식이다. 질그릇만큼 소박하고 질박한 그릇은 없다. 마치 질그릇처럼 솔직하고 질박하게 군주를 대하여 군주와 신뢰를 맺고 군주의 마음을 단속시켜야 한다.

"창문을 통한다"는 것은 군주를 깨우치는 방법을 상징한다. 창문이란 소통할 수 있는 통로다. 군주에게 군주가 이해할 수 없는 정의의 원칙과 도덕을 강제하지 말고 군주가 잘 알고 있는 것으로부터 차근차근 설득해야 한다는 뜻이다.

양만리는 육사효를 설명하며 여태후를 상대하는 진평의 태도를 예로 든다. 진평은 주발과 기쁜 마음으로 협력했다. 자리로 따진다면 육六효가 호응하는 효는 사실 초初효다. 그러나 감괘 초육효는 위험에 빠져

헤어 나올 줄 모르는 형국이다. 육사효를 도와줄 수 있는 사람은 없다. 양만리는 그래서 당면한 위험을 해결하려면 능력을 가지고 있는 구이효와 협력해야 한다고 본다. 구이효가 바로 주발이다.

> 육사효와 구이효는 반드시 예로 서로 교류하고 솔직함을 서로 보이고 신뢰를 가지고 서로 소통하면 험난한 상황을 구제하여 결국에는 허물이 없을 것이다. 진평이 기쁘게 주발과 협력하여 한나라가 비로소 안정을 이루었다.[10]

이효와 사효는 서로 호응하는 상대가 아니다. 오월동주吳越同舟라는 말이 있다. 원수 같이 미워하는 사람일지라도 위험에 빠졌을 때는 서로 도와 위험에서 벗어나야 한다. 양만리는 두 사람이 처한 상황을 바로 이런 형세로 파악한다.

> 같은 배에 타고 있는데 태풍을 만나서 북쪽의 호나라와 남쪽의 월나라가 서로 호응하니 마치 왼손과 오른손이 맞잡는 것과 같다.[11]

이런 맥락에서 감괘 육사효에 나온 상징들을 양만리는 이렇게 해석한다. '한 동이 술과 두 그릇 밥'은 진평과 주발 두 사람 사이에 예를 갖추는 것이고 '질그릇을 사용하는' 것은 질박하고 솔직한 태도로 대한다는 것이고 '마음을 결속시키는' 것은 신뢰를 얻는 것이고 '창문을 통한다'는 것은 안과 밖이 소통하는 것을 의미한다.

위험에서 빠져나오려 할 때 여러 사람이 힘을 합하면 쉽지만 독불장

군처럼 혼자 모든 것을 감당하려 하면 어려울 뿐 아니라 흉함을 당한다. 양만리는 정이천의 해석과는 달리 진평과 주발이 힘을 합쳐서 여씨 일족을 소탕하고 유씨 왕조를 세운 일에 빗대어 설명한다.

그럴 때 진평은 주색에 빠진 척하면서 죽음을 모면하고 오랫동안 인내하면서 계책을 도모하여 결국 공을 세운 사람으로 평가할 수 있다. 왕릉은 강직하게 여태후에게 간언하며 저항했지만 결국 죽음에 이르렀다. 하지만 진평은 협조하는 척하며 죽음을 면하고 결국에는 공을 이루었다. 도덕적으로 강직하게 행했던 왕릉과 비열할지라도 결국에는 공을 세운 진평, 누구를 현명하다 할 것인가?

5.

『사기』「고조본기高祖本紀」에 따르면 여태후가 한 고조의 병세가 깊어질 때 "폐하가 돌아가신 뒤에 소하가 죽게 된다면 누가 대신하게 해야 하겠습니까?"라고 물었던 적이 있다. 재상감으로 누가 적합한지를 물었던 것이다. 처음에는 조참曹參이 좋다고 했다. 그 다음은 누구냐고 물었을 때 왕릉이 좋겠지만 조금 고집스러우니 진평이 돕도록 하는 것이 좋겠다고 하고 진평은 지혜가 많지만 혼자 맡기기가 어렵다고 했다.

유방은 진평이 재상감으로는 다소 부족하다고 판단했다. 실로 후일 여태후는 조참을 승상으로 임명하고 조참 이후에 왕릉을 우승상으로 진평을 좌승상으로 임명했다. 한 고조는 본래 진평을 의심하는 마음이 있었던 것이다. 그러나 유방이 죽을 때까지 서로의 관계는 깨지지 않았고 유방은 진평에게 큰일을 맡겼다. 진평은 공을 세우고 화를 당하지 않았다.

문제文帝는 주발의 공이 크다고 여겼다. 이를 눈치 챈 진평은 주발의 공이 크다고 하여 우승상 자리를 양보했던 일이 있다. 진평은 좌승상에 올랐다. 겸손했기 때문일까. 한번은 문제가 우승상 주발에게 나라의 일들에 대해서 물었는데 대답하지 못했다. 진평이 대답하여 문제가 크게 칭찬했다.

우승상 주발은 너무나 송구하여 왜 평소에 그런 일을 나에게 일러주지 않았냐고 원망했다. 진평은 승상의 자리에 있으면서 승상의 직책이 무엇인지 몰랐냐고 했다. 교활한 일이다. 주발은 자신의 능력이 진평에 크게 미치지 못함을 깨닫고 우승상 자리에서 물러났다. 이제 모든 전권은 진평에게 넘어갔다. 이것도 진평의 계책의 하나였다면 대단히 교활한 인물이다.

정이천은 진평보다는 왕릉이 신하의 정도를 지켰다고 평가한다. 진평의 계책 또한 소가 뒷걸음치다 쥐 잡은 꼴이지 그의 능력이 훌륭하기 때문은 아니라고 본다. 정이천의 수제자로 알려진 양구산의 평가는 좀 다르다. 유방은 왕릉을 높이 평가하고 진평을 의심했다. 이에 대해 양구산은 이렇게 말한다.

"왕릉은 끝내 고집스러워 여태후가 소외시켰으니 나라에 도움이 되지 못했다. 그 뒤 진평은 혼자서 승상을 지냈으나 천하에 흠잡는 말이 없어 마침내 공훈과 명예를 지닌 채 세상을 마쳤으니, 그 반대가 아닌가? 『서경』에서 '사람을 알아보는 일은 요임금도 어려워했다'는 말이 진실이구나!"[12]

정이천은 신하로서의 정도正道를 말하고 있다. 나라가 위험에 빠졌을 때 군주에게 아첨하거나 비열하게 속임수를 쓰거나 교활한 속셈을 가지고 대하는 것이 아니라 당당하게 용기 있고 진솔하고 정성을 다하는 태도로 군주의 마음을 깨우쳐야 함을 말하고 있다. 왕릉이 그러했다. 그러나 결국에는 나라의 위험을 구제하는 공을 이루진 못했다.

왕릉에게는 어떤 생각의 유연성이 부족했던 것이다. 강직하게 사실과 진리를 말하는 것은 신하의 도리로서 정도일지도 모른다. 그러나 사람 봐가며 행해야 하지 않을까? 통할 것 같지 않은 상대에게 아무리 좋은 소리를 늘어놓아보았자 괜한 심기만 건드릴 뿐이다. 공을 세우기는커녕 개죽음을 당할 수도 있다.

조선 후기의 성대중은 『청성잡기』에서 진평과 주발에 대해 독특한 견해를 내놓는다. 유씨 가문은 다시 안정되었으며 진평과 주발이 일등공신이 되었다. 공을 세웠던 것이다. 그렇다면 진평과 주발이 여씨를 처리한 것은 정말 잘한 일이라 볼 수 있다.

무엇이 문제일까? 성대중에 의하면 진평과 주발이 여씨 일족을 너무 가혹하게 죽였고 정권을 너무 독점했기 때문에 눈에 보이지 않는 화가 후손에 미쳐 두 집안이 모두 망했다는 것이다. 주발의 아들 주아부周亞夫는 오초칠국의 난을 평정한 대공신이다. 이런 공을 세웠는데도 반역죄로 몰려 닷새 동안 굶다가 피를 토하고 죽었다.

성대중은 아들 주아부의 허물을 덮기에는 주발의 공이 부족했던 것이 아닐까라고 의문을 던지면서 이런 말을 하고 있다. "심하구나, 보복이 그림자와 메아리처럼 철저히 따라옴이여."[13] 성대중은 진평이 가혹하게 정권을 독점한 행위, 그 죄악의 벌이 마치 보복이라도 하듯 후손에게 미쳤다고 생각한다.

또한 진평과 주발이 여씨 일족을 없애고 공을 세운 것은 잘했지만 공로를 두고 처신한 일은 잘못했다고 비판한다. 논공행상을 할 때 진평과 주발은 오히려 자리를 내놓고 물러나야 했다. 여씨 일족이 전횡을 부릴 때의 일은 진평에게도 죄가 있기 때문이다. 그래서 다음과 같이 말하고 물러났어야 옳았다고 성대중은 말한다.

> 여씨를 왕으로 봉하는 논의가 있었을 때 왕릉은 반대했으나 소신들은 순응하여 마침내 여씨가 기를 펴게 했습니다. 소신들이 죽지 않은 것은 진실로 뒷일을 도모하기 위해서였습니다. 그러나 여씨를 죽인 공이 여씨를 강성하게 한 죄를 씻을 수 없을 뿐 아니라 폐하가 즉위하신 것은 사직의 신령이 돌보심이지 소신이 무슨 힘이 되었겠습니까. 안국후 왕릉의 충절을 표창하시고 신들의 죄를 다스려 조정 신료들을 깨우치시옵소서.14

성대중도 결국 왕릉의 충절을 높이 사고 있다. 만약 진평과 주발이 유씨의 가문을 위해 계략을 썼더라도 이렇게 말하고 관직에서 물러났다면 위대한 인물이었을 것이라는 평이다. 그렇게 하지 않고 높은 관직을 받고 후한 상금을 받으며 영화를 누리는 것은 사람들로부터 천시를 당하는 일이다. 아들 주아부가 옥에 갇힌 일도 이런 업보의 결과라고 한다.

성대중은 진평을 높이 평가하지 않는다. 진평이 행한 가혹하고 비열한 일들의 결과가 후손에게 드러났기 때문이다. 오히려 진평의 일을 통해 왕릉의 충절을 드러내고 있으니 과연 '사람을 알아보는 일은 요임금도 어려워했던' 일이었을까.

10

왜 주발周勃은 잠시
시간을 내달라고 했을까

소과小過괘

1.

강후絳侯 주발은 패현沛縣 사람이다. 유방이 패공이 되었던 땅이다. 『사기』「강후주발세가絳侯周勃世家」에 따르면 주발은 "사람됨이 강직하며 돈후했다木彊敦厚." 사마천이 표현한 '목강木彊'이라는 말은 강직하다고 번역했지만 스스로 단속하지 못하고 자신의 기세를 가지고 남을 깔보는 성질이다. 유방은 이러한 주발에게 큰일을 맡길 만하다고 생각했다.

주발은 꾸미는 예절이나 배움을 좋아하지 않았다. 당연히 예의 같은 것을 몰랐고 무시했다. 그래서 유생과 유세객이 오면 동쪽을 향해 앉아서 "나를 위해 빨리 말하시오"라고 할 정도였다. 경전이나 고사를 끌고 와 이리저리 돌려 말하는 것을 아주 싫어했다.

한 고조 유방이 죽고 여후呂后는 고조의 아들 혜제가 죽은 뒤 혜제의 아들 소제少帝 공恭을 등극시켰지만 나이가 어리다고 해서 자신이 황제를 참칭하여 8년 동안 집권했다. 여후가 죽자 진평이 계책을 내어 주발과 함께 세력을 모아 여씨 일족을 멸했다. 주발은 유방의 예언대로 유씨 가문을 일으켰던 인물이다.

좌우단左右袒이라는 말이 있다. 왼쪽과 오른쪽 어깨를 드러내어 편을 가른다는 말이다. 진평의 계책에 의해 군권이 태위인 주발에게 넘어

가자 주발은 장병들에게 소리쳤다. "여씨를 위하는 사람은 오른쪽 어깨를 드러내고, 유씨를 위하는 사람은 왼쪽 어깨를 드러내라."[1] 장병들은 당연히 모두 왼쪽 어깨를 드러냈다. 이렇게 여씨 일족은 멸해졌고 천하는 다시 유씨에게로 돌아갔다.

여후가 죽고 문제를 세웠다. 문제가 즉위하자 주발은 우승상이 되었다. 어떤 사람은 주발에게 경고했다. 명망과 위세가 천하를 진동시켰고 존귀한 지위에 있고 황제의 총애도 얻었으니 언젠가는 재앙이 미칠지도 모른다.

주발은 이에 두렵고 위태롭다고 느껴 사직했다. 진평이 우승상이 되었다. 진평이 죽자 황제는 재차 주발을 승상으로 임명했다. 10개월이 지나 황제는 솔선수범하여 봉지로 돌아가라고 명한다. 주발은 승상직을 내려놓고 봉지인 강絳 땅으로 돌아갔다.

이후 주발은 자신이 죽임을 당할까봐 항상 갑옷을 입었고 주변 집안 사람들도 갑옷을 입고 호위하도록 했다고 하니 두려움이 컸을 것이다. 결국 모반을 꾀하려고 한다는 모함으로 체포되기도 했다. 많은 사람은 진평과 함께 여후를 멸하고 유씨 가문을 세워 천하의 공을 세운 일로 주발을 높이 평가한다. 또한 진평이 주발에게 승상을 양보하고 또 주발이 진평에게 승상을 양보한 일도 아름다운 일로 상찬하는 경우도 많다.

사람은 단순하게 평가할 순 없다. 오히려 주발의 사소한 행위에서 그 속내를 볼 수 있다. 여후는 혜제가 죽자 친정 여씨들을 왕에 봉하고 싶었다. 여후는 우승상 왕릉에게 물었다. 왕릉은 유씨가 아닌 사람이 왕이 되면 천하가 그를 공격하라고 했다는 유방의 말을 들며 반대했다.

물론 여후는 달갑게 여기지 않았다.

좌승상 진평과 주발에게 물었다. 주발은 한 고조가 천하를 평정하고 아들과 아우를 왕으로 봉했으니 지금 태후께서 여러 여씨를 왕으로 봉하는 것이 안 될 것도 없다고 했다. 이런 여후에 대한 진평과 주발의 태도를 일반적으로 후일을 도모하기 위해 교묘한 태도를 취했다고 긍정적으로 평가한다.

남헌南軒 장식張栻의 평가는 그렇지 않다. 우선 장식은 「왕릉·진평·주발이 여후에 대처한 일은 어떠했는가王陵陳平周勃處呂后之事如何」라는 글에서 왕릉을 신하의 정통으로 여긴다. 장식에 따르면 여후가 여씨 일족을 왕으로 봉하려고 물었을 때 왕릉처럼 소신 있는 대답을 했더라면 여씨가 딴생각을 하지 못했을 수도 있다는 것이다.

그런데 진평과 주발은 아무런 저항 없이 따랐으니 결과적으로 한나라를 찬탈한 일을 도왔던 것이다. 또 이들이 죽음이 두려워 그렇게 행한 것이지 유씨 가문을 일으키려는 마음에서 그렇게 행하지는 않았다고 본다. 그런 마음이 있었다면 여씨가 음모를 일으키기 전에서부터 이를 방지하려는 노력을 했어야 했다. 이후에도 여씨 일족에게 비판적 태도를 취해야 했는데 아무런 일도 하지 않았다.

구한말 기호畿湖 지방의 유명한 집안이었던 수당修堂 이남규李南珪는 장식의 견해를 비판한다. 이남규는 유학자로서 개항 이래 왜군들의 무도함을 규탄했고 단발령 강행을 반대했던 의사義士였다. 왜군들에게 끌려갈 때 "선비는 죽일 수는 있되 욕보일 수는 없다士可殺, 不可辱"고 호통을 쳤을 정도였다.

끌려가서 단발을 하고 일본에 귀순할 것인가 아니면 의병장이 될 염려가 있으니 죽음을 당할 것인가 선택을 강요당했다. 그는 엄하게 꾸짖으며 "죽으면 죽을 것이지, 내가 굽힐 것 같으냐"라고 답했다. 아들 이충구李忠求와 함께 피살되었다.

이러한 유학자라면 당연히 지조를 지킨 왕릉을 높이 평가할 듯하다. 의외로 『수당집修當集』「진평주발론陳平周勃論」에서 왕릉은 미련하고 멍청한 인물이라면서 진평과 주발을 혹평한 장식과는 다른 논리를 편다. 여후가 세 사람에게 물었던 이유는 유방을 고려했기 때문이 아니다. 세 사람을 한번 떠본 것이다. 진평과 주발은 죽음이 두려웠던 것이 아니라 비위를 맞추면서 장차 일을 도모하려던 것이었다.

여씨는 한 고제 유방을 한 번도 고려했던 적이 없을 정도로 잔인했다. 여씨의 잔혹함을 막아낼 형세는 아니었다. 그냥 내버려두다가 때를 기다려 여후를 제압할 방도를 구하는 것이 지술智術을 가진 자가 하는 방법이다. 진평과 주발이 그러했다는 말이다.

물론 신하된 자의 도리로 말한다면 장식이 말했듯이 왕릉처럼 정도를 지켜야 한다. 하지만 이런 잣대를 가지고 진평과 주발이 사전에 방지할 수 있었는데 방지하지 않았다거나 죽음을 두려워해서 여씨 찬탈을 도왔다고 책망하면 너무 억울한 일이라는 말이다. 이남규의 일생을 살펴본다면 이런 평가는 의외다.

2.

물론 진평과 주발의 공을 폄하할 수는 없다. 정이천의 주발에 대한 평가는 다른 곳에 있다. 주발이 군졸들에게 여씨를 위하려는 사람과 그렇지 않은 사람을 물으면서 소매를 벗도록 한 것은 장군으로서의 태도가 아니라고 평하면서 이렇게 말한다.

> 문제文帝를 맞이하여 위교渭橋에 이르렀을 때 '잠시 시간을 내주십시오'라고 했으니 이때가 어찌 시간 내주기를 청할 때인가? (…) 지극히 무능한 사람이라고 말할 수 있을 것이다.[2]

정이천은 사소한 주발의 행위를 지적한다. 그리고 주발의 무능함을 말하고 있다. 주발이 이후 유씨의 사직을 안정시킨 일은 그가 능력이 뛰어났기 때문에 가능한 일이 아니었다. 잠실 선생潛室先生으로 알려진 송대 유학자 진식陳埴의 견해도 유사하다. 주발은 일처리에서 결단력 없이 매우 주저했다고 평가하면서 "유씨의 사직을 안정시킨 일은 단지 요행으로 이루어진 것일 뿐이다"[3]라고 평한다. 무능하지만 요행으로 공을 이루었다.

어쩌면 그 사람의 행적을 가지고 그 사람됨을 평가하기란 어려운 일이다. 오히려 드러난 큰 공적과 일들을 통해서가 아니라 사소한 행동 속에 그 사람됨이 감춰져 있는 것인지도 모른다. 사소한 행동에는 의식적으로 혹은 의지적으로 단속하지 못한 채 드러난 자신이 감춰져 있기 때문이다.

『사기』「효문본기孝文本紀」에 따르면 여씨를 소탕한 대신들은 대代 땅에 있는 고조의 아들 문제를 맞아 황제로 추대하기로 했다. 문제의 측근들은 그들의 의도를 의심했고 반대했다. 중위中尉 송창宋昌이 설득하자 거북 껍질로 점을 치고 정황을 살펴 대신들의 추대를 수락했다. 장안長安의 위교渭橋에 이르자 모든 대신이 나열하여 신하를 칭하며 문제에게 절을 올렸다.

이때 주발이 "시간을 내주십시오願請間言"라는 말을 올리자, 문제를 따라온 송창이 말했다. "말하고자 하는 것이 공적인 것이면 공적으로 말하고 말하고자 하는 것이 사적인 것이면 제왕은 사적인 것은 받아들이지 않습니다."[4] 이에 주발은 무릎을 꿇고 문제에게 옥새와 부절을 바쳤는데 문제는 대저代邸로 가서 의논하자고 사양했다. 대저에서 대신들은 왕께서는 한 고제의 장자이니 고제의 후사가 되어야 한다며 천자의 자리에 오를 것을 요청했다. 문제는 여러 차례 사양하다가 천자의 자리에 올랐다.

그런데 어째서 주발은 시간을 내달라고 했던 것일까. 이 말은 아무도 없는 곳에서 잠시 드릴 말씀이 있다는 말이다. 주발은 공적인 자리가 아니라 사적인 자리에서 문제에게 무슨 말을 하려 했을까. 송창의 말은 지극히 합당한 말이었다. 문제도 합당했기에 옥새와 부절을 사양하고 공적인 자리에 가서 여러 대신과 함께 의논했다.

분명 주발은 여러 대신이 문제를 천자로 추대하려는 공론公論을 거부하려고 문제를 몰래 만나려고 하지는 않았을 것이다. 홀로 독대하여 문제를 천자로 추대하는 일을 자기 혼자의 공으로 만들려고 했던 것이다. 이는 치기 어린 공명심 때문이다. 주발은 정의감에 휩싸여 득의양양했던 것이다.

이런 일이 있었다. 「강후주발세가」에는 기록되어 있지 않고 「원앙조조열전袁盎鼂錯列傳」에 나온 이야기다. 원앙袁盎은 형인 원쾌袁噲의 추천으로 천자의 근위부대장인 중랑中郎이 되었다. 원앙은 강직했던 사람이었다.

강후 주발은 문제가 등극했을 때 승상의 자리에 올랐다. 조회를 마치고 빠른 걸음으로 물러 나오는데 그 모습이 매우 의기양양했다. 황제 또한 그를 정중히 예우하여 항상 직접 전송했다. 원앙이 황제에게 나아가 말했다. "폐하는 승상을 어떤 사람이라 생각하십니까?"

원앙의 논리는 이렇다. 강후는 공신이라 할 수 있지만 사직의 신하는 아니다. 사직의 신하란 군주가 죽으면 같이 죽어야 한다. 여후가 실권을 잡았을 때 그들을 바로잡으려는 노력을 하나도 하지 않았다. 여후가 죽은 뒤에 병권을 쥐고 있었기에 우연히 공을 이룬 것뿐이다. 사직의 신하가 아니라 우연한 공신인데 주발은 주군에게 교만한 기색驕主色을 보이고 문제는 겸양하니 이는 신하와 군주의 예를 잃은 것이다.

그 뒤로 문제는 위엄있는 태도를 취했고 주발은 그럴수록 두려워했다. 주발은 원앙의 형인 원쾌의 친분을 얘기하며 원앙을 원망했지만 원앙은 사과하지 않았다. 주발이 승상에서 물러나자 주발은 모반을 꾀한다는 모함을 받고 체포되었다. 아무도 그를 위해 변호하지 못했지만 오직 원앙만이 주발에게 죄가 없음을 해명했다. 원앙 덕분에 주발은 풀려난다. 주발은 원앙과 깊은 교분을 맺었다. 원앙은 원칙만을 따라 행동한 사람이었다.

3.

어떤 신념이든 그 신념이 옳다고 강고하게 믿는다면 오버하기 쉽다. 정의감일지라도 과도하다면 현실에 맞지 않게 행할 수 있다. 어떤 경우에는 강고함과 과도함이 현실의 사악함과 불의를 개선하는 경우도 있지만 어떤 경우에는 재앙을 자초하기도 한다.

『주역』에는 바로 이 과도함을 다룬 괘가 두 가지 있다. 하나는 대과大過괘이고 다른 하나는 소과小過괘다. 대과는 큰 것의 과도함으로 해석할 수 있다. 큰 것이란 양陽을 뜻한다. 괘의 모습䷛도 초효와 상효가 음효이고 가운데가 모두 양효이듯이 양효가 더 많다.

소과괘는 작은 것의 과도함 혹은 작은 일의 과도함으로 해석한다. 작은 것이란 음陰을 뜻한다. 괘의 모습䷽도 삼효와 사효가 양효이고 나머지는 모두 음효다. 음효가 더 많다. 양만리는 이 소과괘의 육이六二효를 주발을 예로 들어 설명한다.

소과괘는 뇌산소과雷山小過라고 한다. 괘의 모습䷽이 진震☳괘가 위에 있고 간艮☶괘가 아래에 있기 때문이다. 진震은 우레이고 간艮은 산이다. 산 위에서 우레소리가 난다. 그래서 그 소리가 평지에서 나는 소리보다 더 크고 과도하다. 두 양이 가운데에 있고 음이 네 개이니 음이 양보다 많아 작은 것이 과도한 것이다.

소과괘는 62번째 괘다. 61번째 괘는 중부中孚䷼괘다. 중부괘는 진실

소과小過䷽괘

	진震
상육효	
육오효	
구사효	
	간艮
구삼효	
육이효	
초육효	

한 믿음과 영향력을 상징한다. 「서괘전」에서는 "믿음을 가진 사람은 반드시 행하게 되므로, 소과괘로 받았다"[5]고 했다. 지나치게 확신에 차 있는 사람은 그 믿음을 실행하기 마련이지만 실수하기가 쉽다. 중부괘 다음이 소과괘로 이어지는 이유다. 주역의 괘들은 모두 이야기의 흐름으로 연결되어 있다.

사람이 옳다는 신념이 있으면 반드시 그를 행하려고 한다. 그리고 그것을 행하다보면 과도해지기도 한다. 예를 들면 공손함을 과도하게 행하려다가 치욕을 당하고 슬픔에 과도하게 빠져 몸을 상하고 검소함을 과도하게 행하려다가 인색하게 된다.

과도함이 반드시 옳지 않은 행위는 아니다. 어떤 경우는 과도하게 해야 오히려 적절하게 조절될 수 있고 좋은 결과를 맺기도 한다. 정이천은 이렇게 말한다. "어떤 때에는 마땅히 과도하게 행해야 한다면 과도하게 행하는 것이 오히려 과도한 것이 아니다. 그것이 바로 정도正道다."[6]

소과괘는 작은 일을 과도하게 행한다는 뜻이다. 대과괘는 정이천의 설명처럼 기강이 크게 무너진 때에 상식적인 도리에 어긋나는 과도하고 비범한 일을 행하는 것이다. 예를 들어 요왕과 순왕이 천하를 선양한 일이나 탕왕과 무왕이 정벌한 일이다. 그러나 천하를 바르게 하고 혼란을 다스리는 큰일이다. 소과괘는 대과괘와는 달리 큰일을 벌이는 것이 아니라 작은 일들을 바로잡는 것이다. 양만리는 이렇게 설명한다.

소과의 세상은 어떤 때인가? 고요히 일을 펴면 길하고 일을 벌이면 흉한 때다. 어째서 고요히 일을 펴면 길하고 작위적인 일을 벌이면 흉한가? 군주와 신하가 모두 약한 것이 첫째 이유이고, 위가 움직이는 데 아래는 멈추고 위가 일을 벌여도 아래가 호응하지 않는 것이 둘째 이유이고, 음이 성하고 양이 고립되고 사특함이 많고 올바름이 적고 소인의 세력이 자라나고 군자의 세력이 소멸되는 것이 셋째 이유이니 고요히 일을 펴지 않고 경거망동하게 일을 벌일 수 있겠는가? 이러한 때에 군주와 신하는 반드시 스스로 그 재능을 살피고 역량을 상호 헤아려서 때를 안정시켜서 작은 일에는 과도한 것이 있어도 좋지만 큰일에는 과도한 것이 있어서는 안 된다.[7]

양만리에 따르면 소과의 때는 대과괘처럼 천하의 기강이 무너지는 때는 아니지만 세상이 조금 혼란스러운 때다. 이러한 때에는 큰일을 벌여서는 안 된다. 소소한 일들을 소홀히 하지 않고 신중하고 겸손하게 처리하고 바로잡는 때다. 양만리는 그것을 조용히 일을 처리하라고 했던 것이다. 소과괘의 괘사에는 이런 말이 있다.

작은 일은 할 수 있고 큰일은 할 수 없으니, 나는 새가 남기는 소리 때문에 올라가는 것은 마땅하지 않고 아래로 합당하게 내려오면 크게 길하다可小事, 不可大事, 飛鳥遺之音, 不宜上, 宜下, 大吉.

소과괘가 상징하는 때에는 큰일을 해서는 안 된다. "나는 새가 남기는 소리飛鳥遺之音"라는 말은 괘의 모양과 관련된 말이다. 중부괘☴는 가운데가 비어 있고 바깥이 차 있어서 새알의 모습이다. 소과괘☳는 반대로 가운데가 굳세고 바깥이 부드러워서 나는 새의 모습이다. 새가 날개를 펼치고 나는 것이다. 소과괘가 중부괘 다음에 온 이유이기도 하다.

소과괘의 모습에 나는 새의 모습이 있어서 "나는 새가 남기는 소리"라고 상징했다. 나는 새는 위로만 향해 날면 머물 곳이 없다. 이치상 마땅하지 않은 것이다. 오히려 아래로 향해 내려오면 머물 곳이 있다. 이치상 마땅하다. 이런 상징은 무엇을 의미하는가.

이것은 이치를 거슬러 행동하는 것과 이치를 따르는 것을 의미한다. '새가 남기는 소리'는 명성을 탐하는 것이다. 명성을 탐하는 마음으로 과도하게 행하면서 흥분해 있다. 위로 올라가려고만 한다. 마음을 안정시키고 내려오지 못하는 것이다.

그래서 지나치게 오만한 자는 정도를 잃어서 사람들이 멀리하고 스스로를 낮추어 겸손한 사람은 사람들이 친근하게 다가와 크게 길하다고 해석한다. 정이천은 이치를 따르기 때문에 길하다고 해석한다.

> 이는 마땅히 이치를 따라야 함을 말한다. 이치를 따르면 크게 길하다. 과도하게 해서 나아가는 것이 이치를 따름이니 과도하게 행하더라도 이치를 따르면 반드시 크게 길하다.[8]

소과의 때는 과도하게 하는 것이 오히려 이치를 따르는 경우가 있다. 소과괘의 육이효에서 양만리는 바로 주발과 원앙의 일을 예로 들어 설명한다. 육이효의 효사는 이렇다.

> 육이효는 할아버지를 지나가 할머니를 만나니, 임금에게 미치지 않고 신하를 만나서 허물이 없다六二. 過其祖, 遇其妣, 不及其君, 遇其臣, 无咎.

『주역』의 상징들은 이렇듯 뜬금없고 모호하다. 주발과 원앙의 일을 상기하며 육이효의 효사를 이해해 보자. 양만리는 이렇게 설명한다.

육이효는 음유한 소인으로 대신의 높은 지위에 있어서 항상 본분을 넘어서는 마음을 가지고 있다. 그러므로 항상 군주를 약화시키려는 마음을 가지고 있지만 갈팡질팡하며 감히 나아가지는 못하고 호시탐탐 엿보지만 아직 참월하지 못하는 자다. 두 양陽이 앞에서 바로잡고 있다. 하나를 지나치고 또 하나를 만난다. 나아가면 구사효가 그 속을 제어하고 있고 물러서면 구삼효가 그 등을 단속하고 있다. 그래서 그의 참월이 육오효인 군주에 미치지 못하니 육이효가 미치지 않으려고 한 것이 아니라 두 신하가 자기를 바로잡아서 참월하여 과도하게 행동할 수 없는 것이다. (…) 주발은 주군에게 교만한 기색을 가졌었는데 원앙의 한마디로 꺾였으니 (…) 이런 신하를 만났기 때문이다. 그러므로 그 교만이 군주에게 미치지 못했다. 구삼효는 양으로 양에 자리했으므로 할아버지라 칭했고 구사효는 양효로 음에 자리했으므로 할머니라 칭했다. 그 할아버지를 지나가 그 할머니를 만났으니 어찌 육이효만 편안하고 허물이 없겠는가. 천하국가가 실로 허물이 없다.[9]

소과괘는 작고 소소한 일로 잘못된 것을 바로잡는 일을 상징한다고 했다. 양만리는 작고 소소한 일에서 드러난 주발이 품은 교만의 위험성을 지적한 것이다. 그것을 바로잡은 원앙의 일을 가지고 육이효를 설명한다. 육이효 앞에는 구삼효와 구사효가 있다. 구사효는 육이효가 군주를 얕보려는 마음을 단속하는 것이다. 육이효는 구사효의 단속을 통해 큰 잘못을 저지르지 않게 되고 천하도 안정될 수 있다. 육이효는 주발이고 구사효가 원앙이다.

이런 사람이 대신의 높은 지위에 올라서 본분을 넘어서 군주를 얕보는 마음을 가지고 있으니 그 마음이 사소한 행동으로 드러난 것이다. 주발은 사마천이 묘사했듯이 그 걸음걸이가 주군에게 교만한 기색이 역력했다. 원앙은 그것을 알아차리고 문제에게 간언하여 단속했다. 주발은 그 일로 기세가 꺾였던 것이다. 주발이 문제에게 잠시 시간 좀 내어달라고 했던 것도 이런 맥락에서 볼 수 있다.

4.

소강절의 『황극경세서』「관물외편觀物外編」에서 타고난 자질 혹은 재능에 대해서 주발을 예로 들어 설명한다. 재능을 이루기가 어렵다는 뜻을 어떤 사람이 물었다. 소강절은 재능才과 배움學을 구별한다. 재능이란 하늘이 내려준 좋은 자질이고, 배움은 그 재능을 이룰 수 있는 것이라고 대비시킨다. 이에 옛사람들은 배움을 통하지 않고서도 공업을 이루었는데 무슨 배움이 또 필요하냐고 반박한다. 이에 소강절은 이렇게 답했다.

> 주발과 곽광霍光은 큰일을 이룰 수 있었으나, 오직 배움이 없었기 때문에 온전하게 최선의 결과를 이루지 못했다. 사람이 배움이 없으면 이치를 밝힐 수 없다. 이치를 밝힐 수 없으면 한 가지를 고집하여 통하

지 못한다. 사람에게 출중한 재능이 있더라도 반드시 강한 의지로 제어해야 한다. 마음이 강직하면 사업을 세울 수도 있지만 환난에 처할 수도 있다. 만약 그 강한 의지를 다른 데에 쓰면 도리어 올바르지 못하고 악한 것이 된다.[10]

소강절은 주발이 훌륭한 자질과 재능을 가지고 있었지만 배움이 없었기 때문에 문제라고 봤다. 아무리 훌륭한 재능과 재주를 타고 났을지라도 그 능력을 갈고 닦고 제어하고 조절하며 통제할 수 있는 능력이 없다면 그 타고난 재주를 온전하게 이루지 못한다.

배움을 통해 얻은 것이 덕이다. 덕은 타고난 재주를 조절하고 온전하게 실현할 수 있는 능력이다. 이치를 밝힐 수 없다는 것은 자신이 타고난 자질의 경향성을 알지 못하는 것이고 현실의 형세가 돌아가는 이치를 모르는 것이기도 하다. 이치를 모르면 고집스러울 뿐 아니라 타인과 공감하지도 못하고 현실의 형세를 몰라 눈치도 없다.

주발은 모반 혐의로 옥에 갇혔다가 출옥할 때 이렇게 말했다고 한다. "나는 일찍이 백만 대군을 거느렸는데도 옥리 한 사람의 위세가 이렇게 대단한 줄은 몰랐다."[11] 옥리에게 뇌물을 주어 옥리의 꾀로 풀려났기 때문이다. 옥리의 위세가 이렇게 대단한 줄 몰랐다면 당시 현실이 어떻게 돌아가는지를 몰라도 너무 몰랐던 것이다.

주발은 봉지로 돌아와 문제 11년에 죽었다. 「강후주발세가」에는 주발과 함께 주아부의 생애가 묘사되어 있다. 이유가 없지 않다. 아버지와 아들이 유사하기 때문이다. 아들 주아부가 봉후封侯의 관직을 받지 않았을 때 관상가 허부許負가 그의 관상을 보고 8년 후에 대장과 승상이 되어 국가의 대권을 장악하겠지만 9년 후에는 굶어 죽을 것이라 했다.

실제로 문제의 총애를 얻어 승승장구했다. 강직하게 원칙만을 지켰다. 경제景帝 때에 여러 가지 원한 관계가 생기고 경제와의 관계도 좋지 않게 되었다. 그의 강직한 성격 때문이었다. 경제는 주아부가 자신의 아들을 태자로 세우는 것에 반대했기에 근심했다. 결국 그는 반란을 일으킨다는 모함을 받고 감옥에 들어갔다. 이로 인해 5일간 단식하다가 피를 토하고 죽었다.

주아부는 결국 굶어 죽은 것이다. 사마천은 주발의 공이 이윤이나 주공에 버금간다고 칭찬했지만 주아부에 대해서는 이렇게 평했다. "애석하게도 자신의 재능에 만족하고 배우지 않아 비록 절개는 엄격히 지켰으나 공손하지 못해 마침내 곤궁한 결과가 되었구나. 슬프다."[12]

사마천이 주아부를 평했던 말은 아버지 주발에게도 그대로 적용될 수도 있다. 주발의 재능은 훌륭했지만 배움이 부족하여 좋은 결실을 맺지 못했다. 문제에게 시간을 좀 내달라고 청한 일은 배움이 부족하여 의기양양한 허세에서 나왔을 것이다. 경박한 의기양양함이 주군에게 교만한 기색으로 드러났을 뿐이다.

18세기 영·정조 연간에 호남의 학자 존재存齋 위백규魏伯珪는 그의 『존재집存齋集』 「격물설格物說」에서 주발에 대해 평한다. 주발은 분명 공을 이룬 사람이지만 전적으로 그의 공은 그가 뛰어나서라기보다는 요행이었다. 문제는 위백규가 경박함을 제기하고 있다는 점이다.

만약 주발이 사사로운 의도가 있었던 데다가 경박하고 꾸밈이 많았다면, 자신도 보전하지 못했을 텐데 어찌 사직을 편안하게 할 수 있었겠는가. 그러니 경박함을 두려워해야 한다는 것을 알 수 있다. 그야말로 사람이 경박하면 어디를 가도 되질 않는다.13

위백규는 가정적으로 말하고 있지만 틀린 말은 아니다. 경박함이 주발의 문제였다. 주발은 공을 세웠다는 의기양양함이 있었고 정의를 행하고 있다는 강직함도 있었다. 그 기세등등함이 교만한 기색으로 드러났으니 눈치도 없고 상황도 판단하지 못한 채 문제에게 사적으로 시간을 내달라고 청했던 것이다. 경박함은 사소할지 모르나 자신을 망치고 천하를 혼란케 할 수도 있다.

11

왜 조참曹參은 법률을
바꾸지 않았을까

고蠱괘

1.

타인의 삶에 개입한다는 일은 힘든 일이다. 선의를 가지고 있더라도 하면 할수록 일을 망치는 경우가 많다. 개입과 간섭은 조심스러운 일이다. 차라리 내버려두는 일이 현명한 처사이고 더 나은 결과를 가져오는 경우도 있다. 정치가들이 행하는 정책은 더욱더 그러하다.

조참은 청정淸淨 무위無爲의 정치로 유명하다. 『사기』「조상국세가曹相國世家」에는 조참이 유방과 함께 수많은 전쟁의 공을 세우는 이야기로부터 시작한다. 조참은 군대를 이끌고 출격하여 여러 차례 적군을 대파했다. 적군을 공격하고 대파했다는 것은 그가 무인武人으로서 훌륭한 능력을 가졌다는 점을 증명한다.

한신은 반역죄로 토사구팽 당했고 팽월도 죽임을 당했으며 경포는 반역을 일으켰다가 유방에게 진압되었다. 이들과 달리 장량은 진퇴의 도리를 알았기 때문에 유방으로부터 의심을 받을 짓을 하지 않았다. 멈출 줄 알았고 공을 이룬 뒤에 그 공에 연연하지 않았다. 욕심을 부리지 않고 형세를 판단할 줄 아는 능력이 있었기에 천수天壽를 다할 수 있었다.

소하는 유방이 황제로 등극한 뒤에 승상으로서 내정 일체를 맡게 되었다. 승상인 소하는 오랜 전란으로 황폐해진 국가 안정과 부흥에 헌

신했다. 진秦나라 때 소하는 주리主吏가 되었고 조참은 패의 옥리獄吏
가 되었으니 권세 있는 관리였다. 그렇다면 조참은 어떠했을까?

평양후平陽侯 조참은 패沛 땅 사람이다. 유방의 아들인 유영劉盈, 즉
혜제 원년에 조참은 제나라의 승상으로 임명되었다. 제나라의 도혜왕悼
惠王이 나이가 어려 조참은 장로와 유생들을 전부 불러 백성을 안정시
키는 법을 물었다. 의견이 분분하여 황로학에 정통하다는 개공蓋公을
불러 방도를 물었다. 개공의 답이다.

> 국가를 다스리는 가장 좋은 방법은 청정무위이며 그렇게 하면 백성은
> 저절로 안정된다.[1]

이에 조참은 제나라를 다스리는 강령으로 황로술을 채택했다. 혜제
2년 소하가 죽었다. 조참은 이 소식을 듣고 바로 입궐하여 상국相國이
될 것을 알았다. 조참은 어떻게 상국이 될 줄을 알았을까? 소하가 조참
을 재상으로 추천했던 것이다. 제나라를 떠날 때 후임 승상에게 형옥刑
獄과 시장은 모든 사람이 모여드는 장소이니 신중하게 하되 너무 요란
스럽게 다스리지 말라고 했다.

> 형옥과 시장이라는 곳은 선하건 악하건 모든 사람을 모두 용인해야
> 하는 곳이오. 만약 당신이 요란스럽게 다스린다면 간사한 사람奸人을
> 어찌 용인하겠소? 나는 이 때문에 이 일을 중요한 것으로 우선시한 것
> 이오.[2]

'요란스럽게 다스린다擾之'라고 번역한 말을 음미할 필요가 있다. "형옥과 시장을 요란스럽게 다스리지 말라市獄勿擾"는 말은 시장에 대한 간섭을 줄이고 형벌을 완화하거나 간소화시키라는 뜻이다. 요즘 말로 하자면 민간사회에 대한 국가의 간섭을 최소화시키는 정책을 말한다. 신자유주의 정책이다.

조참은 상국이 되어서도 이런 정책을 실행한다. 조참이 장군이고 소하가 상국이었을 때 둘 사이는 틈이 벌어졌다. 그러나 소하가 죽기 전에 상국으로 추천한 사람은 바로 조참이었다. 조참은 상국이 되어 소하가 제정한 법률을 바꾸지 않고 그대로 따랐다. '소규조수蕭規曹隨'라는 말은 여기서 나왔다. 소하가 만든 법규를 조참이 따랐다는 말이다.

조참의 이런 정책은 황로학과 관련된다. 조참은 상국이 된 뒤에 밤낮으로 술을 마시고 권고를 하는 사람이 찾아와도 술을 권하며 함께 취했다고 한다. 정사를 돌보지 않는 조참을 혜제가 혼냈을 때 조참은 폐하와 고제高帝 중 누가 더 낫냐고 물었다. 혜제는 당연히 고제가 낫다고 답했다. 조참은 또 소하와 자신 중 누가 더 낫냐고 물었다. 혜제는 소하가 낫다고 했다. 조참은 이렇게 답했다.

옳습니다. 고제와 소하가 천하를 평정하고 법령도 이미 밝게 정하셨습니다. 폐하께서는 팔짱만 끼고 계시고 저희는 직분을 지키면서 옛 법도를 따르기만 하고 잃지 않는 것이 또한 좋지 않겠습니까?3

이에 혜제는 "좋소. 이제 그대는 쉬도록 하시오"라고 답했다. 여기서 말하는 '쉬다'고 번역한 '휴休'는 혜제가 조참에게 휴식을 취하라고 한 말이 아니다. 조참에 대한 사마천의 평가는 이렇다. "그러나 백성이 진 秦나라의 혹독한 정치에서 벗어난 뒤에 조참은 백성과 함께 휴식하며 參與休息 무위의 정치를 행했다. 그러므로 천하 사람들은 그가 훌륭하다고 칭찬했다."[4]

사마천이 조참이 '백성과 함께 휴식했다'고 말한 것이 바로 무위無爲 정치다. 무위 정치는 "형옥과 시장을 요란스럽게 다스리지 말라"는 말과 같은 맥락에서 이해할 수 있다. 조참은 소하가 만든 법률을 고치지 않고 팔짱 끼고 무위의 정치를 행했던 것이다.

2.

무위無爲라는 말처럼 많이 알려져 있지만 그 의미가 모호한 단어는 없다. 무위는 무위도식처럼 단지 아무것도 하지 않는다는 뜻은 아니다. 흔히 개입하지 말고 그대로 두라는 의미로 해석하기도 한다. 렛잇비let it be다. 이는 무책임한 방관은 아니다.

일상적으로 무위를 수동적인 방식으로 생각한다. 흐르는 대로 내버려두라. 어떤 대상에게 인위적인 간섭과 조작을 가하지 말라는 의미다. 조잡한 꾀나 잔머리를 가지고 개입하려들지 말라. 사적인 이득이나 계산으로 개입했을 때 오히려 자연스런 흐름을 망친다. 개입하지 말고 어떤 것이든 그것의 자연스러움과 자유를 충분히 발휘하도록 내버려두라.

무위를 어떤 대상이 아니라 자신에게 실천했을 때 인위적이고 가식적인 삶을 버리고 자연스러운 삶을 사는 것이다. 그럴 경우 관습적 규범으로부터의 자유나 복잡하지 않은 단순한 삶을 강조한다. 관습적 규범으로부터 자유롭기 위해서 아무것도 하지 않는 것이 아니다.

관습적 규범이 요구하는 명령과 도덕을 행하려고 애쓰지 말라는 것이다. 혹은 사적인 이득을 위해서 계산하려고 애쓰지 말라는 것이기도 하다. 그러므로 인위적인 행위를 벗어버리고 자연스러운 삶을 행한다는 점에서 행위를 전혀 하지 않는 것은 아니다.

어떤 형태의 행위를 하지 않으면서도 어떤 형태의 행위를 일으키는 것이다. 관습적인 간섭과 조작을 없애버리는 것으로 이해한다면 무위는 능동적으로 어떤 행위를 해야 한다. 어떤 학자는 그래서 무위를 "애쓰지 않기 위해 애쓰기effortless effort"라고 번역하기도 한다.

역설적으로 "아무것도 하지 않지만" 그러나 "무언가를 하는 것"이다. 이러한 무위의 개념을 정치적 영역에서 이해한다면 어떨까? 이렇게 아무것도 하지 않지만 그러나 무언가를 하는 것에 대해 노자는 이렇게 말한다.

> 아무것도 하지 않지만 하지 않는 것이 없다. 천하를 다스리는 것은 항상 의도적으로 행하는 일이 없이 하라. 의도적으로 행하는 일이 있으면 천하를 다스리는 데에 부족하다.[5]

무위는 의도와 계산을 가지고 간섭과 조작을 요란스럽게 행하지 말라는 것이다. 조참은 요란스럽게 다스리지 않고 천하 사람들과 휴식하며 무위의 정치를 행했다. 이는 당시 진나라 말기에서 한나라 초기의 상황과 관련하여 생각해봐야 한다. 한나라 왕조는 진나라를 극복하여 성립한 왕조다. 한 왕조는 진나라의 문제를 극복하고 민심을 수습할 필요가 있었다. 가의賈誼는 「과진론過秦論」에서 진나라의 문제를 단순 명쾌하게 설명한다.

> 진나라가 흥성할 때 법률을 촘촘하게 만들고 형벌을 엄하게 하여 천하가 떨쳐 일어나더니, 쇠퇴해져서는 백성이 원망하고 사해 백성이 반란을 하게 되었다.[6]

한 왕조 초기에는 황로학이 발흥했다. 조참의 무위 정치는 황로학과 관련된다. 진나라는 법률을 세밀하게 하고 형벌을 엄하게 했다. 법률이 너무 엄하면 부작용이 있다. 법을 강제한다면 그것을 피하려고만 하지 자발적으로 행하려고 하지 않는다. 억압 속에서 자발적인 행위는 불가능하다.

이런 맥락에서 한 왕조 초기에 황로학이 등장한 배경에는 진나라의 엄한 형벌과 법률의 폐해를 극복하려는 의도가 깔려 있다. 엄격한 법가에 대한 대안으로 출발된 것이다. 조참이 행한 정치의 핵심은 개공이 말해준 "청정淸靜의 정치이며 그렇게 하면 백성은 저절로 안정된다"는 말에 있다. 청정의 정치가 곧 무위의 정치다. 노자는 또 이렇게 말한다.

> 나는 아무것도 하지 않지만 백성은 스스로 교화되며 나는 고요함을 좋아하지만 백성은 스스로 바르게 되며 나는 일삼지 않지만 백성은 스스로 잘살고 나는 하고자 함이 없지만 백성은 스스로 소박하게 된다.[7]

이 노자의 말을 가지고 법률을 간소화하고 시장에 개입하지 않는 조참의 정책과 연관해서 구체적으로 표현해보자. 국가가 강제로 도덕으로 교화시키려 하지 않아야 민간 사회가 자발적으로 도덕을 행하고 변화한다. 국가가 법률을 세밀하게 만들어 엄격하게 시행하지 않아야 민간 사회가 자발적으로 공정성을 유지한다. 국가가 사업을 벌이지 않아야 민간 사회가 시장의 원리에 따라서 생산력을 늘려 부유하게 된다. 국가가 사치하는 욕심을 줄여야 민간 사회도 자발적으로 소박한 풍속을 만든다.

3.

조참에게서 무위의 정치는 법률을 간소화하고 시장에 대한 간섭을 줄이는 것이다. 요란스럽게 다스리지 말라는 것이다. '요란스럽게 한다'는 말의 의미는 곱씹어볼 필요가 있다. "요란스럽게 하면 간사한 사람姦人을 어찌 용인하겠소?"라는 조참의 말에는 지나친 도덕적 엄격함이나 법률적 엄격함이 도리어 사람들의 삶을 옭죄는 결과를 가져온다는 뜻이 담겨 있다. 내버려두는 정책이 도리어 사람들의 자발성과 통제력을 발휘시킬 수 있다는 말이기도 하다.

조참의 말에서 주목할 말은 간인姦人이다. 간인은 사적인 이익을 위하거나 교활한 사람을 뜻한다. 이런 사람들이 반드시 법을 어기는 사기꾼이나 도덕적으로 악한 사람은 아니다. 고리대금업자나 상인이나 공인들 등 권력과 자본을 가지고 이익을 꾀하는 사람들이다.

고蠱䷑괘

상구효		間艮
육오효		
육사효		
구삼효		손巽
구이효		
초육효		

　군주가 지나치게 도덕적인 근거와 엄격한 법률 조항을 가지고 시장에 개입하고 세밀한 법률을 시행하여 간사한 사람들이 사회에서 일을 하지 못하도록 만드는 정책은 오히려 사회를 불안정하게 만들 수 있다는 말이다. 간인도 사회에서 모두 포용해야 하는 사람이다.

　중요한 점은 조참이 소하가 만든 법률을 개정하지 않고 그대로 시행했다는 점이다. 이것은 어떤 의미가 있을까? 양만리는 『주역』 18번째 괘인 고蠱괘에서 조참의 예를 들고 있다. 고蠱䷑괘는 산풍고山風蠱라고 읽는다. 위에는 산을 상징하는 간艮☶괘와 아래로는 바람을 상징하는 손巽☴괘로 이루어졌기 때문이다.

　괘의 상징으로 보면 산 아래에 바람이 불어 요란하게 산의 나무들이 흔들리는 모습이다. 이는 일을 도모하는 것을 상징한다. '고蠱'라는 글자는 부패되어 혼란하다는 뜻이 있다. 벌레 충蟲과 그릇 명皿으로 이루어진 글자다. 그릇에 벌레가 있는 것은 좀먹고 부패하게 된다는 뜻이다. 사회가 부패되었으니 그것을 개선하려고 일을 도모한다는 뜻이다. 동파東坡 소식蘇軾은 고괘를 이렇게 설명한다.

기구가 오래되어 쓰지 않으면 벌레가 생기는 것을 '고'라고 하고, 사람이 오랫동안 향락과 안일에 빠져 병이 생기는 것을 '고'라고 하며, 세상이 오랫동안 무사태평으로 아무런 일도 벌이지 않아 폐단이 생기는 것을 '고'라고 한다.[8]

이런 맥락에서 안일하게 기존의 질서를 유지하면서 기득권을 즐길 때 사회는 부패한다. 그래서 '고'괘란 부패를 뜻하지만 부패를 개혁하는 상황을 상징한다. 「잡괘전雜卦傳」에서는 "고蠱란 식飾이다"[9]라고 했다. 부패한 일들을 수선하고 꾸며서 다스린다는 의미로 꾸밀 '식飾'이라 했다. 고칠 '수修'의 뜻도 있어서 보수하고 개선한다는 말이다.

「서괘전」에서도 "기쁨을 가지고 사람을 따르니 반드시 어떤 일을 도모하게 된다. 그래서 고괘로 받았다"[10]고 했다. 16번째 괘가 예豫괘로서 기쁨을 상징하고 17번째 괘가 수隨괘로서 따름을 상징한다. 열광적인 지지자들만이 군주를 따라 사회가 안정되면 오히려 복지부동의 안일에 빠져 풍속이 나빠지고 기강이 없어지기 쉽기 때문에 부패를 상징하는 고괘로 이어지는 것이다.

양만리는 태泰☷☰괘가 변해서 고蠱☶☴괘가 되었다고 본다. 그래서 태평성대가 무너진 때가 바로 고괘의 상황이다. 고괘에서 양만리는 육사六四효를 조참에 빗대어 설명하고 있다. 육사효의 효사는 이렇다.

육사효는 관대한 정책을 시행하여 아버지가 남긴 어지러운 일을 처리하니 과감하게 나아가면 부끄러운 일을 당할 것이다六四, 裕父之蠱, 往見吝.

사四의 위치에 육六이라는 음효가 자리했다. 정이천은 이를 이렇게 해석한다. 육의 음은 유순한 자질이다. 유순한 자질로 사라는 음의 위치에서 처신했다는 것은 정도正道를 지켰다는 의미다. 이는 자신의 역량을 헤아려 욕심을 부리지 않고 여유롭고 관대한 정책을 시행하여 아버지의 일을 처리한다는 것을 뜻한다.

욕심을 부려서 감당하지 못할 일을 벌여 일을 처리한다면 부끄러움을 당할 것이다. 새롭게 개혁을 크게 일으킨다면 더욱더 문제가 된다. 육사효는 이런 일을 감당할 능력이 되지 못하기 때문에 자신의 역량에 맞게 맡은 지위에 따라 정도를 걸었기 때문에 흉한 꼴을 당하지 않았다는 말이다.

양만리는 세상이 붕괴된 경우를 두 가지로 구분하여 그에 맞는 정책을 시행해야 한다고 주장한다. 크게 붕괴된 경우는 전면적으로 혁명하는 것이 좋고, 크게 붕괴되지 않았을 경우는 보수하고 개선할 수 있는 것만을 개혁하여 천천히 바꾸는 것이 좋다고 한다.

고괘의 경우는 혁명을 할 만큼 사회가 크게 붕괴된 때는 아니다. 조금 부패하여 개선할 수 있는 경우다. 양만리는 육사효를 사회적 부패가 심하지 않은 경우로 보고 천천히 개선하는 것이 좋다고 설명한다.

혜제惠帝는 개혁을 위해 일을 도모하려 했지만 조참은 무위의 정책을 실행하려고 했다. 그러나 이는 일을 도모하지 않으려는 것이 아니다. 자신이 소하보다 못하다고 스스로 헤아리고 감히 적극적으로 일을 도모하지 않은 것이다. 그러므로 청정무위의 정치를 이루고 안정되고 통일된 정치를 이룰 수 있었다. 이것이 고괘 육사효가 관대하고 너그러운 정책寬裕을 시행하여 감히 과감하게 나아가지 않은 자인 경우일 것이다.11

양만리는 '관유寬裕'라는 말을 써서 관대하고 너그러운 정책을 시행하여 새롭고 강력한 개혁 정책을 쓰지 않았기 때문에 부끄러움을 당하지 않았다고 했다. 이는 조참이 시행한 무위의 정치를 말한다.

그리고 고괘 괘사에서 '나아간다'는 뜻인 '왕往'을 과감하고 용맹하게 나아간다는 말로 해석했다. 그러므로 "과감하게 나아가면 부끄러운 일을 당한다"는 의미가 된다. 그러나 주희의 육사효에 대한 판단은 좀 다르다.

음으로서 음의 자리에 있어 큰일을 할 수가 없으니, 관대하고 너그러운 방법寬裕으로 부패한 상황을 다스리는 상이다. 이렇게 하면 부패한 일이 더욱더 심해지기 때문에 그대로 나아가면 부끄러움을 당하게 된다.12

주희는 육사효를 해설하는 데에 조참의 무위 정책을 예로 들고 있지는 않다. 그러나 '관대하고 너그러운 정책'을 바라보는 시각은 다르다. 주희는 '왕往'의 의미를 양만리와는 달리 "그대로 나아간다"고 풀었다. 그래서 관대하고 너그러운 정책을 그대로 시행하면 안 된다고 설명한 것이다. 주희는 효사를 "그대로 나아가면 부끄러운 일을 당할 것이다"라고 해석하는 것이다.

양만리는 조참이 시행한 청정무위의 정책이 '고'라는 부패한 상황에 적합한 정책으로 보고 있다. 주희는 오히려 청정무위의 정책을 그대로 시행하면 부패한 상황을 개혁할 수 없다고 본다. 전자는 국가의 개입을 최소화하는 정책을 말한다. 주희는 오히려 국가적 개입을 해야 부패한 상황을 개혁할 수 있다고 본다.

'소규조수'라는 말처럼 소하가 법규를 만들었고 조참은 그것을 바꾸지 않고 그대로 따르는 정책을 시행했다. 시장에 개입하지 않고 법률을 세밀하게 만들어 가혹한 정치를 펴지 않는 것이었다. 조참은 무위의 정책을 실행하려고 했던 것이지 일을 도모하지 않으려는 것이 아니라고 주석을 달고 있는 양만리의 판단에 주목해야 한다. 안 하려는 것도 아니고 못하는 것도 아니다. 오히려 안 했기 때문에 안정되고 통일된 정치를 이룰 수 있었다는 말이다.

양만리는 안 한 것의 이유를 "자신이 소하보다 못하다고 스스로 헤아리고 감히 적극적으로 일을 도모하지 않은" 것이라고 했다. 자신의 처지와 한계를 명확하게 헤아릴 줄 아는 자기 파악 능력이다. 정이천도 자신이 "감당하지 못할 일을 벌여 일을 주관하면 부끄러움을 당할 것"이라고 육사효의 한계를 지적했다.

이중톈은 『초한지 강의』에서 '정확한 자기 파악 능력'이 조참의 지혜로운 처세술이라고 말하고 있다. 이것이 도가가 말하는 '합당한 곳에 멈출 줄 아는' 지혜인 지지知止다. 조참은 개공으로부터 황로학과 도가의 지혜를 배워 처세술과 정치술이 노련해졌던 것이다. 양보와 관용이 조참의 처세술의 핵심이다. 정이천의 제자 양구산은 이런 맥락에서 이렇게 평한다.

후세에서 본다면 조참 같은 사람은 극기克己에 능한 자라 할 수 있다. 조참을 살펴보면 본래 무인武人으로 견고한 적진을 공격하고 적군을 함락시키는 것이 그의 훌륭한 점이었다. 그런데 나라를 다스리고 천하를 다스리는 일에 이르러서는 청정과 무위로 정책을 삼았으니 기질이 완전히 변한 것이다.13

사마천의 기록에 따르면 조참이 한나라 상국이 된 지 3년 만에 죽자 백성이 이런 노래를 불렀다. "소하가 만든 법률이 마치 한 일一자를 그어놓은 듯 명확했네. 조참은 이를 이어 지키고 바꾸지 않았다네. 청정무위의 정책을 시행하니 백성은 한결같이 편안했네."14

4.

청정무위의 정책은 분명 국가가 시장에 개입하지 않고 법률을 세밀하게 하여 민간 사회를 억압하거나 간섭하지 않은 정책이다. 자유방임 정책이라 할 수 있고 어쩌면 현대적으로 신자유주의 정책과 유사할지도 모른다. 조참이 상국을 맡아서 청정무위의 정책으로 3년 동안에 다스린 기간을 대체로 태평성대라고 평한다.

한나라 초기를 문경지치文景之治라고 한다. 문제文帝와 경제景帝가 이룬 태평성대를 말한다. 역사적으로 문제와 경제는 모두 '백성과 함께 휴식을 취한다與民休息'는 정책을 시행했기에 사회 질서는 안정되었고 태평성대를 이루었다고 평가된다.

그러나 언제나 역사의 이면은 있다. 문제와 경제 시절에는 농업의 생산력이 발전하고 경제가 발전했지만 사실 이는 당시 상인과 공인들을 부유하게 만들었던 것이다. 이들은 농민의 토지를 겸병하고 농민은 오히려 소작인과 노예가 되는 경향이 증가했다. 대토지를 소유한 자들이 호족 행세를 하여 토지세로 그들은 부를 축적했고 농민들은 몰락해갔다. 문경지치가 태평성대라고는 하지만 농민 봉기가 많이 일어났던 것도 이유가 없지 않았던 것이다.

다산茶山 정약용丁若鏞은 조참이 청정무위 정치를 시행하게 된 이유를 『경세유표經世遺表』「방예초본인邦禮艸本引」에서 이렇게 묘사하고 있다.

> 조참은 청정무위의 정치로 재상 자리에 있었는데 한나라는 덕도 없이 일어나서 가혹한 진나라의 대를 이었다. 그러므로 조금만 요란스럽게 다스리면 백성이 장차 무리지어 일어나서 난동을 일으킬 것이므로 형세상 부득이하게 작은 생선 요리하듯이 하는 정책을 법도로 삼을 수밖에 없었을 뿐이다.15

번잡하고 가혹하게 다스릴 경우 난동이 우려돼 청정무위의 정치가 행해졌을 뿐이라는 것이다. 주목할 표현은 작은 생선 요리 하듯이 하는 정책이라고 한 대목이다. "큰 나라를 다스릴 때는 작은 생선 요리 하듯이 한다"16는 말은 노자의 말이다. 왕필은 이렇게 주석했다.

> 요란스럽게 다스리지 않는 것이다. 성급하게 정책을 벌여 다스리면 해

로움이 많아지고 청정무위의 정치를 행하면 온전해진다. 그러므로 나라가 크면 클수록 군주는 더욱더 청정무위의 정책을 시행한 뒤에야 사람들의 마음을 얻을 수 있다.17

조참이 시장에 개입하지 말고 형벌을 줄이는 관대하고 너그러운 정책을 펼치라고 했을 때 간사한 사람들도 허용할 수 있어야 된다고 했다. 이 간사한 사람들은 과연 누구일까. 농민들에게 토지세를 빼앗아 부를 축적했던 상인과 공인의 호족 세력들이 아니었을까? 정조正祖는 이를 알고 있었던 것인지도 모른다. 『홍재전서弘齋全書』「경사강의經史講義 · 한혜제漢惠帝」부분에서 정조는 이렇게 묻고 있다.

간사한 사람은 백성의 적이다. 정치를 함에 있어 반드시 간사한 자를 제거하기에 힘쓰는 것은 백성을 보호하기 위한 것이다. 조참이 제나라를 떠나면서 '감옥과 시장을 요란스럽게 다스리지 말라'고 경계하여, 간사한 자들이 용납되는 곳이 없게 될까 두려워했다. 그 방법을 따른다면 물정物情에 괴리되고 민심에 어긋나 도리어 동요를 일으키게 되지 않겠는가? (…) 시장에 간사한 자를 용납하는 것은 감옥에 이익을 뿌려놓고 간사한 사람을 용납하는 것과도 같은 일이어서, 양민들은 손을 쓰지 못하고 문리文吏만이 그 사사로운 일을 이루게 될 것이다.18

정조가 조참에 대해 질문했던 핵심은 이것이다. 한나라가 청정무위의 정치를 행하여 천하가 태평성대를 이루었다는 점에서 소하와 조참은 훌륭한 재상이다. 그러나 그 장점을 취하더라도 간사한 사람들이 세상을 어지럽게 해서 농민의 삶을 황폐하게 만드는 병통의 근원을 분별해야 한다는 점이다.

청정무위의 정치는 장점이 될 수도 있고 병통의 근원이 될 수도 있다. 시장과 사회에 개입하거나 간섭하지 않고 자율적으로 내버려두는 정책도 마찬가지다. 그러나 노자가 말하는 무위의 정치는 역설적이다. "아무것도 하지 않지만 하지 않는 것이 없다無爲而無不爲."

이는 아무것도 하지 않는 것이 아니다. 아무것도 하지 않는 척하면서 다른 일을 도모하고 있는 것인지도 모른다. 조참의 청정무위 정치가 일으킨 효과는 농민들의 삶이 피폐해지는 것이었고 그것은 농민 반란을 불러왔다. 정말 조참의 청정무위의 정책은 아무것도 하지 않는 정치였을까?

왜 조조晁錯는
목이 베였을까

혁革괘

1.

　무엇을 바꾼다는 일, 그것만큼 힘든 일이 있을까. 자신과 관련된 사소한 일에서부터 타인의 무엇까지, 더 넓게는 세상을 바꾸는 일에 이르기까지 견고하게 굳어진 일을 바꾼다는 일은 어렵다. 타인의 삶을 바꾼다는 것조차도 어려운 일인데 이해관계로 얽힌 권력집단의 견고함을 섣불리 개혁하는 일은 자칫 잘못하다가 화를 자초할 수 있다. 신중해야 할 일이다.

　바로 화를 자초한 인물이라고 평가받는 인물이 있다. 전한前漢 시대 억울하게 죽임을 당한 조조鼂錯다. 조조晁錯라고 하기도 한다. 조조는 영천潁川 사람으로 신불해申不害와 상앙商鞅의 형명학刑名學을 공부했다. 형명학이란 엄격한 형법으로 백성을 다스려야 한다는 학문이다. 형명학은 법을 엄격하게 적용하는 법가 사상이다. 정치학과 법학에 가깝다.

　춘추전국시대 이래로 법가 계열은 귀족 계급의 강고한 집단의 부패를 개혁하려는 변법變法을 주장했다. 조조도 개혁가에 가깝다. 조조는 젊은 시절부터 학문이 뛰어나 태상장고太常掌故가 되었다. 조조는 문제文帝에게 상소하여 "군주가 높이 드러나고 공명이 만세 후까지도 드날리는 까닭은 술수를 알기 때문"이라고 하여 술수術數를 주장했다. 구체적인 내용은 이런 것이다.

> 군주가 신하를 통제하고 그 무리를 다스리는 방법을 알면 신하들은
> 두려워하며 복종하고 말을 듣고, 일을 처리하는 방법을 알면 감히 속
> 이거나 감추지 못합니다. 만백성을 이롭게 하고 안정시키는 방법을 알
> 면 천하가 반드시 복종하며, 충효로 윗사람을 섬기게 하는 방법을 알
> 면 신하의 행동이 갖추어집니다.[1]

조조가 말하는 '술수'란 신하를 통제하고 나라를 다스리는 방법이
다. 군주가 권력을 확장하여 지방 제후들을 장악하기 위해서는 술수가
필요했다. 조조는 뛰어난 논변으로 문제의 아들인 태자의 총애를 받았
다. 그가 바로 경제景帝다. 태자는 그를 지낭智囊, 즉 지혜의 주머니라고
불렀을 정도였다.

사마천은 조조의 사람됨을 '초직각심峭直刻深'이라는 말로 표현했다.
엄격하고 강직하며 각박하고 잔혹하다는 의미다. 성격이 매섭고 강경하
며 모질고 냉혹하다는 말이다. 실제로 조조를 싫어하는 사람이 많았다.
당연한 일인지도 모른다. 개혁 정책을 펴는 조조가 기득권 세력에게는
눈엣가시였을 것이다.

강직한 성품으로 직간을 두려워하지 않았던 원앙조차도 조조와 사
이가 좋지 않았다. 사마천의 「원앙조조열전袁盎晁錯列傳」에 따르면 조조
가 머물고 있는 자리에서는 원앙이 일어나 나갔고, 원앙이 앉아 있으면
조조 역시 자리를 떴으므로 두 사람은 한 자리에서 이야기를 나눈 적
이 없었다.

안타까운 일은 원앙과 조조 모두 비운의 죽음을 당했다는 점이다. 원앙은 후사의 문제로 양나라의 원한을 샀다. 양나라 왕은 자객을 사서 원앙을 죽이려 했다. 자객은 원앙의 인물됨이 범상치 않음을 알았다. 원앙에게 양나라 왕한테 돈을 받고 죽이려고 했으나 덕이 있는 분이라 죽일 수 없다고 고백하고 몸조심하라고 충고했다. 하지만 원앙은 성문 밖에서 자객에 의해 죽고 만다.

사마천은 조조는 국가의 장래를 근심하여 계책을 세웠다가 화를 당했고 원앙은 모략에 능하고 유세를 잘해 총애를 받았지만 오히려 치욕스런 죽음을 당했다고 한탄했다. 그리고 이렇게 말하고 있다. "권모에 앞장서지 말라. 재앙을 입게 된다."[2]

사마천은 조조를 국가의 장래를 근심하다가 화를 당했다고 하면서도 왜 "권모에 앞장서지 말라權首"고 했을까. 사마천이 '권수權首'라고 표현한 말은 교활한 권모술수를 쓰지 말라는 뜻은 아니다. 주동자로서 먼저 계책을 내어 일을 벌이지 말라는 뜻이다. 계책을 떠벌리며 호들갑스럽게 앞에 나서지 말라는 말이다.

그렇다면 조조는 왜 목이 베였을까. '권수權首'라는 말의 수首란 머리를 뜻한다. 우두머리라는 뜻이기도 하고 앞장선다는 의미이기도 하다. 머리가 베어졌다는 것은 의미심장하다. 조조는 어떤 권모를 가지고 어떻게 먼저 나서서 일을 벌이다가 화를 당하게 된 것일까.

2.

사람들은 조조가 전한 시기에 문제와 경제를 도와 문경지치를 이루었다고 평가한다. 여후가 세운 소제少帝를 몰아내고 새롭게 세운 황제가 문제다. 문제 시대의 대외 정책과 국내 정책에서 중요한 계책을 내놓은 인물이 조조였다. 경제 때에는 어사대부御史大夫가 되어 최고 관직에 올랐다. 이때 경제에게 지방 제후들의 권력을 축소시키는 계책을 내놓았다.

이것이 유명한 삭번책削藩策이다. 삭번이란 지방 세력들인 번왕藩王들의 위협을 제거하는 정책이다. 조조는 문제 때에도 제후의 권력을 약화시키는 법을 건의했었다. 경제 때에는 제후국들의 세력이 날로 커졌다. 경제력뿐만 아니라 군사력까지 막강해져서 제후국을 이대로 두면 황제를 무시하고 천하가 분열될 위험이 있기 때문이다.

삭번책은 일종의 개혁 정책이었다. 기득권의 세력을 억누르고, 재화를 고르게 분배하고, 천하의 정의를 세우자는 것이었다. 제후국으로부터 미움을 받게 되는 것은 당연하다. 제후국들 가운데 가장 반발한 것은 유씨 집안에서 명성이 높았던 오吳왕 유비劉濞였다. 오왕 유비는 고조 유방의 형인 유중劉仲의 아들로 황실의 원로였다.

『사기』「오왕비열전吳王濞列傳」에 보면 유방이 비를 불러 관상을 보고 나서 "너의 얼굴에는 모반의 상이 있다"고 했다. 오왕 비는 몰래 돈을 주조하고 바닷물을 끓여 소금을 만들었다. 그래서 백성으로부터 세금을 걷지 않아도 나라의 살림이 넉넉했다. 그러나 이는 황제의 입장에서는 위협적인 일이었다.

문제 때에는 오나라 태자가 천자를 뵙고 황태자와 술을 마시고 장기를 두었는데 오나라 태자가 오만불손하여 황태자가 장기판을 집어던져 오나라 태자를 죽이고 말았다. 오왕 유비가 분노한 것은 당연하다.

이때부터 제후로서 예를 잃고 병을 핑계로 조정에 나가지 않았다. 조조는 오왕 비의 오만방자함을 지적하며 봉지를 깎아도 반란을 일으킬 것이고 깎지 않아도 반란을 일으킬 것이라며 강력하게 삭번을 주장했던 것이다.

오왕 유비를 중심으로 일어난 것이 바로 오초칠국吳楚七國의 난이었다. 조조를 명분으로 반란을 일으킨 것이지만 사실 조조 때문이 아닌지도 모른다. 오왕 유비는 반란을 일으키려고 이전부터 준비했던 것이다. 경제는 원앙을 불러 계책을 물었다.

평소 원앙은 조조에게 불만을 가졌던 인물이다. 원앙은 반란을 일으킨 이유는 조조가 황제와 왕들을 이간시켰기 때문이라고 주장했다. 그래서 조조의 목을 베고 일곱 나라를 용서하고 봉지를 회복시켜주면 반란군은 흩어질 것이라고 했다. 경제는 승낙했다.

경제는 조조를 불러 수레에 태우고 장안 동쪽 저자거리에서 처형시켰다. 조조는 그때까지도 경제를 믿어 의심하지 않았다. 경제의 부름에 조복朝服을 입고 나갔다고 기록되었는데 이는 경제가 자신을 죽일 것이라는 생각은 전혀 하지 못했음을 반증한다.

사실 조조를 그렇게 죽일 필요까지는 없었다. 조조는 개혁 정책을 추진하려다가 제후들의 미움을 받았다. 개인적 원한을 품은 원앙이 꾀를 부렸다. 경제는 조급하게 판단하여 실책을 저질렀다. 조조는 억울하게 죽임을 당한 것이다.

그러나 조조는 원래 적이 많았다. 재상이었던 신도가申屠嘉도 조조와 다투다가 화병으로 죽었다. 재상 두영과 사이가 좋지 않았고 원앙과는 서로 쳐다보지도 않았다. 조조는 경제 때 어사부가 되어 오나라 왕으로부터 원앙이 뇌물을 받은 죄를 조사하여 벌을 주려했던 일도 있다. 또한 제후들로부터 미움도 받았다. 조조가 죽임을 당할 때 아무도 조조를 위해 간언한 사람은 없었다.

조조가 개혁 정책을 시행하자 조조의 아버지가 그 소문을 듣고 올라와 세상 모든 사람이 비난하고 원망하는 일을 왜 하냐고 꾸짖었다. 천자는 존경받고 종묘사직은 안정될 것이라고 했지만 아버지는 유씨 집안은 편안하게 되겠지만 조씨 집안은 위태로워졌다며 스스로 약을 마시고 목숨을 끊었다.

조조가 죽고 난 뒤 등공鄧公이 교위校尉가 되어 반란군을 진압했다. 등공은 경제 앞에서 조조를 위해 변론한다. 오왕 비는 조조를 죽인다는 명분을 앞세웠지만 오래전부터 반란을 준비했다. 조조는 제후들의 세력을 꺾어 천자의 존엄을 높이려 했던 것이다. 이는 만세에 걸친 이익을 도모한 일이다. 조조를 죽인 것은 안으로 충성스런 신하들의 입을 틀어막는 일이고 밖으로는 제후들의 원수를 갚아준 꼴이다. 경제는 후회했다.

등공의 말처럼 조조가 이루려고 했던 개혁 정책은 부패한 기득권 세력인 제후들의 세력을 꺾는 정의로운 일일 수 있다. 그러나 지나치게 엄격하고 조급하고 각박하게 시행하려다보니 적을 너무 많이 만들었던 것은 아닐까. 사마천은 "제후가 반란을 일으켰는데 서둘러 해결하지 않고 사사로운 원한을 갚으려다가 도리어 자신의 몸을 망치고 말았다"[3]고 평가했다. 왜 조조는 목이 베였을까.

3.

정신혁고鼎新革故라는 말이 있다. 사전적 의미는 낡은 것을 새것으로 고친다는 뜻이다. 이 말은 원래 옛 왕조를 무너뜨리고 새 왕조를 세운다는 말이기도 하다. 여기서 주목할 말은 '정鼎'과 '혁革'이라는 말이다. 왜 이 두 말이 조합되었을까. 이는 『주역』과 관련된다.

'정'이란 솥을 의미한다. '정'이란 옥새玉璽처럼 군주의 권위를 상징하는 물건이었다. 고대 중국 사회에서 '정'은 중요한 예기禮器였다. 신분을 나타내고 정치적 권위를 상징하는 물건이었다. 신분에 따라 크기와 형태에 차이가 있었다.

'정'을 옮기는 것은 곧 나라를 잃는다는 상징적 의미를 지녔다. 그래서 정혁鼎革이라는 말은 썩은 왕조를 뒤집어엎고 새로운 왕조를 창건한다는 뜻이기도 하다. 주역에는 정鼎䷱괘가 있다. 50번째 괘로서 화풍정火風鼎이라고 읽는다. 불을 상징하는 이離☲괘가 위에, 바람을 상징하는 손巽☴괘가 아래에 놓여 이루어졌기 때문이다.

가마솥은 안정을 상징한다. 안정된 새로운 왕조가 세워지는 것을 뜻하기도 한다. 또한 가마솥의 용도는 사물을 변화시키는 것이다. 날 것을 변화시켜서 익힌 것으로 만들고, 딱딱한 것을 변화시켜 부드러운 것으로 만든다. 사물을 변화시키기 때문에 50번째가 정괘이고 49번째가 바로 혁革괘다.

혁괘는 변혁을 상징한다. 혁명이다. 택화혁澤火革이라고 한다. 혁革䷰괘의 모양이 연못을 상징하는 태兌☱괘가 위에 있고 불을 상징하는 이離☲괘가 아래에 있기 때문이다. 연못과 불은 물과 불이다. 물이 위에

혁革䷰괘

상육효		
구오효		태兌
구사효		
구삼효		
육이효		이離
초구효		

있어 아래로 흐르고 불이 아래에 있어 위로 타오르니 서로 만나 갈등한다. 불이 타오르면 물이 마르고 물이 쏟아지면 불이 꺼질 수 있다.

49번째 괘가 혁괘라면 48번째 괘는 정井䷯괘다. 우물을 상징하지만 원천을 뜻하고 인간의 덕德을 의미한다. 우물은 그대로 방치하면 더러워져 못쓰게 된다. 청소하고 관리하고 변화시키면 맑고 깨끗한 물이 끊임없이 솟아오르니 우물은 변혁하지 않을 수 없다. 그래서 48번째 정괘 다음에 49번째 혁괘가 이어지는 것이다.

물과 불은 서로 다투면서도 변화를 생성한다. 물이 불을 없애려 하고 불은 물을 가열하여 없애려 하니 서로 변혁하는 것이다. 불의 성질은 위로 올라가려 하고, 물의 성질은 아래로 내려가려 해서 서로 어긋나면서 대립한다. 변혁은 이렇듯 갈등과 대립을 통해 소통하면서 이루어진다.

혁괘는 이離괘 태兌괘로 이루어졌다. 이괘는 밝음으로서 명철한 인식인 '명明'을 상징하고 태괘는 사람들에게 주는 기쁨인 '열說'을 상징한다. 그러므로 변혁은 명철한 인식에 근거하여 이루어질 때 경거망동하지 않을 수 있고 외적인 형세와 시세의 흐름에 따라 이루어질 때 강압적이 않을 수 있다. 혁괘가 이괘의 밝음과 태괘의 기쁨으로 구성된 것은 변혁의 성격을 상징적으로 드러낸 것이다. 혁괘의 괘사는 다음과 같다.

변혁은 하루가 지나야 믿게 되니, 크게 형통하고, 정도를 굳게 지키는 것이 이로우니, 후회가 없다革, 已日乃孚, 元亨, 利貞, 悔亡.

변혁은 옛것을 변화시키는 것이다. 옛것을 변화시키면 사람들이 성급하게 새로운 것을 받아들이거나 믿을 수가 없다. "하루가 지나야 믿게 된다"는 말은 하루아침에 변혁을 이룰 수는 없다는 말이다. 혁명일지라도 혁명을 가능케 하는 조건들이 성숙되고 역량이 충분하게 갖추어진 뒤에 이루어져야 사람들이 믿고 따른다는 말이기도 하다.

변혁이란 앞당길 수도 없고 늦출 수도 없는 일이다. 아직 변혁해서는 안 되는 때에 조급하게 실행해서도 안 되고 변혁해야 하는 때를 미룰 수도 없는 일이 바로 변혁이다. 혁괘 「단전」에서는 이렇게 말한다.

천지가 변혁하여 사계절이 이루어지며, 탕왕과 무왕이 혁명하여 천명에 순응하고 사람들에게 호응했으니, 변혁의 때가 크구나!4

천명天命을 따른다는 것은 때를 아는 것이다. 때는 현실적 조건을 분명하게 아는 밝은 지혜와 관련된다. 시세와 형세를 알아야 한다. 사람들과 호응했다는 말은 인정에 어긋나지 않아 사람들이 기뻐한다는 것이다. 혁괘는 이괘와 태괘로 이루어졌다. 바로 명철함과 기쁨이다.

변혁이 어려운 이유는 다른 데에 있지 않다. 안으로 현실적 조건을 아는 밝은 지혜와 밖으로 사람들을 감동시킬 줄 아는 기쁨이 없다면 불가능하다. 조조는 과연 이 두 가지를 모두 충족했을까? 양만리는 혁괘의 초효에서 조조를 예로 들어 설명하고 있다. 혁괘 초구初九효의 효사는 간단하다.

초구효는 황소 가죽으로 단단히 묶는다初九, 鞏用黃牛之革.

황黃은 가운데 중中의 색이고, 소는 순하디 순順한 동물이다. 중색은 중도의 균형감이고 순함은 이치를 따르는 유연성이다. 정이천은 초구효에서 혁명과 변혁을 이루는 데에 중요한 요소들을 설명하고 있다. 변혁을 이룰 수 있는 요소는 때, 지위, 역량이다. 그럴 만한 때가 있고 지위가 있고 역량이 있어야 한다. 이 모든 것을 갖추고도 형세와 시세를 살펴 깊이 사려하고 신중하게 행해야 후회가 없는 것이다.

초구효에서 초初는 지위로 말하자면 가장 아래에 위치해 있고 때가 아직 오지 않았고 도움을 줄 호응 세력도 없다. 게다가 구九인 양효는 조급하여 형세와 시세를 살피고 신중하게 행하지 않는 자다. 경거망동하는 것이다. 때문에 과도하게 강하게 행하기보다는 균형감각을 이룬 '중中'과 형세와 시세를 따를 줄 아는 능력으로서 유연한 '순順'이 필요하다고 정이천은 평가하고 있다. 양만리도 이런 맥락에서 다음과 같이 설명한다.

여섯 가지 효의 말을 보면 성인이 변혁을 두려워한다는 점을 더욱더 알 수 있다. 초구효는 변혁의 때가 오지 않음을 경계했고 육이효는 혁명의 독단을 경계했고 구삼효는 혁명의 조급함을 경계했고 구사효는 혁명의 의구심을 경계했고 상구효는 혁명의 과도함을 경계했다. 다섯 가지의 경계는 상세하니 그런 연후에야 구오효는 점을 치지 않고 결단하는 것이다. 초구효는 혁명의 시초이니, 변혁의 시초에 성급하게 변혁할 수 있겠는가? 가능하지 못하다. 마땅히 굳게 지키고 단단히 인내해야 하니, '황소 가죽으로 단단히 묶는다'는 것이다. 「상전」에서 '행하지 못한다'고 말하지 않고 '행해서는 안 된다'고 한 것은 경계가 엄격한 것이다. 이것으로 경계했으니 조조가 7국의 봉토를 삭감하여 재앙을 당한 것과 같다.[5]

조조가 이루려고 했던 변혁의 이상은 정의로운 일이었는지도 모른다. 양만리가 문제 삼고자 하는 것은 때다. 아직 변혁을 강행할 때가 아니다. 사람들의 호응과 기쁨을 얻을 수 있는 균형 감각이 없었고 형세와 시세를 판단하여 천명을 기다리고 따를 줄 아는 유연성도 부족했다. 오히려 변혁이 일어날 수 있는 토양과 조건을 일구며 때를 기다려야 했다. 인내해야 했고 뜻을 지켜야 했다. 황소 가죽으로 단단히 묶어야 했던 것이다.

4.

서글픈 일이지만 하늘에서 이루어진 것이 땅에서 이루어지기는 어렵다. 하늘은 높고 푸르지만 땅은 험난하기도 하고 평탄하기도 하며 복잡한 지형과 장애들로 가득하기 때문이다. 마찬가지다. 하늘같은 이상이 정의롭고 도덕적이라 해도 땅의 현실에 뿌리내리지 못하면 썩을 뿐이다.

양구산은 조조가 문제에게 군주는 반드시 술수를 알아야 한다고 말한 것을 비난한다. 그것은 정치의 본질을 모르는 것이다. 왜냐하면 "천하는 큰 그릇과 같아서 군주 혼자만의 지혜와 힘으로 감당할 수 있는 것이 아니기" 때문이다. 군주 한 사람의 지혜와 힘으로 정치를 할 수 없다.

양구산은 또한 경제가 조조를 죽인 것을 비난하고 있다. 하지만 동시에 조조가 화를 자초한 측면도 지적한다. 변혁을 이루기 위해서는 주변 신하들과 제후들을 먼저 설득하고 이해시켜야 한다. 조조에게는 그런 능력이 없었던 것이다. 정치는 혼자만의 능력으로 이루어지지 않는다. 어사대부라는 막중한 임무는 그의 재능을 넘어서서 감당하지 못할 지위였던 것이다.

> 조조는 그들 마음을 복종시킬 만한 큰 덕이나 무거운 인망도 없으면서 강제로 계책을 세웠으니 난리를 불러들이고 재앙을 얻은 것이 괴이한 일이 아니다.6

덕과 인망도 없으면서 높은 자리에 올라 주변의 사정과 형세도 파악하지도 못한 채 성급하게 일을 도모해서 재앙을 얻은 사람이 조조다. 좋은 의도일지라도 파국을 맞이하거나 나쁜 결과를 맺는 경우는 비일비재하다. 좋은 의도만으로 좋은 결과를 맺을 수는 없다. 다른 어떤 것이 필요하다.

많은 사람은 조조의 억울함을 호소했다. 대표적으로 『동문선』에서 이규보는 「조조를 위하여 억울함을 신원하는 논爲鼂錯雪寃論」을 썼다. 이규보는 제후의 세력이 강대해져서 중앙에서 이를 견제하기가 어려울 것을 염려하여 삭번책을 쓴 것이니 조조는 충성된 사람이라고 전제하면서 경제의 잘못들을 하나하나 지적하고 있다. 이규보는 이렇게 평한다.

> 이러므로 나는 경제의 밝지 못함을 비난하여 이것으로 조조의 깊은 억울함을 설욕하려는 것이다.[7]

이규보가 평했듯이 조조는 억울한 점이 없지 않다. 그러나 억울함 때문에 조조의 잘못과 어리석음이 없어질 수는 없다. 또 다른 많은 사람은 조조의 잘못을 여러 방면에서 지적했다. 사마천은 "제후가 반란을 일으켰는데 서둘러 해결하지 않고 사사로운 원한을 갚으려다가 도리어 자신의 몸을 망치고 말았다"고 평가했다.

사마천이 말하는 사사로운 원한은 원앙과의 문제다. 조조와 원앙 사이는 좋지 않았다. 조조는 오초칠국의 난이 일어났을 때 원앙을 죽이자고 주장했다. 원앙이 오나라 승상을 지냈기 때문이다. 당연히 이 소식은 원앙의 귀에 들어갔다. 파직 당한 원앙은 황제를 만날 자격이 없었으므로 두영竇嬰을 찾아가 부탁한다.

두영은 경제에게 원앙을 불러들이라고 했다. 원앙은 경제에게 독대를 요구했다. 그 자리에서 원앙은 조조를 죽이는 방법밖에 없다고 간언했고 경제는 원앙의 말을 받아들여 조조를 참수했던 것이다. 경제의 판단은 분명 잘못이었지만 조조가 자초한 점도 없지 않았다.

이중톈은 『초한지 강의』에서 조조의 문제점을 몇 가지로 지적한다. 먼저 인간관계에 소홀했다. 조정 대신 및 제후들과의 관계가 매우 나빴다. 사마천도 원앙과 수많은 공신이 조조를 미워했다고 했다. 혼자서는 어떤 일도 할 수 없다. 이렇게 고립된 처지에 놓이게 된 원인은 정치적 견해가 맞지 않았기 때문이기도 하지만 조조의 모난 성격 때문이기도 하다.

조조의 성격은 엄격하고 강직하며 각박하고 잔혹했다. 성격이 매섭고 강경하며 모질고 냉혹하다는 말이다. 융통성이 없는 것이다. 그러므로 이중톈은 조조가 앞만 보고 매진했던 불굴의 정신도 문제점으로 보고 있다. 정치가는 원칙 뿐 아니라 융통성도 갖추어야 하는데 타협과 양보를 모르는 고집 때문에 일을 그르쳤던 것이다.

조조는 너무 성급했다. 도와주려는 세력은 아무도 없었다. 나라를 위하는 훌륭한 이상이 있더라도 고립을 자초하고 뜻을 함께 할 세력이 없다면 공을 세우기는 어렵다. 동파 소식은 「조조론晁錯論」에서 천하의 사람들이 조조가 충성을 다하다가 화를 당한 일을 슬퍼하기만 하고 조조가 그 화를 자초했음을 알지 못한다고 했다. 모든 것이 조조의 잘못이라 할 수는 없겠지만 그가 참수를 당하게 된 데에는 스스로 자초한 면이 없지 않았다.

조선 17세기 계곡谿谷 장유張維라는 사람이 있다. 그의 『계곡집谿谷集』에 묶인 『계곡만필谿谷漫筆』 가운데 '조조가 어버이를 저버리고 예를 무시하여 인륜에 죄를 지었다晁錯忘親蔑禮得罪人倫'는 글이 있다. 장유는 조조의 다른 죄를 꾸짖고 있다.

조조가 개혁 정책을 시행했을 때 조조의 아버지가 그 소문을 듣고 올라와 조조를 꾸짖고 스스로 목숨을 끊었던 일이 있다. 그때 아버지는 유씨 집안은 편안하게 되겠지만 조씨 집안은 위태로워졌다고 하며 "나는 차마 내 몸에 화禍가 미치는 것을 보지 못하겠다"며 죽었다.

장유는 조조가 한 나라를 위해 계책을 꾀한 것으로 말하자면 그 뜻이 정말 충성스러웠다고 하겠지만 자기 때문에 아비가 스스로 목숨을 끊은 것으로 보면 씻을 수 없는 죄를 지었다고 주장한다. 아버지가 죽고 나서 한 달도 채 안 된 때에 상복을 입고 상례를 치르기는커녕 태연자약하게 삼공三公의 일만 수행한 것은 인간으로서 못할 짓이라고 꾸짖는다. 그리곤 이렇게 끝을 맺는다.

조조의 죽음과 관련하여, 옛사람들 대부분이 그의 원통함만 일컬을 뿐 그가 어버이를 잊고 예법을 무시하여 인륜人倫에 죄를 얻은 사실에 대해서는 아무도 언급하지 않았기에, 내가 특별히 이를 논해두는 바다.8

13

왜 두영竇嬰은 소송을
멈추지 않았을까

송訟괘

1.

조선시대 문인 장유의 『계곡집』에는 이런 시가 있다.

권세 있는 자리는 흥망성쇠 따르는 법 勢位迭衰盛

영웅도 뜻대로는 되기가 어려워라 英雄難自由

간난신고 겪을 때는 감정 북받치기 쉬운 법 艱難易感激

한 잔 술에 마침내 원수가 되었도다 盃酒成仇讐

대장부 의기를 중히 여겨서 丈夫重意氣

목숨도 가벼이 던져 주는데 輕將身命酬

가련타 관중유 어쩌하다가 可憐灌仲孺

끝내 위기후에 누를 끼쳤나 終累魏其侯

이 시에는 한나라 문제와 경제 때의 세 인물의 이야기가 담겨 있다. 관중유灌仲孺 관부灌夫, 무안후武安侯 전분田蚡 그리고 위기후魏其侯 두영竇嬰이다. 이 세 사람의 이야기는 『사기』 「위기무안후열전魏其武安侯列傳」에 자세하게 기록되어 있다.

두영은 문제의 황후 두태후의 사촌 오빠의 아들이다. 오초칠국의 난을 평정한 뒤에 위기후로 임명되었다. 전분은 경제의 황후와 어머니만 같은 동생이다. 경제 3년에 무안후로 봉해졌다. 두영과 전분은 모두 외척 세력이었다. 관부는 관장군으로 영음 사람이며 자는 중유仲孺다. 이 세 사람이 만들어낸 재앙과 비극에 대해 장유는 한탄하고 있는 것이다.

『사기』의 기록에 따르면 경제는 두영을 "경박하여 스스로 득의만만하고 경솔함이 많아서 중책을 맡기기 어렵"[1]다고 평가하고 있다. 물론 이는 경제의 평가일 뿐이다. 두영의 인품을 엿볼 수 있는 일화가 있다.

첫째는 양梁나라 효왕孝王을 위한 술자리에서 일어난 일이다. 양나라 효왕은 경제의 동생으로 두태후의 아들이었다. 이때 아직 태자를 세우지 않았는데 경제는 술이 취해 자신이 죽은 뒤에 효왕에게 황제의 자리를 전하겠다고 했다.

두태후는 좋아했지만 두영은 경제의 말이 옳지 않다고 주장했다. 아버지에서 아들로 전하는 것이 한나라의 법통임을 강조했다. 이 일로 두태후의 미움을 받아 버슬자리에서 병을 핑계로 물러났다. 이 일을 가지고 두영의 강직한 성격과 원리원칙을 지킬 줄 아는 지조를 높이 평가하기도 한다. 두영은 분명 정직하고 청렴했다.

이익이 『성호사설』「인사문人事門·곤수궤유閫帥餽遺」에서 위기후 두영을 높이 평가하는 일화가 있다. 두영이 대장군이 되었을 때 하사금을 받은 것을 궁전의 행랑에 두었다가 군리軍吏가 올 때마다 필요한 만큼 쓰게 하고 집에 가져가지 않았던 일이 있었다. 또한 두영은 오직 군졸과 생사고락을 함께 하지 못함을 염려하여 군심軍心을 잃지 않았다. 이익이 높이 평가하는 대목이다.

그러나 강직하고 원리원칙만 따지는 정직함은 상황에 따른 임기응변을 할 줄 모르는 고집스러움이 될 수도 있다. 사마천이 위기후에 대해 시변時變을 모른다고 평가한 것은 때와 상황의 변화에 따라 일에 대처할 줄 모르는 어리석음을 말하는 것이다.

경제가 효왕에게 자리를 물려주겠다고 한 것은 진심이 아닐 수 있다. 늙은 어머니를 기쁘게 해주려는 술수일 수 있는데 두영은 곧이곧대로 듣고 미움을 자초했던 것이다. 또 하나의 일은 오초칠국의 난이 일어났을 때다. 경제는 두영보다 현명한 사람이 없다고 생각하고 두영을 불러들였지만 두영은 병을 핑계로 사양했다. 결국 경제는 두영을 대장군으로 임명하고 하사금을 내렸다.

두영은 마음을 바꿔 오초칠국의 난을 평정시켰다. 경제는 두영을 위기후로 봉했다. 이때 두영이 큰 공을 세우자 빈객들이 앞을 다투어 찾아와 세력을 형성했다. 오초칠국의 난에 간여하지 않으려는 두영의 태도는 자기고집만 생각하는 옹졸한 태도다. 그러나 더 큰 문제는 자주 마음을 바꾸는 경솔한 태도였다. 경제는 두영을 경박, 자만, 경솔함으로 평가했다.

이에 비해 무안후 전분은 외척 세력으로 거만하고 탐욕스러운 인간이었다. 위기후가 대장군이 되어 위세가 높았을 때 전분은 낭관으로 존귀한 신분이 아니었지만 외척 세력과 왕태후의 총애를 받아 승상의 자리에까지 올랐다. 권세와 이익을 쫓는 사람들은 이제 모두 위기후를 떠나 무안후에게 돌아갔다. 전분은 날이 갈수록 방자해졌다.

사마천은 외척 세력이라는 존귀한 신분만을 믿고 권세를 휘두르며 거만하고 방자하다고 평가한다. 덧붙여 "키가 작고 추하게 생겼다貌侵"고 묘사하고 있다. 어쩌면 어떤 열등감을 가지고 권세를 이용하여 사람들의 기세를 꺾어 복종하게 만드는 거만한 인물이었을 것이다.

관장군 관부는 말 그대로 용맹한 무인이다. 아버지의 원수를 갚기 위해 무모하게 오나라 군영 속으로 들어갔다가 겨우 목숨을 건져 돌아올 정도였다. 사마천이 묘사하듯이 관부는 용감하고 의로운 기운이 넘치며 강직하고 호기가 있어서 대놓고 아첨하기를 좋아하지 않는 성격이었다. 권세를 가진 사람을 업신여겼고 신분이 낮고 가난한 사람들을 동등하게 대우했다.

관부는 재산이 많았지만 권세를 잃자 빈객들이 떠났다. 위기후도 권세를 잃은 뒤 관부와 의기가 투합하여 서로 존중하며 교류했다. 강직했던 위기후와 탐욕스러운 무안후, 호기로웠던 관부 세 사람이 분노와 시기와 탐욕에 빠져 예상치 못한 운명이 일어나 비극을 만들었던 것이다.

두영의 죽음은 사소한 일에서부터 비롯되었다. 발단은 관부다. 관부는 오만불손한 전분과 몇 번의 마찰이 이미 있었다. 어느날 승상 전분의 연회 자리에서 술 취한 관부는 사람들에게 시비를 걸어 전분을 크게 노하게 만들었다. 전분은 관부를 붙잡아 조정에 불경죄로 탄핵했다. 두영은 관부가 자신의 체면을 세워주기 위해 그런 일을 저지른 것을 알기 때문에 그를 구하려고 백방으로 노력했다.

결국 두영과 전분은 황제의 조정에서 서로의 주장을 펴는 송사를 벌이는 지경에 이른다. 무제武帝는 양측의 변론을 주재했다. 두영이 먼저 관부를 변호했고 전분은 관부가 법을 함부로 어기고 군주를 안중에 두지 않은 대역무도한 행위를 고발한다.

두영은 전분의 허물을 폭로하면서 다툼이 일어나게 된다. 황제가 조정의 신하들에게 시비를 물었을 때 모두 애매한 태도를 취했다. 무제가 두영이 말한 관부의 일이 사실인지 조사하게 했으나 크게 사실과 달라 두영조차도 탄핵을 받아 갇히게 되었다.

두영은 예전에 경제가 "불편한 일이 있으면 합당한 사유를 군주에게 말하도록 하라"는 유서를 받아둔 것이 있었다. 두영은 일이 다급해지자 집안사람들에게 이 사실을 무제에게 말하게 했다. 이를 통해 죽음을 면할 수 있을 것이라 생각했던 것이다.

무제는 이런 보고를 받고 조정의 상서尚書 문서에 선제先帝의 유서가 있는지 찾아보게 했는데 유서는 발견되지 않았다. 결국 두영은 '유서 위조죄'로 옥에 갇히고 참수를 당하고 만다. 관부의 충정은 결국 두영을 죽음으로 이끈 화근이 되었다.

이중톈은 『초한지 강의』에서 두영의 유서가 과연 있었는지 없었는지가 중요한 문제라고 보고 분석하고 있다. 두영이 유서를 위조했을 수도 있고, 유서는 있었는데 조정의 상서에 사본이 없었을 수도 있고, 사본이 있었지만 누군가 그것을 폐기했을 가능성도 있다. 사본이 없었다고 해도 경제가 사본을 작성하는 것을 잊었거나 고의로 사본을 작성하지 않았을 가능성도 있다. 폐기되었다면 전분이 유서를 없애거나 무제가 없앴을 가능성도 있다.

이중톈의 추리는 이렇다. 무제가 황제 주도의 중앙집권을 꾀하는 중에 외척 세력을 타도하려 했다. 이 와중에 두영은 가련하게도 외척 타도의 희생양이 되었다. 두영과 전분은 외척 세력의 대표적인 인물이다. 관부 또한 돈과 권세를 믿고 행패를 부리는 지방 세력이었기 때문에 조정의 타도 대상이었던 것이다.

두영은 전분에게 미움을 받았다. 그러나 정치적 상황이 어떻게 돌아가는지도 모르고 다툼을 벌이다가 중도에 멈추지 못했다. 결국 무제에 게까지 송사를 벌여 화를 자초했던 것이다. 관부와 두영이 죽고 난 한 달 뒤에 전분은 병에 걸려 누가 때리기라도 하듯이 온 몸에 통증이 나타났다. 전분은 소리 지르며 사죄하는 것밖에 할 수 없었다. 황제가 무당을 불러 살펴보자, 두영과 관부가 전분을 매질하고 있었다고 한다. 마침내 전분은 그렇게 죽었다.

이중톈은 두영이 인간적으로 훨씬 훌륭하고 전분은 쩨쩨한 소인으로 부패한 탐관오리라고 평가한다. 무제도 전분을 더 싫어했지만 지방 세력인 관부와 두영의 결탁을 더 용납할 수 없었던 것이다. 이것이 관부와 두영이 죽게 된 원인이라고 이중톈은 결론 내린다. 물론 이 다툼의 최종 승리자는 무제다. 두영의 집안과 전분의 집안은 모두 몰락했기 때문이다.

이중톈은 두영의 죽음을 중앙집권을 꾀하는 무제와 외척 세력 간의 갈등 속에서 희생된 사건으로 해석한다. 거시적인 정치적 맥락 속에서 관부와 두영의 죽음을 해석하는 것이다. 그렇다면 두영의 죽음을 『주역』을 통해 미시적인 차원으로 해석해보자. 사마천은 두영을 '시변時變'을 모르는 사람, 즉 때와 시세의 변화를 파악하지 못하는 사람으로 평가했다.

2.

『주역』의 6번째 괘가 송訟☰☵괘다. 천수송天水訟이라고 한다. 위에 있는 괘가 하늘을 상징하는 건乾☰괘이고 아래에 있는 괘가 물을 상징하

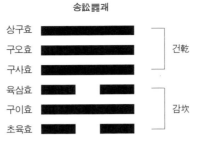

송訟䷅괘

상구효	건乾
구오효	
구사효	
육삼효	감坎
구이효	
초육효	

는 감坎☵괘이기 때문이다. 하늘은 양陽으로 위로 올라가는 성질이 있고 물은 음陰이며 아래로 내려가는 성질이 있다. 서로의 성질이 어긋나므로 다툼, 갈등이 일어난다. 음과 양은 서로 만나 조화를 이루지 못한다.

송괘는 그래서 송사를 상징한다. 다툼과 갈등이다. 이 괘는 앞선 5번째 괘인 수需䷄괘가 뒤집어진 꼴이다. 수괘는 양육을 통한 성숙을 상징한다. 기다림이기도 하다. 좋은 상황과 기회를 인내심을 가지고 기다리면서 스스로 강하게 성숙하려는 때를 상징한다.

기다림과 양육에는 갈등이 숨어 있다. 송訟이라는 글자는 공적인 장소에서 변론하면서 정의를 요구하는 것이다. 기다림을 통해 자신의 뜻과 능력을 기른다는 것은 타인들에 의해서 공적인 자리에서 인정을 받아야 함을 의미한다. 송괘가 수괘 다음으로 이어지는 이유다.

『주역』의 3번째 괘가 둔屯䷂괘이고 4번째 괘가 몽蒙䷃괘인데 5번째 괘인 수需괘다. 이 이야기 흐름에는 의미가 있다. 먼저 수괘는 둔괘인 혼돈과 연결되니 세상이 혼돈하지 않으면 성숙이 없기 때문이다. 송괘는 바로 몽괘인 어리석음과 연결되니 어리석지 않으면 다툼은 없기 때문이다.

송괘의 내용은 다툼과 갈등을 권장하는 것은 아니다. 인간사에서 갈등과 다툼은 없어질 수 없지만 오히려 원인과 조건을 이해하고 타협과 절충, 공정한 조정을 통해 해결해야 함을 말하고 있다. 그래서 송괘의 괘사는 이렇다.

> 다툼은 믿음이 있으나 막혀서 두려우니 중도를 지키면 길하고 끝까지 다투려고 하면 흉하다. 대인을 만나면 이롭고 큰 강을 건너면 이롭지 않다訟, 有孚, 窒惕, 中吉, 終凶, 利見大人, 不利涉大川.

다툼은 각자가 옳다고 생각하거나 이해관계가 어긋날 때 일어난다. 자기 입장을 고집하며 소통하려고 하지 않거나 상대를 신뢰하지 않기 때문이다. 물론 자신이 옳다는 신념이 없다면 다투지 않는다. 스스로를 믿지 못하거나 정당성을 신뢰하지 못하면 다툴 수 없다.

"중도를 지킨다"는 것은 자신만을 고집하는 것이 아니라 타인의 상황을 이해하려는 태도다. 이런 태도를 유지할 때 다툼은 극단에까지 이르지 않는다. 다툼이나 송사는 옳음에 대한 신념과 논리의 문제이지 힘으로 이기는 것은 아니다. 자신이 옳더라도 강한 권세와 세력으로 상대를 제압했다면 폭력에 의한 제압에 불과하다.

물론 다툼과 갈등이 나쁜 것이 아니다. 오히려 어떤 합의와 화해를 이루기 위해 거쳐야 할 필수 조건인지도 모른다. 싸우지 않으면 서로를 알 수 없다는 말이 있지 않은가. 문제는 막혀 있는 상황이다. 두려워하며 신중하게 대처해야 한다. 진실과 신념이 통하지 않는 상황이 두려운 일이다. 대립과 불신이 손을 쓸 수도 없는 지경에 이르기 전에 대화의 길을 열어두고 상호 신뢰를 회복하도록 한다.

"끝까지 다투려고 하면 흉하다"는 말은 이런 맥락이다. 끝까지 싸움을 하려고 한다면, 많은 것을 잃을 뿐 아니라 적대적인 원한을 만들 수도 있다. 상대방이 생각하는 가치들을 이해하고 존중할 필요가 있다. 그럴 때 해결방법을 찾을 수가 있다. 타협과 화해는 서로의 입장이 정당화되어 명분을 얻었을 때다. 다툼의 원인을 서로 이해해야 하고 서로의 명분을 지켜줘야 한다.

이때 서로 신뢰할 수 있는 조정자에게 시비의 판단을 맡길 필요도 있다. 그래서 "대인을 만나면 이롭다"고 했다. 공자가 "송사를 판단하는 일은 나도 남과 같이 할 수 있으나 반드시 송사가 없도록 하겠다"[2]고 했다. 이 말은 사람들 사이에 송사가 전혀 없는 평화로운 사회를 만들겠다는 선언으로 읽어야 할까? 아니다. 송사가 전혀 없는 사회는 불가능할 뿐 아니라 무익하다. 공명정대하게 판결하는 법적인 체계는 합리적인 사회를 이루는 중요한 요소다. 문제는 공명정대하게 판결을 내리는 문제다. 공자의 말은 사람들을 착하게 만들어 송사를 하지 않게 한다는 말이 아니다. 진실을 밝혀 무고하게 다투는 사람이 없게 만들겠다는 말로 이해해야 한다. 억울한 사람이 없게 만든다는 말이다.

송사를 전혀 없게 만든다기보다는 송사가 벌어졌을 때 거짓된 말을 분별하고 서로의 입장을 이해하게 하는 일이다. 싸움이 일어난 발단과 다툼의 원인을 명백하게 밝히고 시시비비를 판별하는 일이다. 돈 없고 빽 없는 사람들이 자신의 입장과 진실을 말할 수 있도록 해주고 권력과 돈으로 거짓을 진실로 둔갑시키는 일을 판별하는 것도 포함된다. 이러한 조정과 판단을 공명정대하게 내리는 사람은 법적인 체계에서 매우 중요하다.

"큰 강을 건너지 말라"는 말은 다투는 때에는 큰일을 도모할 수 없기 때문에 중요하거나 새로운 일을 맡거나 시도하지 말라는 말이다. 소송은 물질적 손실만이 아니라 심리적 손상도 크다. 마음도 불안하고 한 곳에 집중할 수 없다. 다툼을 할 때에는 반드시 몸을 안정되고 편안한 곳에 두어야 한다. 냉정한 평정심을 유지하는 것이 좋다.

송괘의 여섯 효에서 오직 구오九五효만이 송사를 듣고 판별하는 사람이다. 또 육삼六三효만 송사를 일으키지 않고 구이九二효와 구사九四효는 송사를 일으키는 사람들이다. 모두 구九로서 양陽이다. 강한 성질이지만 이二와 사四라는 음陰의 위치에 자리하여 권세가 약한 위치다. 구이효와 구사효에는 모두 '불극송不克訟'이라는 말이 나온다. 구이효의 효사는 이렇다.

> 구이효는 송사를 할 수 없으니 돌아가 피하여 고을 사람이 300호인 것처럼 하면 재앙이 없다九二, 不克訟, 歸而逋, 其邑人, 三百戶, 无眚.

구이효는 구오효와 대적하여 송사를 하려고 하지만 구오효가 중정中正을 이루고 군주의 자리에 있기 때문에 그 세력으로 볼 때 대적할 수 없다. 그래서 스스로 낮추고 물러난다. 중도를 지키는 처신으로 재앙을 면할 수 있다는 판단이다. 구사효의 효사는 이렇다.

> 구사효는 송사를 할 수 없으니 돌아와 명命에 나아가고 마음을 바꾸

어 안정을 이루고 올바름을 굳게 지키면 길하다九四, 不克訟, 復卽命, 渝,
安貞, 吉.

구사효는 강한 성질이면서 중도와 정도를 모두 잃었기 때문에 어떠
한 송사를 일으켜도 이길 수가 없다. "돌아와 천명에 나아간다"는 것은
강한 분노를 다스리고 스스로 반성하여 올바른 이치를 깨달아 마음을
바꾸어 정도를 지키면 길하다는 의미다. 호병문胡炳文은 구이효와 구사
효의 차이를 이렇게 설명한다.

> 구이효는 시세時勢를 알아서 스스로 반성하여 자신의 작은 분수에 편
> 안할 수 있고, 구사효는 의리義理를 분명하게 깨달아 바꾸어 올바른
> 천명에 편안할 수 있는 것이다.[3]

시세와 의리가 대비되고 있다. 구이효가 시세를 안다는 것은 싸워야
할 상대가 높은 권세에 있기 때문에 피하는 것만은 아니다. 상대가 옳
은 입장이고 겸손하고 합리적인 태도로 대응하기 때문에 물러나는 것
이다. 구사효는 자신이 송사를 일으키려는 분노가 합리적이지 않음을
깨달아 마음을 바꾸면 길할 수 있다는 것이다. 양만리는 이 구사효를
해석하는 데에 두영의 사건을 예시로 삼고 있다.

> 구사효가 초육효와 송사를 벌이는 것은 윗사람으로서 아랫사람과 싸
> 우는 것이니 귀한 권세를 가지고 싸우는 것이고, 또 강한 지위를 가지
> 고 약한 지위와 싸우는 것이니 권력을 가지고 싸우는 것이라서 초육

효는 구사효의 적이 될 수 없다. 그러나 두 사람의 송사를 구오효의 강명하고 중도를 지키고 올바른 판단을 하는 군주에게 질의한다면 어찌 현명한 군주가 사사로움을 귀하게 여기며 권세를 가진 사람의 편만 들겠는가? 그러므로 현명한 판단에 의해서 초육효의 변론이 밝혀지고 구사효의 송사는 이기지 못한다. 송사를 이기지 못하는데 길한 것은 어째서인가? 스스로 반성하여 의義와 명命을 취할 수 있고 그 허물을 고쳐서 확고한 올바름에 편안해할 수 있기 때문에 길할 수 있다. 크게 길한 것이 아니라 길함을 잃지 않았을 뿐이다. 그렇게 하지 못했다면 두영이 관부를 돕는 경우처럼 사람을 구하려고 했지만 자신의 몸도 구하지 못했고 남의 죄를 면하려고 했지만 결국 자신이 죄를 얻게 된다.[4]

양만리는 구사효와 초육효의 다툼을 전분과 관부의 다툼으로 해석하고 있다. 전분이 권세와 지위를 가지고 관부를 불경죄로 다스리려고 했던 것은 사실 형법상으로 과도한 처분이라 할 수 있다. 관부의 불경죄가 만약 형법의 일로 다스려졌다면 무혐의로 풀려날 수도 있었던 사안이다.

그러나 여기에 두영이 개입하면서 문제가 커졌던 것이다. 형벌의 문제로 풀면 쉽게 해결할 수 있었는데 두영의 개입으로 전분의 권세와 대립하는 형세를 만들었던 것이다. 게다가 물러서야 할 때 물러서지 못하고 송사를 멈추어야 할 때 멈추지 못하고 끝까지 가려고 했다. 관부의 불경죄가 외척간의 정치적 권세 싸움으로 번졌던 것이다. 이 사건에 대해 두태후가 불평을 하자 무제는 이렇게 사죄한다.

두 사람 모두 종실의 외척이기 때문에 조정에서 변론을 행하는 것입니다. 그렇지 않았다면 옥리 한 사람으로 판결했을 뿐일 것입니다.[5]

무제의 말처럼 관부의 문제는 형벌을 다스리는 옥리가 판결을 했다면 쉽게 해결할 수도 있는 사안이었다. 그렇다면 불경죄가 아니라고 판결날 수도 있었고 불경죄로 판결나더라도 죽음에까지 이르지 않았을 것이다. 장유는 관부가 두영에게 누를 끼쳤다고 했지만 이런 맥락에서 보면 두영이 관부에게 누를 끼친 것이다.

모두 서로를 위해 충직과 선의를 가지고 개입했지만 결과적으로는 모두 죽음에 이르는 결과를 낳았다. 양만리가 표현했듯이 서로가 선의를 가지고 사람을 구하려고 했지만 자신의 몸도 구하지 못했고, 남의 죄를 면하려고 했지만 결국 자신이 죄를 얻게 되어버렸다.

두영은 권세에 아부하지 않았고 지조를 바꾸지도 않았다. 권세를 잃었어도 권력자들에게 굽히지도 않았다. 뜻이 맞는 관부와의 우의는 변치 않았으니 그 기개는 장대하다고 할 수 있다. 전분은 외척으로 권세 있는 지위에 올라서 지나친 사치에 절제가 없었고 남을 깔보는 탐욕스러운 인간이었다. 양구산은 관부와 두영과 전분의 운명을 이렇게 요약했다.

관부 같은 사람은 용맹하고 사나우면서 공손하지 못했으니 죽을 수밖에 없는 이치가 있다. 결국 하루아침의 분노로 자신 한 몸을 죽게 했으니 자초한 일이 아니겠는가? 두영이 어리석고 조급하게 관부를 구하려고 했으나 과연 무슨 도움이 되었겠는가? 때문에 마침내 함께 죽임을 당한 것이니 이 역시 자신의 역량을 알지 못했던 것이다. 전분은 이익을 넘보고 나라를 속였으니 그가 멸족당하지 않은 것은 요행이다.[6]

과연 두영이 송사를 중도에 그치지 않고 무제의 조정에까지 나아가고 게다가 관부의 일과 무관하게 전분의 허물까지 들추며 진흙탕 싸움으로 만든 이유는 무엇이었을까. 단지 죄 없는 관부의 억울함을 풀려고 했던 것일까. 아니면 전분과의 싸움에 휘말려 과도한 감정에 빠졌던 것은 아닐까.

사마천이 지적하듯이 두영의 문제점은 이런 것이다. 정치적 시세가 어떻게 변해가는지를 알지 못했고 권세를 잃은 자신의 세력과 역량의 한계를 알지 못한 것이다. 그렇게 본다면 경제가 두영을 "경박하고 득의만만하여 경솔함이 많아서 중책을 맡기기는 어렵다"고 평한 것은 그리 틀린 말이 아니다.

3.

"소송하면 죽고 협상하면 산다訴訟死, 協商生!"는 말이 있다. 송사에 휩쓸리는 것을 패가망신이라고 생각하고 중재나 협상을 통해 문제를 해결하도록 권유하는 것이다. 이는 전통적으로 조화로운 인간관계를 강조하는 문화다. 지혜로운 어른이 중재를 나서거나 다툼의 당사자끼리 이해와 협상을 통해 해결하는 것을 국가적 강제력을 통해 분쟁으로 처리하는 것보다 더 나은 방식으로 보는 것이다.

다툼이 소송까지 간다면 서로의 관계는 막장까지 간 것이라고 보는 시선들이 있다. 법 없이도 사는 세상을 이상적이고 도덕적인 사회로 보거나 법 없이도 살 사람을 선량한 사람이라고 보기도 한다. 하지만 각박하다고 비난받는 일이 두려워 억울하고 불합리하고 불의한 일들을 참고 견디는 것은 비겁이다.

법이 없는 세상을 상상해보자. 정말 모든 사람의 다툼이 사라지고 평화로운 세상일까. 법이 없는 세상은 강자가 약자에게 서슴지 않고 폭력을 가하는 무질서한 세상에 가깝다. 법 없이도 사는 세상은 법이 없는 세상이 아니다. 약자의 권리를 보장할 수 있는 법이 정의롭게 작동하기 때문에 억울한 일이 발생하지 않는 세상을 말한다.

법 없이도 살 사람은 법이 없어도 남을 해치지 않는 선량한 사람이겠지만 법 없이도 살 사람을 강자로부터 보호하기 위해서라도 법은 필요한 것이다. 물론 법이 있더라도 법 없이도 살 사람을 보호해준다는 보장은 없지만 말이다. 때문에 현대 사회에서 도덕적인 가르침이나 지혜로운 어른의 중재만으로 모든 분쟁을 해결하려고 하는 것은 시대착오적인 발상이다.

개인의 정당한 권리와 이익을 주장하지 못하게 할 뿐만 아니라 약자들의 권리와 울분을 억압하게 만들 수 있기 때문이다. 현대 사회에서 공적인 기구를 통해 분쟁을 합리적이고 정의로운 방식으로 해결하려는 태도가 비도덕적이고 비인간적인 태도라고 매도될 수는 없다.

"반드시 송사가 없도록 하겠다"는 공자의 말은 송사가 전혀 없는 도덕적인 사회를 만들겠다는 말이 아니다. 법이 없는 것이 아니라 법이 공정하게 작동하는 사회를 만들겠다는 것이다. 인간사에서 이익 다툼은 없을 수 없다. 현대 사회에서는 사회 구성원 모두 도덕적인 성인군자가 될 수는 없다. 모든 사람이 도덕적인 인간으로 교화되기보다는 오히려 개인적 이익과 권리가 보장될 수 있는 공명정대한 제도와 법률이 제대로 갖추어지고 작동되었을 때 송사에 억울한 일이 사라진다.

『순자荀子』「유좌宥坐」편에는 공자가 노魯나라의 재판관인 사구司寇로 있을 때의 일화가 기록되어 있다. 아버지가 아들을 불효하다고 고발하자, 공자는 이들을 모두 가두고는 심문하지 않았다. 아버지가 그만두기를 청하자 공자가 풀어주었다. 계손씨가 불효자를 처벌하지 않고 풀어주었다고 비난했다.

공자는 왜 불효자를 처벌하지 않았을까? 물론 『순자』의 기록에 따르면 먼저 가르침敎을 시행하여 도덕적 교화를 이루어야 함을 강조하고 있다. 하지만 중요한 점은 위정자가 정치를 제대로 하지 못하면서 백성이 죄를 지었다고 죽이는 것은 올바른 정치가 아니라는 것이다.

재화의 분배가 평등하게 이루어지지 못하는 불평등한 사회는 도둑질을 할 수밖에 없는 구조다. 그런 사회 구조를 개혁하지 않으면서 도둑질하는 사람을 처벌하려고 하는 것은 위정자로서 올바른 태도가 아니다. 각박한 사회 구조이기 때문에 각박한 사람이 있다.

현대 사회에서 도덕적인 가르침만으로 모든 다툼의 원인을 제거하려는 시각은 개인의 정당한 권리와 정의를 보호하지 못하게 만들 수도 있다. 오히려 개인의 정당한 권리와 정의를 보장할 수 있는 사회적 제도를 먼저 갖추는 것이 도덕적 가르침보다 먼저 이루어져야 할 일이다.

그렇다면 공자가 반드시 송사가 없는 사회를 만들고자 했던 것은 법이 없는 사회를 만드는 것이 아니라 다툼이 일어나지 않을 수 있는 합리적인 제도와 그 제도가 제대로 운영될 수 있는 공명정대한 법이 갖추는 일을 전제한 것이 아닐까. 이런 제도와 법이 갖추어져야 도덕적인 교화도 이루어질 수 있을 것이다.

조선 후기 유학자인 이지연李止淵의 『주역차의周易箚疑』에서는 이 송괘에 대해 독특하게 해석하고 있다.

> 송사는 옳고 그름을 변별하는 것이다. 세상에 둘 다 옳으면서 둘 다 그른 것은 없으니, 이쪽이 곧으면 저쪽이 굽었고, 이쪽이 옳으면 저쪽은 그르다. 굽고 그른 사람이 송사를 좋아하는 것을 '위험하고 탐욕스럽다險而健'고 하는 것은 괜찮으나, 곧고 옳은 사람이 억울함을 하소연하는 것을 어찌 위험하고 탐욕스럽다고 지목할 수 있겠는가? 괘 가운데 여러 효는 모두 유약한 것을 길함으로 여긴다. 그렇다면 송사의 도道를 옳고 그름과 바르고 곧음을 논하지 않고 단지 유약하여 스스로 물러났는지를 가지고 근본을 삼을 경우, 세상에 유약해서 억울한 자는 그것을 풀 수 있는 날이 없을 것이다.[7]

주목할 말은 약자를 보는 시각이다. 송괘에서 권세도 없고 권력도 없는 약한 사람들은 자신의 지위가 약하기 때문에 송사를 하지 않고 부드러운 태도로 물러나는 것을 길하다고 한다면 그들의 억울함을 어디에서 풀 수 있겠는가! 그들의 억울함을 풀 수 있는 공명정대한 법의 시스템이 먼저 갖추어졌을 때 공자가 말하는 도덕적 교화를 통해 송사가 일어날 수 있는 조건과 각박한 마음이 사라져서 송사가 해결될 수 있는 사회를 만들 수 있다.

때문에 송괘에서 말하는 "끝까지 다투지 말라"는 말이 주변 사람들의 눈치나 체면 때문에 개인의 정당한 이익과 권리를 포기하라는 말로 이해해서는 곤란하다. 물론 양보와 타협을 거쳐서 원만하게 해결하는 것은 의미가 있다. 그러나 대충대충 좋은 것이 좋은 것이라며 싸움의 핵심과 옳고 그름을 얼버무려서 해결하는 것이 미덕은 아니다. 권력과 권세가 없다고 해서 싸워보았자 이길 수 없기 때문에 포기한다는 것은 길한 것이 아니라 자기기만과 비겁이다.

14

왜 가의賈誼는
기다리지 못했을까

비賁괘

1.

창랑지수滄浪之水. 창랑의 물은 아직도 무심히 흘러가고 있을까. 굴원屈原은 분노와 낙담으로 장사長沙의 먹라수에 몸을 던졌다. 배신과 음모가 난무하는 조정에서 쫓겨난 굴원은 강가에서 어부漁父를 만난다.

쫓겨난 이유를 묻는 어부의 물음에 대한 굴원의 답변. 온 세상이 모두 흐린데 나만 홀로 맑고 모든 사람이 다 취했는데 나만 홀로 깨어 있어서 추방당했소. 어부의 충고. 세속이 더럽다 하더라도 함께 살아가야 하는 것인데 어찌 그리 고결하신지. 굴원의 답변. 차라리 상수湘水의 물결에 뛰어들어 강의 물고기 뱃속에 장사지내질지언정 어떻게 희고 흰 결백함으로 세속의 먼지를 뒤집어 쓸 수 있겠소. 어부는 웃을 수밖에. 어부는 빙그레 미소 지으며 다음과 같이 노래하며 떠나갔다.

> 창랑의 물이 맑으면 내 갓끈을 씻을 수 있고, 창랑의 물이 흐리면 내 발 씻으면 되는 걸.[1]

더러운 정치권에 굴종하지 않고 타협하지 않겠다는 굴원의 뜻은 높이 살 만하지만 원래 권력 다툼의 정치권이란 것이 더럽고 야비한 인물들이 넘쳐나는 곳이 아니었던가. 이런 굴원을 안타까워했던 인물이 있었다. 재주가 출중하여 어린 나이에 조정에 나아갔으나 주변 신하들의 미움을 받아 굴원처럼 조정에서 쫓겨난 가의賈誼다. 가의는 굴원이 죽은 이유를 「조굴원부弔屈原賦」에서 이렇게 애도했다.

> 어리석고 무능한 사람이 존귀해지고 闒茸尊顯兮
> 참소하고 아첨하는 자가 뜻을 얻었구나 讒諛得志
> 현인과 성인은 도리어 끌어내려지고 賢聖逆曳兮
> 단정하고 바른 사람들은 거꾸로 세워졌네 方正倒植

가치의 전도다. 재능 있는 사람은 무시당하고 무능한 사람이 존경을 받는다. 도덕성은 농락당하고 권모술수는 권력을 휘두른다. 원래 세상이 그러하다면 어찌할 것인가. 굴종하지 않고 울분에 싸여 죽을 수밖에 없을까. 가의는 재능 있는 사람이 불행하게 사는 세상을 한탄하며 이렇게 끝을 맺는다.

> 저 평범한 작은 못이나 도랑이 彼尋常之汙瀆兮
> 어찌 배를 삼킬 만한 큰 물고기를 받아들일 수 있겠는가 豈容吞舟之魚
> 강과 호수를 가로지르는 큰 물고기라도 橫江湖之鱣鯨兮
> 진실로 땅강아지나 개미에게 제압되는구나 固將制於螻蟻

큰 물고기일지라도 물을 잃으면 개미나 땅강아지에게 뜯어 먹힐 뿐이다. 위대한 재능을 가진 자도 세력을 얻지 못하면 아첨꾼과 모리배들에게 뜯어 먹힐 뿐이다. 재능을 펼칠 수 있는 정치권에서 추방당하고 실의와 울분에 차서 스스로 목숨을 끊는 것으로 복수를 할 뿐이다. 과연 어부의 말처럼 창랑의 물 맑으면 내 갓끈을 씻고, 창랑의 물 흐리면 내 발 씻는 것은 어떤 것일까.

가의는 바로 가생賈生이다. 가생은 이름이 의誼로서 낙양 사람이다. 어려서부터 박학다식하고 학문이 뛰어나 하남 태수 오공吳公의 추천을 받아 스무 살 남짓에 문제가 박사博士로 삼았다. 문제의 질문에 대해 막힘없이 대답하여 1년 만에 태중대부太中大夫에까지 오른다.

가생은 한나라가 일어나 20년에 이르는 동안 천하가 태평하니 역법을 바꾸고 관복 색깔을 바꾸고 제도를 재정비하고 예악을 다시 만들어야 한다고 생각하고 예법과 법률을 바꾸려고 했다. 문제는 가생을 공경의 자리에 앉히려고 신하들과 상의했다. 강후絳侯, 관영灌嬰 등 기존의 기득권을 누려온 공신들이 좋아했겠는가. 마침내 가생을 장사長沙의 태부가 되도록 했다. 좌천이었다.

장사에 머문 지 3년쯤 되어 부엉이가 가생의 집으로 날아들어 방구석에 앉았다. 초나라 사람들은 부엉이를 복鵩이라 불렀다고 한다. 가생이 지은 「복조부鵩鳥賦」에는 내면의 심사가 많이 바뀌어 있다. 창랑의 물이 맑으면 갓끈을 씻고, 창랑의 물이 흐리면 발을 씻는 것이 아니라 창랑의 물을 초월하는 경지다. 알 수 없는 천명天命을 깨달아 득도한 경지다. 한 대목이다.

지극한 사람은 만물을 버리니 홀로 도와 함께 한다 至人遺物兮, 獨與道俱
많은 사람들은 미혹에 빠져 좋음과 미움을 가슴속에 쌓지만 衆人或惑

兮, 好惡積意

진실한 사람은 담담하고 적막하여 홀로 도와 더불어 산다 眞人淡漠兮,
獨與道息

지혜와 형체를 버리고 초연하게 죽은 듯 釋知遺形兮, 超然自喪

적막하고 넓은 황홀한 세계에서 도와 더불어 노닌다 寥兮忽荒兮, 與道翱
翔

가생은 1년 뒤에 문제의 부름을 받아 조정에 갔다. 얼마 뒤 가생을
양나라 회왕懷王의 태부로 삼았다. 문제가 손자들을 모두 열후列侯로
봉한 일은 나라에 근심이 일어날 일이라고 가생은 간언했다. 가생은 상
소를 올려 잘못을 지적했으나 문제는 받아들이지 않았다.

양나라 회왕이 말에서 떨어져 죽자 가생은 태부로 있으면서 아무런
일도 하지 못한 것을 탄식하며 1년 남짓 슬피 울다가 죽었다. 향년 33
세였다. 가생은 창랑의 물을 초월하여 도와 더불어 살았던 것일까, 아
니면 창랑의 물이 더러워 발을 씻었던 것일까. 그는 왜 죽음에 이를 수
밖에 없었을까. 사마천은 이렇게 평하고 있다.

가생이 굴원을 조문한 글을 보면 가생은 굴원이 그만한 재주로 제후
들을 위해 유세했는데 어찌하여 나라에서 받아들이지 않는지를 의
아해하며 굴원이 이와 같은 최후를 맞이한 것을 괴이하게 여기고 있
다. 그러나 「복조부」를 읽어보니 죽고 사는 것을 하나로 보고 나아가
고 물러나는 것을 가볍게 여겼다. 나는 이 글을 읽고 멍하니 망연자실
하게 되었다.[2]

사마천이 멍하니 망연자실한 이유는 뭘까? 가생이 굴원을 조문한 글에는 어떤 울분과 분노가 있다. 가치가 전도된 세상에 대한 울분이다. 그렇기에 굴원의 죽음을 안타까워했을 것이다. 사마천의 입장에서 본다면 가생에게 기대했던 것이 있었을 것이다. 뜻대로 되지 않는 세상에 대한 한탄과 굴원이 죽음으로 끝내서는 안 된다는 분노와 세상을 개혁하겠다는 결의 같은 것 말이다. 그런데 「복조부」에서 젊은 가생은 완전히 달라졌다. 세속을 초월해 득도한 태도를 취하고 있으니 사마천이 멍하니 망연자실할 수밖에.

2.

『주역』의 4번째 괘가 몽蒙䷃괘다. 어리석음을 계몽하는 의미를 가진다. 몽괘의 괘사에는 이런 말이 있다. "내가 어리석은 어린아이를 구하는 것이 아니라, 어리석은 어린아이가 나를 찾는 것이다匪我求童蒙, 童蒙求我." 어떤 의도를 가지고 먼저 나서서 상대의 신뢰를 구해서는 안 된다는 말이다. 정이천은 이를 군주와 신하의 관계로 주석한다.

> 마땅히 신하는 도를 스스로 굳게 지켜서 군주가 지극한 정성을 가지고 자신을 찾아온 뒤에 응하면, 자신의 도를 쓸 수 있다.3

창랑의 물은 항상 맑을 수 없다. 더러울 때가 더 많다. 돼지에게 진주 목걸이를 주냐고 했지만 세상에는 돼지가 많다. 정치권은 더욱더 그러하다. 음모와 배신이 횡행하고 포악하고 어리석고 탐욕스런 사람들이 넘친다. 군주도 예외는 아니다. 군주가 포악하고 어리석고 탐욕스럽다면 최악의 조건이다.

전통 사회 지식인들은 반드시 군주가 공경과 예의를 다하여 자신을 찾아오기를 기다렸다. 이런 태도는 자신이 존귀하고 위대하다고 생각하는 오만 때문이 아니다. 함께 일할 군주가 덕을 숭상하고 도를 즐겨 행하려는 마음이 없다면 자신의 뜻을 이룰 수 없기 때문이다. 함께 도를 천하에 펼칠 지도자를 먼저 면접 보는 것이다.

『주역』의 22번째 괘는 비賁☲☶괘다. 산화비山火賁라고 한다. 위에 있는 괘가 산을 상징하는 간艮☶괘이고 아래에 있는 불을 상징하는 이離☲괘다. 나무와 풀들이 무성한 산 아래에 밝게 빛나는 불이 있으니 산은 아름답게 빛이 난다. 그래서 꾸밈과 장식을 상징한다.

21번째 괘는 서합噬嗑☲☳괘다. 서합이란 음식물을 씹어서 삼키는 모습인데 분리된 것을 합치시키는 것을 뜻한다. 서합괘는 주로 형벌에 관한 내용을 다루고 있다. 서합괘의 모양☲☳은 입속에 이물질이 있는 모양이다. 사회를 가로막고 있는 것들 때문에 사회가 화합을 이루지 못하는 모습이다. 당연히 이것을 형법을 사용하여 다스리려 한다. 서합괘는 그래서 형벌의 사용을 뜻한다.

그러나 강력한 형법만으로는 사회가 안정되지 않는다. 여기에 아름다운 삶의 문화를 가꾸어야 한다. 분리된 것을 합치시키는 일은 강제적일 수만은 없다. 아름답게 꾸미고 장식하는 형식이 필요하다. 비괘가 서합괘 다음에 오는 이유다.

분열되고 단절된 것을 화합하게 만드는 데는 아름다운 꾸밈이 전제

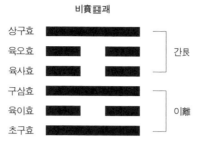

비賁☲☶괘

상구효 ──────── 간艮

육오효 ─ ─ ──

육사효 ─ ─ ──

구삼효 ──────── 이離

육이효 ─ ─ ──

초구효 ────────

되어야 한다. 예를 들어 임금이 예물禮物로 경의를 표하여 신하와 화합하고, 남자가 납폐納幣로 여자와 결합하는 것과 같다. 합하는 데에는 반드시 장식과 꾸밈이 있어야 한다는 뜻이다.

그래서 비괘는 예禮와 관련이 깊다. 예악禮樂과 같은 문명 제도다. 비괘의 괘사에는 이런 말이 있다. "문화가 밝아서 사회가 적절하게 안정을 이루니 사람의 문화이다文明以止, 人文也." 비괘는 꾸밈에 관한 괘다. 문화는 꾸밈이다. 예악 문명으로 사회를 안정시키는 일을 보여주는 괘다.

가의는 한나라를 더욱 융성시킬 수 있는 예악 정책과 훌륭한 재능을 가지고 있었다. 그런데 왜 자신의 도를 펼치지 못했을까. 비괘는 문화와 문명제도를 개혁하여 풍속을 변화시키려는 때에 그런 재능과 뜻을 가진 사람이라면 어떻게 행동해야 하는지에 대한 예시가 각각의 효들에서 묘사되고 있다. 첫 번째 초구初九 효의 효사는 이렇다.

초구효는 발을 꾸미니, 수레를 버리고 걷는다初九, 賁其趾, 舍車而徒.

초구효에서 구九는 강직한 뜻과 문명 제도를 변화시킬 재능을 가진 사람이다. 그러나 초初라는 가장 아래 자리에 처해서 뜻을 펼칠 지위가 없다. 왜 수레를 버리고 걷는가. 수레를 타고 가면 편안하고 명예로운 일이다. 수레는 권력과 지위를 상징한다.

풍속을 변화시킬 재능과 뜻이 있는데도 권력과 지위를 버리고 자신의 길을 간다. 호응하여 함께 세상을 변화시킬 군주가 군주답지 못하기 때문이다. 그럴 때 부귀를 거절하고 차라리 자신의 길을 묵묵히 걸어갈 뿐이다.

주목할 효는 육이六二효다. 육이효는 "비기수賁其須"라고 읽는다. 일반적으로 "그 수염을 꾸민다"라고 번역한다. '수須'를 일반적으로 수염으로 해석한다. 수염이란 턱에 따라 움직인다. 그래서 움직이고 멈추는 일이 턱에 따라 달라진다. 문화로 꾸미는 데에 턱이라는 본질은 변화시킬 수 없고 턱을 장식하는 것뿐이라는 해석이다.

그러나 '수須'를 수염으로 해석하지 않고 기다림의 '대待'로 해석하는 경우도 있다. 호원胡瑗의 『주역구의周易口義』에 따르면 군자는 조급하게 행동하지 않는다는 것이다.[4] 때를 기다리고 함께 풍속을 바꿀 군주다운 군주가 있을 때 나아가 도를 펼친다는 의미로 해석한다. 육이효는 아직 호응하는 상대가 없다. 그러므로 조급하게 경거망동해서는 안 된다. 양만리는 호원의 해석과 같이 육이효의 상황을 묘사하면서 가의를 예로 들고 있다.

사대부는 기다린 뒤에 도를 드러내니 기다리지도 않고 드러내는 경우는 없었다. 사대부는 먼저 군주가 구한 뒤에 호응하니 구하지도 않았는데 호응하는 경우는 없었다. 이는 자신을 높이는 것이 아니다. 도를 높이는 것이다. (…) 육오효는 문명의 힘으로 천하를 적절하게 안정시키려는 군주가 아니다. (…) 육이효가 경거망동하게 행동할 수 있겠는가. 그러므로 '그 기다림을 꾸민다賁其須'라고 했다. '수須'는 온다는 것이니 또한 기다린다는 것이다. (…) 아래 신하가 예악의 문명을 가지고 있지만 위의 군주는 아직 시행할 마음이 없다. 그런데도 군주가 구하러 오기를 기다리지도 않고서 함부로 도를 드러내는 것을 군자는 애석하게 여긴다. 위의 군주가 예악에 대해서 물었는데 아래 신하가 대응하지 않는다. 군주가 구하러 왔는데 대답할 줄 모르는 것을 군자는 부끄러이 여긴다. (…) 군주가 '아직 그럴 겨를이 없다'고 말하는 데도 자신의 도를 거론하여 구렁텅이에 버려졌으니 애석하다. 가의는 역의 비괘는 알았어도 비괘의 육이효가 말하는 수須, 즉 기다림을 몰랐던 것이다.[5]

육이효는 문명을 바꿔 세상의 풍속을 변화시킬 재능을 가지고 있는 사람이라고 양만리는 해석한다. 그러나 그와 호응하는 육오효는 세상의 풍속을 변화시키려는 뜻도 없고 육이효의 도움을 구하려는 마음도 없는 군주다. "아직 그럴 겨를이 없다"고 말한 사람은 바로 문제文帝다.

육오효가 문제라면 육이효는 가의에 해당한다. 이런 때에 가의는 조급하게 행동했다는 말이다. 군주가 진정으로 도움을 구하려 할 때 자신이 구상하고 있는 예악형정禮樂刑政에 대한 대책을 드러내야 했던 것이다.

창랑의 물이 맑으면 내 갓끈을 씻을 수 있고, 창랑의 물이 흐리면 내

발을 씻으면 된다. 탁족濯足은 단지 사대부들이 즐겼던 피서법이 아니다. 탁족의 의미는 기다림이다. 더러운 창랑의 물에서 냉정히 떠나거나 표연히 초월하지 않고 더럽더라도 발을 담그며 견디는 일이다.

순수하고 고결한 사람은 자신의 깨끗한 발을 더러운 창랑의 물에 담그는 일을 수치스럽게 여긴다. 수치스러움보다 더 큰 마음은 더럽더라도 세상을 외면하지 않는 일이다. 피하지 않고 더러운 강물에 자신의 깨끗한 발을 담그고 창랑의 물이 깨끗해지기를 간절히 기다리는 일이다. 가의는 인내하고 기다리지는 못했던 것은 아닐까.

3.

가의는 분명 재주가 있었고 문장도 웅장했다. 가의는 진나라의 과오를 논하는 「과진론過秦論」에서 진나라의 가혹한 통치와 중앙집권적 관현제도를 비판하면서 진나라의 실패를 통해서 덕치를 베풀어야 한다고 주장한다. 때문에 진나라의 제도를 개혁하고 예악을 다시 제정해야 한다고 제안했던 것이다. 그런데 좌천되고 33세라는 젊은 나이에 죽게 되었다.

무엇이 문제였을까. 가의가 실패한 원인은 어디에 있을까? 먼저 지적할 수 있는 것은 시운이다. 『성호사설』「인사문·가의성인지도賈誼聖人之徒」에서 이익은 가의를 성인의 무리라고 우선 평가한다. 그리고 가의가 추진하려는 개혁이 실패한 것은 '시대의 운수 소관'이라고 본다.

두 번째는 가의가 아니라 문제에 주목하는 경우도 있다. 조선 중기 이정구李廷龜·장유張維·이식李植과 함께 조선 중기 한문학의 정종正宗

으로 불리는 상촌象村 신흠申欽의 『상촌집』 「서가생전후書賈生傳後」에는 가의의 실패에 대한 독특한 견해가 있다.

일반적으로 문제가 가의를 공경에 임용하려고 했지만 두려움을 느낀 기득권 세력들인 강후와 관영 등의 공신들이 참소를 하여 막았다고 알고 있다. 그래서 많은 이가 강후와 관영을 나쁜 놈으로 여기고 가의를 불쌍하다고 생각하며 문제의 결정을 애석하게 생각한다. 하지만 신흠은 간단하게 문제가 가의를 임용할 생각이 전혀 없었다고 본다.

> 이때에 문제의 마음에는 황로 사상만 알고 선왕의 도리는 모르고 있으니, 가의가 배운 것은 문제가 포기한 것이고 가의가 좋아한 것은 문제가 싫어한 것이다. 문제가 내가 어떻게 그런 일을 할 수 있겠느냐며 겸양하면서 '그럴 겨를이 없다'고 한 태도가 바로 가의를 멀리하는 조짐이니 그 건의를 쓰지 않으면서 그 사람을 쓸 리는 없는 것이다.6

세 번째는 많은 사람이 지적하는 가의의 자질과 인격의 문제다. 사람들은 가의를 재주가 있고 문장도 웅장한 인물로 평가한다. 영리하고 똑똑하고 식견도 뛰어났다. 그러나 재주는 뛰어났지만 그 재주를 잘 활용할 수 있는 배움이 부족했다는 점이다.

남헌南軒 장식張栻은 가의가 출중한 재주와 책략을 가지고 있었다고 평가한다. 하지만 그는 "격렬하게 속마음을 드러내는 기질을 면하지 못했으니 그의 자질이 그래서 그렇다"7라고 평가한다. 가의는 자기 자질의 한계를 다스릴 줄 아는 배움이 부족했던 것이다.

조선 후기 실학자 위백규의 『존재집』에 나오는 가의에 대한 인물평은 유학자의 가혹한 평가인지도 모른다.

> 그런데 가의의 글을 보면 시대를 헤아려 가능할지 살펴보는 뜻이 없고 지레 감정을 표출하면서 기필코 해야겠다는 의도만 있었으니, 만일 문제가 바로 요직에 등용하고 각별히 총애했다면 반드시 화를 면치 못했을 것이다. 그가 장사長沙에서 병으로 죽은 것도 행운이라고 할 수 있다. 그 본심은 군자가 천리天理의 당연한 도리를 실천하여 만물이 은택을 입게 하려는 마음과는 같지 않았고, 오로지 재주를 펴서 공명功名을 세우려는 의도였다. 그의 말은 비록 공정했을지라도 그의 의도는 사사로웠기 때문에 갑자기 사람들을 위해 통곡하고 눈물을 흘리며 상소를 올렸다.8

이런 측면에서 가의를 평가하는 것으로는 동파 소식의 평가가 대표적이다. 소식의 「가의론賈誼論」은 젊었을 때 쓴 글이지만 이상과 같은 모든 평가를 압축적으로 표현하고 있다. 또한 야박한 유학자처럼 가혹하게 가의를 평가하지 않고 여러 측면을 냉정하게 고려하고 있다.

소식은 가의의 실패를 여러 측면에서 고려한다. 시운이 안 좋을 수도 있고 군주의 책임일 수 있다. 그러나 재주는 뛰어나지만 재주를 활용하지 못했다는 점에서 자초한 측면도 있다. 문제가 가의를 임용하지 않으려 했더라도 문제를 설득하려는 다방면의 노력을 했어야 했다.

또한 강후와 관영 같은 기득권 세력과 친밀한 관계를 가지지도 못했다. 그렇지 못했다면 "가생과 같은 자는 문제가 가생을 등용하지 않은 것이 아니고, 가생이 문제를 잘 활용하지 못한 것이다."9 때문에 소식이 평가하는 가의의 인품은 위에서 말했던 것과 크게 다르지는 않다.

> 묵묵하게 그 변화를 기다릴 줄 몰라 스스로를 해치고 이 지경에 이르렀으니, 아! 뜻은 크지만 도량이 작고 재주는 있지만 식견이 부족하다.[10]

천하는 쉽게 다룰 수 없는 것이다. 부패한 세상일일지라도 어떤 일을 진행시킬 때에는 반드시 거쳐야 할 선후가 있고 과정이 있다. 나중 것을 먼저 할 수 없고 먼저 할 것을 나중에 할 수 없다. 과정을 거치지 않고 급작스럽게 일을 성취할 수는 없다. 인내하며 기다려야 하는 이유다.

소식이 안타까워하는 일은 이렇다. 세상이 부패하고 추잡하더라도 절망하거나 포기할 수는 없다. 그러나 재주가 뛰어난 사람이 등용되지 못하거나 고결한 사람이 세속을 떠나는 경우가 많다. 현명한 군주가 아니라면 재주가 뛰어나거나 고결한 사람을 등용하지 못하는 경우가 많기 때문이다. 그래서 가생의 높은 뜻을 소식은 애석해하고 있다.

가의는 시원한 계곡에서 탁족을 하는 즐거움일 알지 못했던 것이 아닐까. 탁족의 즐거움을 알기에 가의는 너무 젊었다. 유학자들은 가의가 덕을 쌓는 배움이 부족하다고 탓하고 있지만 그렇다고 해서 그의 출중한 재주가 비난받아야 하는 것은 아니다. 다만 애석한 일일 뿐이다.

왜 급암汲黯은 창고의
곡식을 함부로 꺼냈을까

익益괘

1.

사직지신社稷之臣이라는 말이 있다. 나라의 안위와 존망을 한 몸에 맡은 중요한 신하를 말한다. 군주에게 충성을 다하는 것이 아니라 사직을 위해 군주를 비판할 수 있는 강직한 신하다. 사직지신으로 평가받는 인물 가운데 급암汲黯이라는 사람이 있다.

급암은 전한前漢 시대 관리로서 자가 장유長孺이고 복양濮陽 사람이다. 조상이 대대로 경이나 대부를 지낸 귀족 가문이다. 사마천의 기록에 따르면 단정하고 엄숙한 태도 때문에 사람들이 두려워했을 정도라니 사직지신의 위엄을 알 수 있다.

한 무제는 대장군 위청衛青을 침상에 걸터앉아 대했고 승상 공송홍公孫弘도 관을 쓰지 않은 채로 만날 정도로 허물이 없었다. 그런데 급암이 알현할 때에는 반드시 관을 쓰고 만났다. 논쟁할 때에도 말재간이 뛰어난 사람에게 엄숙하며 원칙을 고수하여 굴복하지 않았다고 한다.

급암은 호인형은 아니었던 모양이다. 사마천은 「급정열전汲鄭列傳」에서 금암의 사람됨을 "거만하고 예의가 없으며 면박을 주고 남의 허물을 용서할 줄 몰랐다"[1]고 기록한다. 자기와 뜻이 맞는 사람은 좋게 대하지만 뜻이 맞지 않은 사람은 얼굴조차 마주하지 않는 성격이다.

무안후 전분이 승상이 되었을 때 높은 관리들이 모두 그에게 절을 했지만 급암은 절도 하지 않고 손을 모아 인사만 했을 뿐이었다. 깐깐하고 어찌 보면 옹졸한 사람일 수도 있다. 하지만 의협심과 기개와 지조를 중시했다.

공손홍이 유학자라면 급암은 황로학을 배워 청정무위의 정치를 좋아했다. 그래서 "통치 방식이 큰 대강만을 문책했지 작은 사안들을 가혹하게 처리하지 않았다."2 한 무제는 유학에 마음이 끌려 공손홍을 존중했다. 급암은 늘 유학자를 비난하고 공손홍을 면박했다. 유학자들이 법을 악용하고 교묘하게 적용하여 백성을 억누르려고 했기 때문이다.

그는 직간으로 유명하다. 무제가 당시에 학문을 하는 선비들을 초청하여 "정치를 일으켜 요순을 본받으려 하는데 어떻겠소?"라고 하자, 급암은 이렇게 답했다. "폐하께서는 속으로는 욕심이 많으면서 겉으로만 인의仁義를 베풀려 하십니다. 그런 마음으로 어떻게 요순의 정치를 본받을 수 있겠습니까."3 무제의 낯빛이 바뀌는 것은 당연하다. 무제는 조회를 끝내고 신하들에게 "급암의 우직함戇이 너무 심하구나"라고 탄식했다. '당戇'이란 어리석고 융통성이 없는 외고집의 강직함을 말한다.

급암과 공손홍은 서로 사이가 좋지 않았다. 사마천은 공손홍의 사람됨을 남을 의심하며 시기하고 "겉으로는 너그러워 보이지만 속마음은 알 수 없었다外寬內深"고 평한다. 공손홍은 베로 이불을 만들어 덮고 밥을 먹을 때는 고기반찬을 두 가지 이상 놓지 않을 정도로 검소하게 생활했다고 한다.

급암은 무제 앞에서 공손홍을 이렇게 힐책한 적도 있다. "공손홍은 삼공의 지위에 있고 봉록도 많이 받고 있는데도 베로 이불을 만들어 덮고 있다니, 이것은 위선적인 행동입니다."4 급암이 공손홍을 면박할 때면 언제나 공손홍은 겸손하게 자신을 낮추었다. 그러나 급암의 힐책을 그대로 인정할 정도면 사마천의 평가처럼 속마음은 알 수 없는 것이다.

급암에게 유명한 일화가 있다. 무제는 중요한 일에 대해 실태조사를 급암에게 시켰다. 하내河內에 불이 나서 1000여 채의 집이 불탔던 일이 생기자 무제는 급암을 보내 실상을 조사하도록 명했다. 그가 돌아와 보고했다. 백성의 실수로 불이 났고 우려할 만한 일은 못된다고.

그러나 하남 지방을 지나오다 가난한 백성이 수해와 한파를 만나 고생하는 것을 보고 임시방편으로 왕이 내려준 부절符節을 가지고 하남의 창고를 열고 곡식을 베풀어 가난한 사람을 구제했다. 급암은 마지막으로 이렇게 말했다. "신은 사자의 부절을 돌려드리며 왕의 칙령을 변조한 벌을 받고자 합니다."5

무제는 현명하게 일을 처리했다고 용서하고 형양滎陽의 현령으로 전출시켰다. 급암은 강등되는 것을 수치스럽게 여겨 병을 핑계로 고향으로 돌아갔다. 자신의 벌을 받고자 청하는 것은 신하로서 강직한 태도이지만 전출되는 것을 수치스럽게 여겨 고향으로 돌아가는 것은 옹졸한 것이다.

2.

언제나 손해만 보는 것은 아니듯이 언제나 이득만 보는 것은 아니다.

어떤 측면에서 손해를 보더라도 어떤 측면에서는 이득이 되는 경우도 있다. 마찬가지로 어떤 측면에서 이득인 듯하지만 어떤 측면에서는 손해를 본다. 『공자가어孔子家語』「육본六本」에는 공자가 『주역』을 읽다가 탄식하는 대목이 나온다. 손損괘와 익益괘에 이르자 슬피 탄식했다는 것이다. 탄식한 이유를 묻는 제자의 질문에 공자는 답한다.

> 스스로 덜어내는 자는 반드시 유익함이 오고, 스스로 더하려고 하는 자는 반드시 무너져 내리게 마련이다. 『역』에서 손괘 다음이 익괘이고 익괘 다음이 쾌夬괘다. 쾌란 제방이 무너져 내리는 결決의 의미다. 덜어내어 그치지 않으면 반드시 유익함이 있다. 그래서 익괘로 이어진다. 더하기만 하고 그치지 않으면 반드시 무너진다. 그래서 쾌괘로 이어진다. 나는 이런 것을 보고 탄식한다.[6]

공자는 이어서 배움에서도 마찬가지로 자만심을 버리고 공손하고 겸손한 태도로 배워야 한다는 점을 강조한다. 『회남자淮南子』「인간훈人間訓」에는 이 동일한 내용이 다른 맥락으로 설명된다. 세상에는 위험한 것이 세 가지가 있다. 덕이 없는데 총애를 받는 것, 재능이 낮은데 지위가 높은 것, 공이 없는데 많은 봉록을 받는 것. 그러나 손해를 보는 것 같지만 유익하고 유익한 듯하지만 손해를 보는 경우가 있다고 한다. 이어서 공자가 『역』을 읽을 때 손損괘와 익益괘를 보고 탄식하며 말했다.

> 손익損益의 도리는 왕자가 지켜야 할 일이다. 어떤 일은 이롭게 하려고 했는데 도리어 결과적으로 손해를 보는 경우가 있고 해롭게 하려고 했

는데 도리어 이롭게 되는 경우도 있다. 이해利害의 전도, 화복의 문호는 살피지 않으면 안 된다.7

두 가지 기록을 보면 공자는 『주역』의 손損괘와 익益괘에 담긴 원리를 중시했다. 손괘와 익괘는 배움에 대한 문제, 인생에 대한 문제, 정치의 문제에 모두 적용될 수 있는 내용이다. 『주역』 41번째 괘가 손損☶☵괘이고 42번째 괘가 익益☲☳괘다. 『공자가어』에서 공자는 손괘와 익괘를 배움의 도리라는 맥락에서 설명했고 『회남자』에서는 인생의 손해와 이익의 불확정성이라는 맥락에서 설명했다.

손괘와 익괘에서 보자면 손괘는 아래의 것을 덜어내어 위를 보태주는 것이고 익괘는 위의 것을 덜어내어 아래를 보태주는 것이다. 이러한 맥락은 정치적으로 해석되는 경우가 많다. 즉 위란 상층부의 권력자들이고 아래란 하층부의 백성을 말한다. 정치란 위의 것을 덜어내어 아래의 것에 도움을 주는 것이다.

괘의 모양에 그 점이 드러난다. 손☶☵은 원래 이러한 괘☰☷의 모양에서 세 번째 양陽─효를 덜어내어 제일 위의 자리에 덧붙여서 손☶☵괘의 모양이 된 것이다. 익☲☳괘는 원래 이러한 괘☰☷의 모양에서 네 번째 양陽─효를 제일 아래 자리에 덧붙여서 익☲☳괘의 모양이 된 것이다. 아래를 덜어서 위에 덧붙이니 조정에 세금을 많이 내는 것이고 위를 덜어내어 아래에 덧붙이니 백성을 풍요롭게 해주는 것이다.

그런데 왜 아래를 덜어내어 위를 보태주는 것을 손해라는 뜻의 손損이라 하고 위를 덜어내어 아래를 보태는 것을 유익함의 뜻인 익益이라고 했을까? 당연하지 않은가. 백성의 재산을 거두어들이니 백성에게는

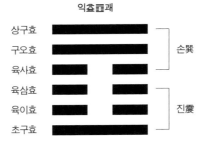

익益☶괘

상구효		손巽
구오효	
육사효	
육삼효		진震
육이효	
초구효	

손해이고 나라의 재산을 백성들에게 베푸니 백성에게는 이득이 아닌가. 통치자는 부를 덜어내어 천하를 유익하게 한다는 의미가 담겨 있다.

익益☶괘는 손巽☰괘가 위에 있고 진震☷괘가 아래에 있다. 풍뢰익風雷益이라고 한다. 손괘는 바람을 상징하고 진괘는 우레를 상징한다. 우레와 바람은 서로를 유익하게 해준다. 우레를 뜻하는 진괘는 움직임을 상징하고 바람을 뜻하는 손괘는 겸손함을 상징한다. 위를 덜어 아래를 유익하게 하는 데에 핵심은 겸손함이다.

그래서 익괘의 진괘와 손괘의 모습에 "움직이되 겸손하게 행한다"는 뜻이 담겨 있다. 아래 사람들에게 유익하게 도움을 주면서도 겸손하다. 사회적 지위가 낮은 사람들에게 유익함을 베풀어주지만 태도는 겸손하다. 타인들이 감사하며 기뻐하는데도 그 공을 자랑하지 않고 스스로는 낮추니 오히려 그 공이 빛난다. 익괘의 육삼효의 효사는 이렇다.

육삼효는 유익하게 하는 일을 흉한 일에 쓰면 허물이 없으나, 믿음을 가지고 중도를 행해야 하니, 공公에게 고하되 홀을 쓰듯 해야 한다

六三. 益之, 用凶事, 无咎, 有孚中行, 告公用圭.

"유익하게 하는 일을 흉한 일에 쓰면 허물이 없다"는 의미가 핵심이다. 양만리는 이렇게 해설한다.

> 육삼은 유약한 체질인데 하체의 가장 높은 자리에 있고 강한 지위에 처하여 움직임의 극한에 자리해서 천하를 이롭게 할 수 있는 일을 보면 결연하게 독자적으로 이롭게 하니 이롭게 하는 데에는 과감하지만 자신이 담당한 일을 망각한다. 그러므로 성인이 경계한 것이 한두 가지가 아니다. 흉한 일에 쓰면 허물이 없다고 한 것은 오직 위급하고 어려움 때문에 부득이할 경우에 쓰면 허물이 없지만 위급하고 어렵지 않은 경우에는 허물이 있다.[8]

육六은 음효로 유약한 체질이다. 삼三은 아래 진震☳괘에서 가장 높은 지위에 있다. 삼은 양陽으로 주도적으로 처리해야 할 강한 위치다. '움직임의 극한'이란 아래 진震괘가 요동하는 상황에서 제일 극심한 때라는 말이다. 이 맥락에서는 백성의 어려움이 가장 심할 때라고 보면 된다.

이럴 때에 백성의 어려운 상황을 해결하여 이롭게 해주려고 독자적이고 과감하게 일을 처리하지만 자신이 담당한 일의 권한을 망각한 행위다. 자신의 직분을 망각한 이런 독자적인 행위는 어려운 상황에서 부득이하게 할 경우 문제가 없지만 그것이 아니라면 문제가 된다.

양만리가 묘사하고 있는 내용은 정확히 급암의 일에 해당된다. 급암은 세상 사람들이 어려움에 처했을 때 창고를 열고 곡식을 베풀어 세상을 유익하게 하려 했다. 그러나 그것은 군주의 명령이라고 속인 일이므로 교제지죄矯制之罪에 해당한다. 시급한 재난의 상황에서는 용서될 수 있지만 그렇지 않다면 엄벌에 처해야 한다.

『논어』「태백泰伯」 편에는 "그 지위에 있지 않으면 그 정사를 도모하지 않아야 한다"[9]라는 말이 있다. 어떤 일을 직분으로 맡지 않을 경우 그 일을 할 수 없다는 말이다. 그것은 간섭이고 참람이기 때문이다. 더 심할 경우 죄에 해당된다. 익괘 육삼효는 이 공자의 말과 연관지어 이해할 수 있다. 호원胡瑗은 『주역구의周易口義』에서 익괘 육삼효를 급암의 일에 빗대어 설명하고 있다.

> 백성이 이로 인하여 살아나자 급암은 조정으로 돌아와 왕의 칙령을 변조한 벌을 받고 싶다고 청했다. 무제는 현명하다고 여기고 풀어주었다. 이는 그 지위가 아니지만 직분을 넘어 백성의 황폐해진 삶을 구제한 일이다. 「상전」에서 '유익함을 흉한 일에 쓰는 것은 원래 굳게 지키고 있었기 때문이라'고 한 말은 육삼효가 그 지위에 있지는 않았지만 백성을 구제하고 나라를 안정시키려는 마음은 원래 굳게 지키고 있었다는 말이다.[10]

책임 있는 자리도 아니고 직분을 맡고 있는 자리도 아니라면 외면하거나 방기하기 쉽다. 백성을 구제하고 나라를 안정시키려는 충정이 평소에 없었다면 문책을 당할 것을 감수하면서 그 일을 행하기는 어렵다. 용기 있는 행동이다. 게다가 칙령을 변조한 죄에 대한 합당한 벌을 받겠다고 하니 당당하다.

호원은 급암의 행동이 지위를 벗어나고 직분에 어긋난 행동이지만 백성이 환난에 빠졌을 때 천하를 유익하게 하는 일이라면 허물은 없다고 판단한다. 정이천도 이런 맥락에서 해설하고 있다. 지위가 낮은 이는 당연히 윗사람의 명령에 따라야 하는데 명령도 없는데 독자적으로 행동한 일이 "허물이 없다"는 것은 백성이 어려움에 빠졌기 때문이라는 점으로 해석하고 있다.

> 육삼효는 하체下體에서 가장 높은 위치에 자리하여 백성의 위에 있는 자이니, 수령守令이다. (…) '흉한 일'이란 환난과 어려움 그리고 우발적인 변고를 말한다. 육삼효는 아래 괘의 가장 높은 위치에 자리했으므로, 아래에서 마땅히 윗사람에게 명령을 받아 따라야 하니, 어찌 명령을 받지 않고 스스로 떠맡아서 세상에 유익한 일을 함부로 할 수 있겠는가? 오직 환난과 어려움, 우발적인 변고에 대해서만 마땅함을 헤아리고 갑작스런 상황에 대응하여, 몸을 돌보지 않고 분발해서 힘써 백성을 보호할 수 있으므로, 허물이 없다.[11]

물론 이러한 행위에 대한 책임을 당당하게 감수해야 할 것이다. 무제는 급암을 용서했지만 강등시켜 전출시켰다. 급암은 그것을 수치스럽게 여겨 고향으로 돌아갔다. 이런 태도는 자신의 행위를 당당하게 책임지지 못하는 옹졸한 태도가 아닐까.

3.

무제가 급암을 사직지신으로 평가했지만 그대로 믿을 수는 없다. 대단한 칭찬인 듯하지만 거기에는 어떤 깔봄이 감춰져 있다. 무제는 천하 제국의 황제였다. 그가 예의를 갖춰 대한 사람이 급암이었다. 예의를 지나치게 갖춘다는 것은 거리를 두기 위한 것이다. 친하지 못한 사이다.

급암은 강직하고 절개를 지키며 원칙을 고집하는 꼬장꼬장한 신하였다. 또한 급암은 당시 유학자들을 비난했다. 특히 공손홍이 불순한 의도를 품고 교묘하게 꾸미면서 무제에 아부하여 환심을 산다고 면전에서 면박을 주었다. 장탕張湯과 같은 도필리刀筆吏들은 법조문을 끌어들여 교묘한 말로 속여 백성을 괴롭히고 법으로 처벌하는 것을 공로로 여긴다고 질책했다.

급암은 "세상에서 흔히 말하기를 '도필리를 공경 벼슬에 앉혀서는 안 된다'고 했는데 과연 옳은 말이다"[12]라고 했을 정도로 도필리들이 정치를 행하는 것을 싫어했다. 도필리는 아전으로 하급 관리를 말한다. 도필리는 칼 도刀, 붓 필筆, 아전 이吏가 결합된 말이다. 죽간에 오탈자가 났을 때 글자를 칼로 긁어내어 삭제하고 교정하는 일을 맡은 하급 관리를 말한다고 한다. 사실 형정을 맡은 실무 관리를 의미한다.

무제는 공손홍과 장탕을 귀하게 여기고 세월이 흘러가면서 급암의 직언을 멀리했다. 무제는 공손홍을 존중했고 장탕이 새로운 법조문을 만들어 무제의 총애를 받았다. 당연히 급암은 관직에서 물러나기도 했고 결국 외직으로 발령을 받고 그곳으로 부임해 생애를 마쳤다. 왜 무제는 사직을 보존할 수 있는 신하라고 극찬하고 극진히 예를 갖추어 대했는데도 급암을 높은 관직으로 등용하지 않았을까.

일반적으로 무제 때 동중서로 인해 유학이 통치 이데올로기가 되었다고 한다. 그러나 겉으로는 유학을 내세우며 실제로는 법가적인 통치를 시행했던 것이다. 흔히 외유내법外儒內法이라고 하는 것이다. 급암은 무제의 속셈을 알았기 때문에 속마음에는 욕심이 가득한데 겉으로는 인의를 행하려고 한다고 직언했던 것이다.

문제는 급암이다. 급암이 무제를 대하는 태도는 대인배가 아니었다. 강직함은 달리 보면 편협함일 수 있고 절개를 굳게 지키는 것은 옹졸한 것일 수도 있다. 큰 그릇이 못된다. 정약용은 「급암론汲黯論」을 썼는데 시작부터 이 지점을 지적하고 있다.

급암은 의기가 굳세고 너무 강직하여 한 가지 절개로 높은 명성을 얻을 수 있는 선비이지만 삼공三公과 사보四輔의 그릇은 아니다.13

삼공은 영의정, 좌의정, 우의정을 말하고 사보는 전의前疑, 후승後丞, 좌보左輔, 우보右輔를 말한다. 모두 군주를 보좌하는 높은 관직이다. 정약용은 급암이 이런 큰일을 할 만한 그릇은 못된다고 평가한다. 아마도 무제의 판단도 그러할 것이다.

정약용은 조목조목 급암의 실수를 지적한다. 공손홍은 급암과 의논했다가 조정에 들어가 군중 앞에서는 딴말을 하여 배신했다. 급암은 공손홍의 잘못을 야박하게 폭로하고 비난했다. 정약용은 다른 대응 방식을 말한다.

공손홍이 배신했더라도 군주 앞에서는 이해득실을 분명하게 따져서 말해야 했다. 결과적으로 공손홍이 그리고 자신이 옳다는 점이 드러나도록 말이다. 물러나와 공손홍에게 자신과 합의한 의논을 배신한 이유가 무엇인지 물어보면 된다. 이런 방식이 공손홍을 반성케 하고 공손홍이 고맙게 여길 것이라는 것이다. 그리고 이렇게 급암을 평가한다.

> 어찌 박절하고 예의가 적은 사람이 아니겠는가. 이런 사람은 임금이 그 입만을 두려워할 뿐, 마음속으로 존경하여 삼공과 사보의 그릇으로 인정하지 않는다.[14]

또한 공손홍이 베로 만든 이불을 사용한 것을 비난했는데 그것은 위선적이라고 비난할 만한 일이 아니라고 했다. 옛 성인은 모두 검소했기에 교만과 사치보다는 낫다는 말이다. 그리고 장탕이 법률을 교묘하게 고치고 각박하게 시행한 점을 배척한 것은 옳지만 실언이 많았고 조리 있게 설득하지 못했다고 비판한다.

그리고 무제는 재물을 탕진하고 무력을 남용했으며 방사方士와 신선神仙을 찾아 이해할 수 없는 잘못을 저질렀는데도 급암은 한마디 말을 올려 이를 바로잡은 적이 없다. 이런 일에 대해서는 말하지 않고 군주 앞에서 공경대부의 잘못을 문책하고 모욕을 주어 자신이 강직하다는 명성을 얻고만 있다. 자신의 도덕적 우월성만을 드러낼 뿐이다.

무제가 요순의 정치를 행하고 싶다고 했을 때 속마음은 욕심에 차 있는데 어찌 인의를 시행하려고 하느냐고 면박한 일도 그러하다. 강직하게 무제의 속마음을 드러내어 면박하기보다는 무제의 털끝만한 마음의 단서를 북돋워 인의의 정치를 시행하도록 유도하는 것이 낫다는 말이다. 괴팍스럽게 비난하며 단정하면 있던 마음도 없어진다. 정약용은 마지막으로 이렇게 급암을 평가한다.

> 이는 급암이 오로지 명성을 내는 것에만 힘쓸 뿐 충직하고 사랑하며 측은하고 애달픈 정성이 없는 사람이기 때문이다. 그리고 무제도 이름 나기를 좋아했기 때문에 급암을 관대히 용납한 것이다. 무제가 급암을 사직신社稷臣으로 인정한 것은 그의 입이 두려워서이지 진심으로 인정한 것은 아니다.15

문전작라門前雀羅 혹은 문전나작門前羅雀이라는 말이 있다. 문 밖에 참새그물을 쳐놓을 만큼 손님의 발길이 끊어졌음을 말한다. 문전성시門前成市와 대조적으로 쓰인다. 이 말은 사마천이「급정열전」에서 급암을 평가하면서 한 말에서 유래했다. 급암 같이 어진 사람도 권세가 있을 때에는 빈객들이 열 배가 넘게 찾아오곤 했는데 권세가 없어지면 사라진다는 말이다.

세상인심이 원래 이렇다. 예나 지금이나 마찬가지다. 사마천은 급암에 대한 세상인심의 경박함을 슬퍼했지만 정약용의 평가에 따른다면 달리 볼 수도 있다. 급암이 권세가 없어졌을 때 빈객들이 사라진 이유는 단지 세상인심이 경박하기 때문만은 아니다. 급암의 야박함이 자초한 것은 아닐까.

급암이 백성의 삶이 황폐해졌을 때 자신이 형벌을 받을 것을 알면서도 창고를 열어 백성의 어려움을 도왔다는 점에서 의롭다 할 수 있다. 그러나 많은 세력을 포용하여 더 큰 대의大義를 행할 그릇은 못되었던 것이다. 이런 점에서 본다면 급암이 창고의 문을 열어 백성의 어려움을 구제했던 일도 한 순간의 측은한 마음에서 나왔겠지만 백성을 위해 더 큰 일을 도모하려는 일은 생각하지 못한 것이다. 천하 대의를 시행할 만한 역량은 없었던 인물이었다.

16

왜 공손홍公孫弘은
베 이불을 덮었을까

절節괘

1.

 사치가 반드시 미덕은 아니지만 절약도 반드시 미덕은 아니다. 세상에 재물과 돈이 넉넉하지 못한 것이 아니다. 세상의 어려움을 해결할 재물과 돈은 넘치지만 그 재물과 돈을 제대로 쓸 수 있는 마음이 없다. 쓸 수만 있다면 그것은 낭비가 아니라 효율적인 배분이다.

 진정으로 가난한 이들에게 절약은 절약이 아니라 고통이다. 절약도 지나칠 때는 검소함이 아니라 인색함이 된다. 공직자에게 청렴과 검소함은 반드시 지켜야 할 덕목이다. 그러하더라도 모든 사람이 공직자의 윤리대로 살 수는 없다. 사치가 미덕일 수 없다. 그렇다고 해서 소비하지 않는 삶이 행복을 가져다주지도 않는다.

 검소와 절약의 문제 때문에 욕을 먹은 사람이 있었다. 전한前漢 시대 공손홍公孫弘이다. 공손홍에 대한 평가는 엇갈린다. 비난하는 사람도 있고 칭찬하는 사람도 있다. 그러나 공손홍의 입신양명은 특별한 경우다. 금수저 출신이 아닌 흙수저 출신으로 높은 관직에 올랐기 때문이다. 작위도 없이 승상에 오르기도 힘든데 75세의 나이에 승상이 되기란 더더욱 힘들다.

 공손홍은 제나라 치천국菑天國 설현薛縣 사람으로 자가 계季다. 가난한 집안 출신으로 젊은 시절 옥리를 지냈는데 죄를 지어 파직되고 돼지를 몰아 생계를 꾸렸다. 그는 마흔이 넘어 『춘추』를 배우고 60세에 박사가 되었다. 이후 어사대부가 되고 75세에 재상이 되었다. 재상은 공을 세운 제후들이 되는 것이 관례지만 공을 세우지도 않고 재상의 자리에 올라갔다.

『사기』「평진후주보열전平津侯主父列傳」의 기록에 따르면 공손홍의 인간됨은 이렇다. "용모가 단아하고 뛰어났으며 견문이 넓었다. 항상 남의 군주된 자는 광대하지 못한 것을 병통으로 삼고 남의 신하된 자는 검소하고 절약하지 못하는 것을 병통으로 여긴다고 했다. 공손홍은 베로 이불을 만들어 덮고 밥을 먹을 때 고기반찬을 두 가지 이상 놓지 않았으며 계모가 죽은 뒤에 3년간 상복을 입었다."[1]

공손홍과 급암은 사이가 좋지 않았다. 공손홍이 공경들과 어떤 일을 논의하여 합의하고 한 무제 앞에서는 그 약속을 저버리고 무제의 뜻에 따른 적이 있었다. 급암은 불충하다고 비난했다. 무제가 그 일에 대해 공손홍에게 묻자 "저를 아는 사람은 저를 충성스럽다고 하지만, 저를 모르는 사람은 저를 불충하다고 합니다"[2]라고 답했다. 교묘한 답이다.

급암은 공손홍이 삼공의 봉록을 받으면서도 베로 이불을 만들어 덮은 일을 위선적인 행동이라고 비난한 적이 있다. 그때 공손홍은 자신의 결점을 정확하게 지적한 것이라 인정하고 "삼공으로서 베 이불을 만들어 덮은 것은 실로 거짓된 행동으로 명성을 낚으려 한 것이다"[3]라고 스스로 고백했다.

또 급암의 충성이 아니라면 이런 말을 들을 수 없었을 것이라며 급암을 칭찬까지 했다. 이를 어떻게 봐야 할까. 사마천은 "겉으로는 너그

러워 보이지만 속마음은 알 수 없었다外寬內深"고 평했는데 과연 공손
홍의 속마음은 알 수 없는 것이다.

공손홍에 대한 사마천의 평가는 명확하지 않다. 겉으로는 너그러워
도 속으로는 남을 의심하고 시기하고 각박한 사람이라고 평한다. 또 자
신에게 잘못한 사람에게 아무렇지도 않은 듯 참고 있다가 남몰래 그들
에게서 받은 해를 되갚아주었다고 서술하고 있다. 주보언主父偃을 죽이
고 동중서董仲舒를 교서로 쫓아낸 것이 모두 공손홍의 힘이 작용했다
는 것이다.

그런데 연이어서 고기반찬 하나와 현미밥만을 먹으면서도 친한 빈
객들이 입을 것과 먹을 것을 찾으러 오면 봉록을 몽땅 털어주었기 때
문에 집에는 남는 것이 없었다고 기록하기도 한다. 세상 사람들이 이런
측면에서 어진 인물로 평가한다는 것이다. 알 수 없는 인물이다.

결론적으로 사마천은 공손홍은 의로움을 행하는 덕은 훌륭하지만
때를 잘 만났다고 평가한다. 당시 한 무제가 학문에 마음을 쏟고 뛰어
난 인재를 불러 유가와 묵가의 학설을 퍼뜨리려 할 때 공손홍이 발탁
되었다. 운이 좋아 성공했다고 사마천은 평가한다.

공손홍이 유학자라면 급암은 황로학을 배운 도법道法가에 가깝다.
어떤 사람은 공손홍의 검소한 절약을 위선적이라 비난하지만 또 어떤
사람들은 그의 공직자로서의 윤리를 후대의 모범으로 칭찬하고 있다.

정통적인 유학자들은 공손홍을 위선적인 인물로 평가한다. 대표적
으로 정이천이 그렇다. 『한서漢書』의 기록에 따르면 무제가 여러 현량들
을 불러 "우임금과 탕임금 시대에 가뭄과 홍수가 있었는데 그 잘못은
어디서 연유한 것인가?"라고 물었다. 그때 공손홍은 요임금이 홍수를

만나 우에게 다스리게 했다는 말을 들었으나, 우임금 때 홍수가 있었다는 말은 듣지 못했다고 답했다. 정이천은 그 연유를 대답하지 않은 공손홍을 간악한 인간이라고 평가했다.[4] 조선 후기의 성대중도 공손홍을 그리 좋게 평하지는 않는다.

> 노불老佛을 믿으면서 잘 배우면 급암 같이 직간을 잘하는 사람과 장구성張九成 같이 방정한 사람이 되며, 유도儒道를 행하면서 잘 배우지 못하면 공손홍 같이 충성을 가장하는 사람과 왕안석王安石 같이 고집스러운 사람이 된다.[5]

유학자였던 성대중은 급암과 비교하면서 노불을 배웠더라도 유학자의 강직함을 실천할 수 있고 유학을 배웠더라도 간악한 사람이 될 수도 있다고 평한다. 급암을 높이 평가하는 것이다. 과연 공손홍의 속마음을 알 수 있을까. 공손홍은 왜 베 이불을 만들어 덮었을까. 공직자로서 천하의 모범이 되기 위해 검소와 절약을 실천했던 것일까.

2.

『주역』의 60번째 괘는 절節 ䷻괘다. 절節이란 지조와 절개를 상징하지만 기본적으로는 절약과 절제를 뜻한다. 괘의 모습이 그것을 말해준다. 절괘를 수택절水澤節이라고 읽는다. 물을 상징하는 감坎 ☵괘가 위에 있고 연못을 상징하는 태兌 ☱괘가 아래에 놓여 이루어진 괘이기 때문이다.

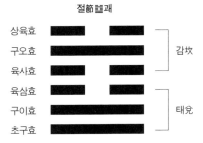

절節䷂괘

상육효		
구오효		감坎
육사효		
육삼효		
구이효		태兌
초구효		

49번째 괘가 곤䷸괘다. 수택절을 뒤집으면 택수곤澤水困이 된다. 상징의 의미가 거꾸로 된 것이다. 곤괘는 연못을 상징하는 태괘가 위에 있고 물을 상징하는 감괘가 아래에 있다. 연못 아래에 물이 있으니 연못에 물이 하나도 없이 말라버린 모습이 곤괘의 이미지다.

절괘는 연못에 물이 들어차 있는 모습이다. 연못에 물이 들어차 있으나 연못의 용량에는 한도限가 있을 수밖에 없다. 그 한도를 넘으면 물을 받아들일 수 없다. 물이 넘친다. 과도한 것이다. 절도를 넘어서는 것이다. 절괘는 그래서 절제를 상징한다. 절도와 한도를 지키는 것이 지조이고 절약이다.

절괘의 괘사는 간단하다. "괴롭고 힘든苦 절개라면 올바를 수 없다苦節, 不可貞." 연못의 용량에 한도가 있듯이 절제를 지키는 데도 능력의 한도가 있다. 자신의 한도를 넘어서서 현실을 감당하지 못한 채, 괴롭게 지켜나가는 절제와 절약은 오래 지속될 수도 없다. 그렇기 때문에 올바를 수 없다. 때문에 정이천은 다음과 같이 적절함을 강조한다.

절제는 적절한 중도를 귀하게 여기니, 지나치면 고통스럽다. 괴로울 정

도로 절제해서야 어찌 오래 지속할 수 있겠는가? 굳게 지켜서 오래 지
속할 수 없으니 올곧을 수 없다.6

이 절괘의 여섯 번째 상육上六효가 바로 '고절苦節'을 상징하는 효다.
효사는 다음과 같다. "괴롭고 힘든 절개이니 올바르더라도 흉하다. 그러
나 후회는 사라진다苦節, 貞凶, 悔亡." 여기서 주목할 것은 올바르더라도
흉할 수가 있다는 말이다. 올바른 것이 항시 올바른 것이 아니며, 올바
르다고 항시 좋은 것은 아니다. 중요한 것은 균형 감각이다.

진리와 이상에 대한 신념 때문에 세상과 타협하지 않는 절개는 숭고
하다. 예를 들어 백이伯夷는 무왕이 부친의 상중에 은나라 주왕紂王을
정벌하는 것을 반대했다. 그 후로 주나라 백성이 되는 것을 부끄러워하
며 산 속에 들어갔다 죽었다. 지조와 절개를 지킨 대표적인 인물이다.

양만리는 '괴로운 절개苦節'의 예로 백이를 든다. 그 숭고함 속에 분
노와 원한이 감춰져 있을 수 있다. 진리와 이상일지라도 현실을 떠난
진공의 순수함일 수는 없다. 세상 사람들에게 용인되거나 인정받지 못
해 감당하기 힘든 진리나 이상은 흉한 결과를 낳을 수 있다.

세상을 부정하는 고고한 독선이다. 세상으로부터 고립된 절개를 과
도하게 고집한다면 세상 사람들로부터 미움을 받을 수 있다. 올바른 지
조를 고집하다가 세상을 하찮게 여기게 되는데 그것이 흉하게 보이기
때문이다. 양만리는 백이를 협애隘하다고 평가한다.

진정한 지조로 한 세상을 하찮게 여겼으니 이것이 세상이 그를 미워했
던 이유다. 그러므로 흉한 도가 되었으니 백이의 협애함이 그러하다.7

왜 백이를 협애하다고 했을까. 현실 속에서 진리와 이상에 대한 신념을 효과적으로 실현시킬 수 있는 변통變通의 능력이 부족했기 때문이다. 『주역』의 근본정신은 변통이다. 백이는 이상에 맞지 않는 현실을 수용하고 포괄하여 자신의 태도를 자유자재로 구사할 수 있는 균형 감각을 이룬 변통의 능력이 부족했다.

진중자陳仲子라는 사람이 있다. 전국시대 제나라의 청렴한 선비다. 맹자는 진중자를 맹렬히 비난한다. 진중자는 명가名家 출신이면서 편벽한 오릉於陵에서 가난하게 살아 3일 동안 먹지도 못할 지경이었다.

맹자는 진중자처럼 불의한 것을 거부하며 지조를 지키며 청렴하게 살려면 지렁이가 되어야 가능하다고 비난했다. 혼자 자급자족하며 산다고는 하지만 그가 사는 집과 먹는 것은 어디로부터 나오는 것인가. 또한 형은 나라의 봉록을 먹고 사는데 형의 봉록이 불의한 것이라 거부하고 불의한 집이라 생각하고 함께 살지 않았다.

형이 가져온 오리를 불의한 오리라고 욕을 했다가 어머니가 정성껏 끓여준 오리고기를 먹고 그 오리가 형이 가져온 오리임을 알자 모두 토해버린다. 이런 행위가 그의 지조를 지키는 행위인가. 맹자는 이렇게 결론 내린다. "진중자의 이상을 실현하기 위해서는 인간이 지렁이가 되어야만 비로소 그의 지조를 충족시킬 수 있을 것이다."[8]

지렁이는 위로 마른 흙을 먹고 아래로 누런 물을 마시니 생존을 위해 그 이상을 요구할 것이 없다. 타인에 의존할 것도 없고 사회를 이룰 필요도 없다. 완벽한 자급자족이다. 불의와 타협하지 않는 지조를 지킨다고 세상을 부정하고 사회와 단절한 채 자신의 고결함만을 지킨다는 것은 고상함이 아니라 흉함이다.

맹자는 불의한 것을 거절하는 행위를 작은 절개라 했다. 불의를 부정하는 것은 숭고한 행위다. 그러나 집을 부정하고 형의 도움을 거절하고 어머니가 끓여준 오리음식을 토해내는 것은 인정人情의 자연스런 발로를 거부하는 일이다. 인륜人倫을 거부하는 것이다. 이 세상에 인륜보다 더 중요한 것은 없다. 이것이 맹자가 진중자의 극단적 엄격주의를 비난하는 이유다. 절제도 지조도 인정에 어긋난다면 괴로운 것이고 괴로움이 극한에 이르면 세상을 더욱더 혐오하게 된다. 행복할 수 없다.

3.

절괘는 절도와 절개이지만 동시에 절약을 의미한다. 절약이든 지조든 모두 절도를 가지고 조절하고 제어하는 일이다. 개인적인 절약과 경제적인 절약은 모두 절도를 지키면서 제재한다. 절도를 지키는 제어는 괴롭지 않다. 문제를 해결한다. 절괘 「단전」에서는 이렇게 말한다.

> 기쁨으로 험난함을 행하고 지위에 합당하게 절제하며, 중도와 올바름으로 소통한다. 천지가 절도를 지켜서 사계절이 이루어지니, 절도로 제어하여 조절해서 재물을 손상하지 않고 백성을 해치지 않는다說以行險, 當位以節, 中正以通. 天地節而四時成, 節以制度, 不傷財, 不害民.

과도하게 절제하면 마음이 고달파져서 오래 지속될 수 없다. 절제의 기쁨이 궁핍해지게 된다. 기준을 세우고 등급을 매기며 선후를 조절하는 일이 절도를 지키는 일이다. 사치하게 되거나 야박해지는 것도 절도가 없기 때문이다.

양만리는 "절도를 지키면 여유롭고 여유로우면 통하게 된다節則裕, 裕則通"고 하여 절도를 지키는 것이 괴로움이 아니라 정신적인 소통과 물질적인 유통이 원활하게 이루어짐을 강조하고 있다. 절괘의 초구初九효의 효사는 이렇다.

> 초구효는 외짝문 밖의 뜰을 벗어나지 않으면 허물이 없다初九, 不出戶庭, 无咎.

정이천은 이 효의 핵심을 외적인 유혹에도 지조를 지킬 수 있다면 허물이 없다고 해석한다. 아래 지위에 있는 초구효와 윗자리에 있는 육사효는 호응을 이루고 있다. 아래 궁핍한 자리에 있는 초구효는 윗사람의 유혹이 있기 때문에 지조를 지키기 어렵다. 그래서 보다 신중하게 정도를 행하고 지조를 지켜 문밖을 나가지 않으면 허물이 없다고 해석한다. 초初효는 가장 아래 궁핍한 자리에 있기 때문에 마음이 흔들려 변할 수 있기 때문이다.

양만리도 유사하게 해석한다. 천하에 자신의 도를 펼치기 위해 지조를 지키려 한다면 반드시 먼저 가정에서부터 시작하고 자신으로부터 시작해야 한다고 한다. 매우 유가적인 해석이다. 지조를 지키는 일이 자신으로부터 시작하여 모범이 된다면 천하에 시행하여 모범이 될 수도 있다는 의미다. 아직 정치권에 나아가지 못한 야인의 처사處士로서 자신을 수양하며 지조를 지켜나가면 허물이 없다고 본 것이다. 주목할 것은 구이九二효다. 구이효의 효사도 초구효와 유사하다.

　구이효는 양짝문 밖의 뜰에 나가지 않으면 흉하다九二, 不出門庭, 凶.

　초구효는 문밖의 뜰에 나가지 않으면 허물이 없는데 구이효는 흉하다. 왜일까? 구이효에서 구九는 양陽효로서 강직한 능력을 가지고 있다. 구이효는 군주를 상징하는 구오효와 호응을 이루고 있다. 그런데 이二라는 음의 자리에 있어 소극적이고 유약한 태도를 취하고 있다. 소극적으로 행하여 올바르지 못하고 유약한 태도를 보여 사사로운 뜻을 품은 것이다. 문밖의 뜰에 나가지 않는 것은 조정에서 군주를 보필하지 못함을 상징한다. 중도와 올바름을 지키면서 소통해야 한다는 말이다. 그렇지 못하면 흉하다. 인색한 것이다. 양만리는 이 두 경우를 대비하고 있다.

　초구효는 처사이고 구이효는 대신大臣이다. 대신의 몸으로 위로 구오효의 현명하고 강직하며 중도와 올바름을 지킨 군주를 만났으니 마땅히 그 군주를 보좌하여 도수度數를 제정하여 세상의 욕심을 절제하게 하고 덕행을 의론하여 군주의 욕망을 제어해야 한다. 이것이 그 때를 잃지 않아야 한다는 것이다. 지금 구이효는 아래 초구효 처사가 지조를 지키는 것처럼 문 안의 뜰에서 사숙만 할 뿐이니 어찌 하나라도 천하에 넓히지 않는가? 그러므로 흉하다. 그러므로 공손홍이 베 이불을 덮은 것은 절제라면 절제이지만 궁핍하거나 사치스러운 사람들과 궁핍한 백성에게 어떤 보탬이 있었겠는가?9

양만리는 초구효와 구이효를 볼 때 문밖의 뜰에 나가지 않는 경우와 나가는 경우를 구별하고 있다. 초구효는 아직 정치권력에 나아가지 않은 처사의 신분이다. 이런 위치에서는 권력자의 유혹에 흔들릴 수 있기 때문에 스스로 자신을 절제하며 지조를 지키는 것이 허물이 없다. 그래서 문밖의 뜰에 나가지 않는 경우 허물이 없다.

구이효는 위로 군주를 보좌해야 하는 대신의 신분이다. 그런데도 적극적으로 천하를 위해 일하거나 군주를 보좌하려 하지 않고 소극적으로 자신만의 절제를 고집하고 명성을 드러내려 하기 때문에 흉하다. 그래서 문밖의 뜰에 나가지 않는 경우 흉하다.

양만리가 보기에 공손홍이 베 이불을 만들어 덮은 행위는 대신이라는 관직에 처한 사람으로서 행해야 할 행위가 아니다. 이런 작은 지조를 지키려다가 정작 천하를 위하는 큰일을 하지 못하는 것이다. 개인적인 검소와 절약을 실천해야 할 것이 아니라 천하의 경제를 경영하는 일에 힘써 경제적 상황이 제대로 돌아가게 만들어 궁핍한 백성이 여유롭게 살 수 있도록 해야 한다. 개인적 절제를 행해야 할 것이 아니라 군주의 욕망을 절제하여 천하를 공명정대하게 다스릴 수 있도록 만들어야 한다. 양만리가 공손홍을 흉하다고 평가하는 이유다.

4.

공손홍에 대한 평가는 단순하지는 않다. 『한서』「공손홍·복식·예관전公孫卜式兒寬傳」에는 사마천의 기록과 유사한 내용이 담겨 있다. 한

끼에 한 가지 고기와 거친 밥을 먹었지만 친구나 빈객이 도와달라면 모든 것을 주었기 때문에 집안에 남은 재산이 없었다. 그러나 성질이 시기심이 많고 겉으로는 너그러웠지만 안으로는 각박한 사람이었다. 틈이 벌어지면 겉으로는 잘 지내는 척하지만 뒤에 끝까지 당한 것을 보복했다고 한다.

조선 시대 사대부들의 평가는 다르다. 이익은 『성호사설』「경사문·공손홍」에서 공손홍이 베 이불을 덮는 일에 대해 위선적인 행동이라고 비난했던 급암을 핑계로 검소함을 실천하지 않는 사람들을 경계하고 있다. 이익의 시각은 공손홍이 베 이불을 덮는 일 자체에 있지 않다. 그 효과를 생각한다.

이익은 사람이 어떤 일을 하도록 인도하고 권장하는 방법을 두 가지로 구분한다. "하나는 진실한 마음에서 우러나오도록 유도하는 것이고 또 하나는 명예를 바라는 마음으로 이끄는 것이다."[10] 진실한 마음에서 우러나오도록 유도하는 일은 힘들다. 교육적 효과는 오히려 명예를 바라는 마음으로 유도하여 몸에 베게 하고 이후에 그것이 진정한 마음에서 우러나오도록 만들어야 한다는 것이다. 그렇다면 명예를 바라는 마음으로 유도하는 것이 효과적이다.

> 조정에서 벼슬하는 자가 충성하고 정직한 이름을 얻으려 한다면 오
> 직 임금에게 정성껏 간해야만 정직한 이름을 나타낼 수 있고, 곧고 고
> 상한 이름을 얻으려 한다면 오직 행동을 깨끗이 해야만 고상한 이름
> 을 드날릴 수 있으며, 청렴하고 결백한 이름을 얻고자 한다면 오직 검
> 소한 것만이 결백한 이름을 퍼뜨릴 수 있을 것이다. 이는 모두 남을 속

이는 행동이라는 비판을 면치 못한다 할지라도 군자는 역시 뜻을 두어야 될 것이다. 만약 간함은 남의 잘못을 들추어내는 것과 비슷하고, 깨끗이 함은 성질이 강직하여 남의 뜻을 잘 거스르는 것과 비슷하며, 검소함은 가식이나 위선과 비슷하다고 비난한다면 착한 일을 해낼 길이 없을 것이다.[11]

공손홍이 베 이불을 덮고 거친 밥을 먹은 일을 급암이 위선이라고 비난했지만 그러한 비난은 오히려 가르침을 방해하는 효과를 낳는 말이다. 그런 행동을 위선이라 비난하면 사람들은 사치하고 맛 좋은 음식을 먹는 것을 당연하게 여기게 되기 때문이다. 이익은 벼슬을 얻어 화려한 옷으로 몸을 아름답게 만들고 검소한 것을 좋아하지 않는 자들은 모두 공손자의 죄인이라고 결론짓는다. 조선 후기의 실학자인 위백규 또한 이익의 평가와 유사하다.

공손홍이 베 이불을 덮은 데 대해 이야기하는 사람들은 그의 기만성을 이유로 대수롭지 않게 보았다. 그렇지만 한나라의 재상이 되어 권세와 총애를 마음대로 하면서도 검소함을 숭상하면 명예를 얻을 수 있다는 것을 알았으니, 오히려 완악하고 욕심이 많으며 무식하여 마음이 바라는 것을 다 채우려는 자보다는 낫다. 공손홍이 비록 공명정대한 군자는 아니지만, 오히려 명예와 의리를 돌아보고 두려워했으니, 망극한 소인小人에 견준다면 등급이 다른 정도뿐만이 아니다.[12]

이익과 위백규의 평가처럼 공손홍의 행동을 위선적이라고 비난한다면 누구도 검소함과 절제를 실천하지 않을 수 있다. 차라리 위선일지라도 절약을 행하는 것이 공직자로서 모범을 보인다는 것이다. 그것이 사람들에게 영향을 줄 수 있기 때문이다.

검소함과 자기 절제를 지키는 일은 모든 사람에게 중요하다. 그러나 때와 지위와 상황에 따라 사정은 달라질 수 있다. 양만리는 두 가지 경우를 구분했다. 관직에 오르지 않은 처사의 신분과 군주를 보필하는 대신의 신분이다. 양만리가 보기에 공손홍이 군주를 보필하는 대신으로서 세상의 시선을 의식하며 베 이불을 덮는 소절小節, 즉 작은 절개를 지키는 일을 고집하는 것은 대신으로서 중요한 일이 아니다. 오히려 천하를 경영하고 군주를 보필하는 일을 제대로 수행해야 했다.

양만리는 공손홍이 베 이불을 덮은 일을 문제 삼은 것은 아니다. 처한 상황과 지위에 걸맞은 일을 제대로 실행하지 못했음을 흉하다고 했을 뿐이다. 공직자의 일이다. 검소함을 실천하고 자기를 절제하여 지조를 지키는 일은 사회에 모범을 보이는 사람들이 지켜야 할 변치 않는 원칙이다. 그러나 공직자가 아닌 평범한 시민에게 지나치게 엄격한 절제를 강요하는 일은 절제가 아니라 고통이 될 수도 있다. 사람들은 삶을 향유할 권리가 있다.

왜 장석지_{張釋之}는
도필리를 싫어했을까

간艮괘

1.

　장작불과 사랑은 들쑤시지 말라. 왜 그러할까. 장작불이 잘 타고 있는데 괜히 들쑤시다가는 불이 꺼지지 때문이다. 사랑도 마찬가지다. 들쑤신다는 말의 사전적 의미는 "가만히 있지 못하게 자꾸 건드려 성가시게 하다"이다. 성가시게 한다는 것은 따지고 분별하고 규정하면서 들볶고 번거롭게 한다는 뜻이다.

　'찰찰察察'이란 말이 있다. 자주 쓰는 말은 아니지만 국어사전에는 '매우 자세하고 꼼꼼함'으로 나와 있다. 자세하고 세밀하게 따지고 분석한다는 것이다. 이것은 어떤 일을 처리하는 하나의 태도다. 장작불을 들쑤시는 것도 찰찰하는 것이고 사랑을 들쑤시는 것도 찰찰하는 것이다. 이런 태도를 부정적으로 보는 사람이 있다. 노자다. 『노자』에는 '찰찰'이란 말이 두 번 나온다. 그중 하나다.

　그 정치가 어리숙한 듯하면 그 나라는 돈후해지고 그 정치가 찰찰하면 그 나라는 황폐해진다. 재앙에는 복이 기대어 있고 복에는 재앙이 숨어 있다. 누가 그 끝을 알겠는가. 고정된 올바름은 없다. 올바른 것이 다시 기이한 것이 되고 선함이 다시 요망한 것이 된다. 사람들의 미혹됨이 참으로 오래되었다.[1]

어리숙한 듯이라고 번역한 '민민悶悶'은 일반적으로 '관대하다'라고 푼다. 정치를 관대하게 한다는 것이다. 지나치게 세밀한 법들을 규정하거나 총명한 지식을 앞세워 간섭하지 않는다는 의미가 있다. 그럴 때 '찰찰'은 총명함과 선함을 내세워 세밀하게 살피고 따지는 것이다. 사람들의 잘못을 빠짐없이 감시하고 따져 규정하고 다스리는 것이다.

왕필이 '찰찰'을 설명하는 말은 좀더 구체적이다. "형법과 명문을 세우고 형벌을 분명하게 밝혀서 간사함과 거짓을 단속한다."2 형법과 명문을 규정하고 형벌을 분명하게 시행하는 것이 찰찰이다. 그러나 간사함과 거짓을 단속하는 방법이 찰찰하면 왜 나라가 황폐해질까. 노자의 논리에 따른다면 정해진 올바름은 없다는 말에 그 답이 있다.

선함과 악함, 올바름과 그름, 복과 재앙, 아름다움과 추함 등등은 이분법적 대립 모순 관계가 아니다. 인간의 언어로 고정될 수 있는 것은 아니다. 선함과 복과 아름다움은 진공의 순수에 있는 것이 아니라 변화의 흐름 속에 있다. 누가 그 흐름의 끝을 알겠는가. 흐름 속에서 선함은 요망한 것으로 변하고 아름다움이 추함으로 퇴색한다.

선악과 시비에 대해서 고정된 실체와 정의를 고집하면 고정된 원칙과 기준을 타인에게 규정하고 강제하게 된다. 현실의 복잡한 실상을 파악하지 못한 채 일률적으로 적용하려고만 한다. 악과 그름의 실체를 더욱더 찰찰하게 살펴서 닦달하고 규정하면 법의 그물망은 더욱더 세밀하고 촘촘해진다. 촘촘해진 그물망으로 사람들을 포획한다.

왕필이 형벌과 명문을 세워 '찰찰'하게 다스리는 것을 비판했다고 해서 형벌과 명문을 부정하는 논리로 이해해서는 곤란하다. 형벌과 명분은 사회를 이루는 기초다. 그것이 과도할 때가 문제라는 것이다. 노자는 문명이 발달하여 법률과 명문의 제도가 발달하더라도 그쳐야 할 선이 있다고 했다.

> 비로소 법률과 명문이 제정되었다. 명문이 생겨난 뒤에는 또한 그침을 알아야 한다. 그침을 알아야 위태롭지 않다.3

그침이란 '지止'다. 적절한 선에서 멈춰야지 과도하지 말라는 얘기다. '찰찰'하지 말라는 것과 같다. 왕필은 "이것을 넘어 과도하게 나아가면 아주 사소한 일까지도 다투게 되므로"4 법률과 명문이 생겨난 뒤에는 또한 그침을 알아야 한다고 설명한다. 지나치게 엄격하고 복잡한 법률 조항은 생생한 현실을 옥죄는 족쇄가 될 수 있다. 어느 정도에서 그침을 알아야 한다.

변화하는 흐름을 무시하고 깊은 속내를 이해하지 못하면서 촘촘한 그물망을 던져 물고기를 잡아들이는 것과 같다. 강물의 흐름과 깊이를 먼저 이해하고 그 흐름의 변화를 거스르지 않으면서 물고기들의 움직임을 유도하는 방법이 바로 '민민悶悶'이다. 어리숙하게 보일 뿐이다. 그래서 노자는 "하늘의 그물망은 크고 넓다. 엉성한 듯 보이지만 놓치는 것이 없다"5고 했던 것이다.

이런 논리는 수사법에도 적용될 수 있다. 흔히 논리적으로 명석하고 분명하게 말하는 사람을 달변가라고 한다. 달변의 반대는 눌변이다. 노자는 달변보다는 눌변을 높이 평가했다. "위대한 변론은 어눌하다大辯若訥"고 노자는 말한다. 논리적 모순 같지만 현실적 효용성이 있다. 왕필의 주석은 간단하다. "위대한 논변은 타인의 상황과 조건을 바탕으로 말을 하지 자신이 전제한 논리로 조작하지 않는다. 그래서 마치 어눌하게 말하는 듯하다."[6]

정치가 어리숙하게 보이는 이유는 선악과 시비를 엄격하게 규정한 법률이나 명문을 적용하기 이전에 변화하고 복잡한 세속의 삶을 먼저 이해하려고 하기 때문이다. 논변이 어눌하게 보이는 이유도 마찬가지다. 치밀한 논리를 가지고 타인을 규정하기 이전에 먼저 타인의 상황과 조건을 이해하고 그것을 따라서 말하기 때문이다. 그것을 통해 현실의 변화와 타인의 이해를 유도할 뿐이다.

치밀한 달변가의 논리라도 현실적 조건과 상황을 이해하지 못한다면 진정성을 느끼지 못한다. 오히려 말하지 못하는 자신의 속마음을 이해해주는 눌변가가 어눌할지라도 진정성을 느껴 설득되는 것이다. 과도하기보다는 그칠 줄 알고 달변가보다 눌변가를 더 좋아했던 사람이 있다. 한나라 문제文帝를 섬겼던 장석지張釋之라는 사람이다.

2.

정위廷尉 장석지는 도양堵陽 사람이고 자가 계季다. 정위는 형벌을 맡아보던 관직으로 공경 가운데 하나다. 처음에는 기마騎馬를 주관하는 기랑騎郎이라는 낮은 지위로 문제文帝를 섬겼지만 오랫동안 승진도 못하고 아무도 그를 알아주지 않았다. 스스로 벼슬을 그만두고 고향으로 돌아가려 했으나 내빈을 접대하고 군주에게 보고를 담당하는 직책인 알자謁者로 추천되어 문제를 섬겼다.

장석지에 관한 유명한 일화가 있다. 『사기』 「장석지전張釋之傳」에 따르면 문제가 알자인 장석지를 데리고 호랑이를 기르는 곳에 간 적이 있다. 문제가 상림원을 관리하는 상림위上林尉에게 여러 새와 짐승에 관한 문서에 대해 물었는데 상림위가 우물쭈물 대답하지 못했다.

그러자 호랑이를 기르는 일을 맡고 있는 하급 관리인 색부嗇夫가 상림위를 대신하여 문제가 묻는 새와 짐승의 등록 정황을 매우 자세하게 대답했다. 사마천은 색부에 대해 설명한다. "그는 이 기회에 자신의 능력을 보이려고 말로 응대했는데 메아리가 울려나오듯 묻는 즉시 대답하는 것이 끝이 없었다."7

사마천은 자신의 능력을 보여주려고 하는 색부의 의도까지 묘사하고 있다. 문제는 관리가 이 정도는 되어야 하지 않겠냐며 칭찬하고 색부를 상림령으로 삼으려고 했다. 장석지는 색부를 상림령으로 삼는 문제의 조치에 반대했다.

장석지는 왜 반대했을까. 그는 먼저 색부의 달변을 지적한다. 색부가 조잘거리며 민첩하게 말대꾸를 하는 달변을 비난한다. 두 번째는 가혹한 진나라 정치의 원인을 지적한다. 진나라는 도필리와 같은 낮은 아전들을 높이 평가하여 임용했기 때문에 성급하고 가혹하게 살펴 결국에는 형식적으로 일을 처리할 뿐 백성을 측은하게 여기는 정이 없는 폐단이 생겨났다.

진나라 황제는 달변가인 색부의 말재주를 높이 평가하여 자신의 과실을 듣지도 못하고 진나라가 망했다는 것이다. 장석지가 걱정하는 것은 말재주만 좋은 색부를 고위 관직에 등용하면 서로 실제적인 이익만을 따져서 천하를 걱정하고 백성을 측은하게 여기는 정이 없어진다는 것이다.

장석지가 도필리를 신뢰하지 않는 데에는 이유가 있다. 도필리는 문서를 취급하고 법률을 시행하는 하급관리다. 이들은 문서와 법률에 적혀 있는 내용을 형식적이고 도식적으로 적용하여 자기들의 이익만을 꾀했다.

진나라는 법조문으로 백성을 괴롭히고 법으로 처벌하는 것을 공로로 여기는 분위기였지만 한나라 때는 도필리들의 문제를 의식했다. 급암 같은 경우는 도필리를 공경 벼슬에 앉혀서는 안 된다고 할 정도로 그들이 정치를 행하는 것을 싫어했다.

법은 공명정대하게 제정되어야 하지만 또 현실에 맞게 올바르게 집행하는 것이 중요하다. 좋은 법만 있다고 사회의 문제가 모두 해결되는 것은 아니다. 법을 공명정대하게 시행하고 집행하는 일이 더욱더 중요하다. 법 앞에 만백성은 평등하기 때문이다.

장석지는 이 점을 실천했다고 평가받는다. 사마천은 법 집행이 엄격하고 황제에게 아부하지 않았기 때문에 장석지를 높이 평가한다. 문제의 태자가 양나라 왕과 함께 수레를 타고 궁궐로 들어오면서 사마문司馬門(궁궐밖의 문)에서 내리지 않았다. 궁중 법도를 어긴 것이다. 장석지는 태자를 불경죄로 탄핵하며 문제에 아뢰었다. 문제는 자식을 엄히 다스리지 못했다고 사죄했다.

문제가 중위교中渭橋에 이르렀을 때 어떤 사람이 다리 밑에서 뛰어나와 수레를 끌던 말을 놀라게 했다. 그를 붙잡아 정위인 장석지에게 넘겨 처리하게 했다. 장석지는 벌금형에 해당된다고 판결했다. 문제는 화를 냈다. 문제는 자신을 다치게 할 뻔한 일을 벌금형에 처하는 것은 너무 약하다는 것이다.

사정은 이러했다. 고의로 그렇게 한 것이 아니었다. 황제의 행렬이 지나간 줄로 잘못 알고 나와 그렇게 된 것이었다. 장석지는 "법이란 황제가 천하 사람들과 함께 공명정대하게 행해야 하는 것"[8]이라고 답했다. 이는 황제가 천하 사람들과 함께 '공공公共'해야 한다는 말이다.

중요한 점은 '천하 사람들과 함께'라는 말이다. 황제 혼자만의 독단적 판단이 아니라 천하 사람들과 함께 법의 합당함과 공정성을 공유해야 한다는 말이다. 황제의 법적인 판단을 장석지는 그대로 따르지 않았다. 공정성을 생각했다.

한 고조 유방을 모시는 묘인 고묘高廟에서 옥가락지를 훔친 사람이 있었다. 문제는 몹시 노하여 정위 장석지에게 넘겨 다스리게 했다. 장석지는 법률에 따라 사형에 처한 뒤에 시체를 시장에 버리는 기시棄市에 해당한다고 판결했다. 문제는 화를 내며 친족을 멸하는 벌을 내려야 한다고 했다.

장석지는 굴하지 않고 이런 판결이면 족하다고 했다. 그리고 "또한 죄는 같아도 무겁고 가벼운 정도에 따라 차이가 있어야 합니다"[9]라고 하여 종묘의 물건을 훔쳤다는 것으로 친족을 멸하면 흙 한 줌 훔친 죄인에게는 어떤 벌을 내려야 하느냐고 반문했다. 문제는 정위의 판결이 옳다고 여겼다. 이는 단지 법률의 조항만으로 일괄적으로 판결하지 않음을 나타낸다. 현실의 실정을 파악하고 차이를 구별하여 경중에 따라 판결했던 것이다.

문제가 죽고 경제景帝가 즉위했을 때 장석지는 경제를 태자 때 탄핵했던 일로 걱정했다. 경제는 나무라지 않는다고 했지만 장석지는 경제를 섬긴 지 1년 만에 회남왕의 재상이 되었다. 이것은 좌천이었다. 그로부터 얼마 뒤 장석지는 세상을 떠났다.

장석지는 법이란 황제가 만백성과 함께 지켜야 하는 것이라고 당당하게 말할 수 있는 신하였다. 또한 황제의 의견보다는 제정된 법률을 중시하되 현실적인 맥락을 고려하여 공명정대하게 시행하려고 했다. 도필리들이 형식적 문구와 법률 조항을 일괄 적용하여 이익을 꾀하는 것을 싫어했다. 그들의 달변도 그런 점에서 비판했다. 진나라의 정치가들이 법률과 형벌을 제정하여 가혹하게 다스렸던 일을 지적하는 데에서는 백성을 측은하게 여기는 정이 없다고 했다. 이는 형식적이고 강제적인 법보다는 그것을 현실의 상황과 조건에 맞게 공명정대하게 시행하고 판결하는 일을 중시했던 것이다.

3.

장석지는 진나라가 망한 이유가 도필리와 같은 아전들이 가혹하게 살피고 찰찰하게 다스렸기 때문에 백성을 측은하게 여기는 정이 없는 폐단이 생겨났다고 평가한다. 지나치게 가혹하여 과도했던 것이다. 노자가 말하는 적절한 선에서 그치는 지혜를 몰랐던 것이다.

『주역』에는 그침을 상징하는 괘가 있다. 52번째 괘인 간艮☶괘다. 산을 상징하는 간艮☶괘가 위 아래로 겹쳐 있다. 그래서 중산간重山艮 혹은 간위산艮爲山으로 읽는다. 중重은 거듭되어 겹친다는 말이다. 간괘는 산을 상징한다.

간艮☶괘

상구효

육오효

육사효   간艮

구삼효

육이효

초육효   간艮

간☶괘의 모습은 산이 겹쳐져 있는 것이지만 두 사람이 등을 보고 서 있는 것을 상징하기도 한다. 양만리는 양陽―효가 두 사람의 등을 상징하고 음陰--효가 귀와 눈, 발과 다리를 상징한다고 푼다. 간괘의 모습은 두 사람이 나란히 멈춰 서 있는 모습이다.

간괘는 멈춤止의 의미가 있다. 멈춤은 소극적인 정지를 의미하지 않는다. 오히려 간괘가 말하는 멈춤은 고도의 적극성과 자제력, 타이밍의 판단과 현실의 시세와 정세에 대한 판단을 내포하고 있다. 그래서 불만도 미련도 후회도 없다.

등을 진다 혹은 멈춘다는 의미의 간괘는 현실로부터 등을 진다거나 현실로부터 도피하는 것이 아니다. 소식이 간괘를 설명하는 말은 의미심장하다. "성인에게서 귀한 것은 고요히 하여 냉정하게 사람들과 교류하지 않는 것이 아니라 사람들과 함께 어울려서 모두 길흉의 영역으로 들어가되 혼란하지 않는 것이 귀한 것이다."[10]

간괘가 말하는 멈춤은 세속으로부터 벗어나는 것도 아니다. 욕망을 버리는 것도 아니다. 사람들과 세속 속에서 욕망을 가지고 살아가되 혼란해지지 않고 적절하고 마땅한 곳에서 멈추는 일이다. 정이천은 "화엄

경 전체를 보는 것은 간艮괘 하나를 보는 것만 못하다"[11]라고 했다. 불교에서 말하는 세속으로부터 해탈과는 다른 점을 말하기 때문이다. 간괘의 괘사는 이러하다.

> 그 등에 머물러서 그 몸을 얻지 못하며 그 뜰에 가더라도 그 사람을 보지 못한다. 허물이 없다艮其背, 不獲其身, 行其庭, 不見其人. 無咎.

"몸을 얻지 못한다"는 것과 "사람을 보지 않는다"는 것의 의미를 양만리는 '망아忘我'와 '망물忘物'의 의미로 해석한다. "몸을 얻지 못한다"를 '망아'로 해석하는 것은 사사로운 자아를 망각한다는 뜻이다. 어떤 일을 처리하는 데 사적인 의도나 계산을 개입시키지 않고 공명정대하게 처리한다는 말이다.

"사람을 보지 않는다"를 '망물'로 해석하는 것은 타인을 망각한다는 말이지만 타인과 관계를 끊는다는 말이 아니다. 공적인 일을 처리하는 데에 타인의 이해관계에 얽매이지 않고 공명정대한 원칙대로 행한다는 말이다.

간괘의 의미는 단순히 모든 욕망을 멈추라는 것이 아니다. 욕망을 완전하게 끊어 없애버리라는 것이 아니다. 멈추어 아무것도 하지 말라는 것이 아니다. 멈추어야 할 때 멈추어야 하지만 가야할 때 가는 것도 멈춤의 의미다. 「단전彖傳」에서는 이렇게 말한다.

> 간이란 멈춤이다. 그러나 그냥 멈추는 것이 아니라, 머물러야 할 때에 머무르고, 가야 할 때에는 가는 것이다. 움직일 때와 고요할 때 모두

때를 잃지 않으면 그 도는 밝게 빛난다艮, 止也, 時止則止, 時行則行, 動靜
不失其時, 其道光明.

머물러야 할 때 머무르는 것이 멈춤이지만, 가야 할 때 가는 것도 멈
춤이다. 욕망을 억제해야 할 때 억제하는 것도 멈춤이지만, 욕망을 일
으켜야 할 때 일으키는 것도 멈춤이다. 억제해야 하는 것은 사특한 욕
망이며, 일으켜야 할 것은 정당한 욕망이다. 정당한 욕망을 일으킬 때
일으키고, 사특한 욕망을 멈추어야 할 때 냉정하게 멈추어야만 한다.

멈춤은 수동적인 정지가 아니다. 정이천은 이런 논리를 구사한다.
"운동과 정지는 서로 원인이 된다. 움직임이 있다면 정지가 있고 정지했
다면 운동이 있다."[12] 이런 논리를 어떻게 이해할 수 있을까. 어떤 측면
에서 움직였다면 다른 측면에서는 정지해야한다는 말이다.

관성의 법칙이 있다. 관성의 법칙에 따른다면 움직이는 것은 계속 움
직이려고 한다. 관성이기 때문이다. 그 관성의 움직임을 멈춰야 제자리
에 설 수가 있다. 가만히 있는 것은 계속 가만히 있으려고 한다. 가만히
정지해 있으려는 것을 멈춰야 움직일 수 있다. 관성의 법칙에 따른다면
멈춘다는 것은 수동적인 것이 아니라 오히려 적극적인 행위다.

마음도 동일하다. 불교에서는 집착을 버리고 사랑도 버리라고 한다.
사랑의 집착이 증오와 미움을 낳기 때문이다. 또한 욕망도 버리라고 한
다. 번뇌와 두려움이 생기기 때문이다. 사랑도 버리고 욕망도 버리고 세
속의 휘둘림을 끊어야 한다. 간괘가 말하는 멈춤은 이런 단절이 아니
다. 멈춰야 할 때에 멈추고 멈춰야 할 곳에 멈추는 일이다. 제자리와 적
절한 위치와 지극한 선함에서 멈추는 일이다. 그것이 사랑과 욕망의 멈

춤이다.

4.

문경지치文景之治는 태평성대다. 문제는 '칠제七制'로 유명하다. 칠제
는 뛰어난 7명의 군주를 말한다. 문중자文中子로 유명한 왕통王通이 한
나라 황제를 평가한 말이다. 전한의 고조, 문제, 무제, 선제, 후한의 광무
제, 명제, 장제 등 7명의 군주가 인仁, 의義, 공公, 서恕로 천하를 다스렸
다고 왕통은 평가했다. 문제를 섬겼던 사람이 장석지다. 간괘 초육효의
효사는 이렇다.

> 초육효는 발꿈치에서 멈추는 것이라 허물이 없으니 오래도록 올바름
> 을 유지하는 것이 이롭다初六, 艮其止, 无咎, 利永貞.

몸에서 가장 아래에 있는 것이 발꿈치다. 초初는 시초다. 발꿈치라는
상징은 시초를 의미한다. 첫 단추를 잘못 끼우면 마지막 단추를 끼울
곳이 없다. 시작의 중요성을 강조하는 말이다. '발꿈치에서 멈춘다'는 것
은 바로 이 시초에서부터 멈춤의 도리를 행하는 것을 말한다. 양만리
는 초육효를 장석지의 예를 가지고 설명한다.

> 불선함을 멈추는 것은 반드시 시초에 있다. 시초에서 멈추어도 끝에
> 서 멈출 수 없는 경우도 있는데 하물며 시초에서부터 방자한 경우는
> 어떠하겠는가? 안연은 불선함을 일찍이 알아 고쳐 후회함이 없었으니

자신의 불선함을 시초에서 멈추었다. 한나라 문제가 즉위한 초기에 색부의 유창한 달변을 좋아했는데 장석지가 그 해로움을 지극히 말하여 군주의 불선함을 시초에서 멈추게 했다. 안연은 거의 성인에 가깝고 문제는 뛰어난 7명의 군주 가운데 하나가 되었으니 시초에서 멈춤의 효과다.[13]

양만리는 문제를 '칠제'로 평가한다. 문제가 훌륭한 군주가 될 수 있었던 것은 장석지가 군주를 잘 섬겼기 때문이다. 장석지가 행한 일은 군주의 욕망을 시초에서부터 적절하게 제어한 것이다. 그것의 요체는 멈춤이다. 문제의 어리석음과 욕심이라는 불선함을 시초에서부터 잘 멈추게 했다는 것이다.

『자치통감』에는 "장석지가 정위가 되었을 때에는 천하에 원통해하는 백성이 없었는데 우정국이 정위가 되자 백성이 스스로 원통해하지 않았다"라는 평이 있다. 어떤 사람이 이런 평이 어떠냐고 묻자 여조겸呂祖謙이 이렇게 답했다.

사관史官이 한 말로 논한다면 백성이 스스로 원통하지 않은 것이 천하에 원통해하는 백성이 없는 것보다 낫다. 천하에 원통해하는 백성이 없는 것은 판결이 모두 죄에 합당할망정 죄인이 모두 마음으로 승복한 것은 아니다. 그러나 실상을 가지고 살펴보면 우정국은 실상 장석지만 못하다.[14]

왜 여조겸은 실상을 가지고 말하자면 장석지가 더 낫다고 판단했을까. 다리 밑에서 뛰어나와 문제의 수레를 끌던 말을 놀라게 했던 사건에 대한 장석지의 판결을 다시 생각해보자. 장석지는 벌금형이라고 판결했는데 문제는 그 판결이 합당하지 않다고 했다. 장석지는 문제가 그 사람을 그 자리에서 칼로 베어버리라고 했다면 그만이지만 정위에게 넘어온 이상 법에 따라 공명정대하게 판결해야 함을 주장했다. 이렇게 말했다.

> 정위는 천하 공평의 상징이라서 한 번 기울면 천하의 법 집행이 모두 높아지거나 낮아지게 되니 백성이 어느 곳에 손과 발을 놓겠습니까?[15]

공평의 상징이라고 번역한 말은 평平이다. 흔히 칭평稱平이라는 말을 쓴다. 저울로 사물의 경중을 헤아리는 것을 의미한다. 주로 형벌의 경중을 헤아릴 때 쓰는 말이다. 저울로 무엇을 어떻게 헤아릴까.

장석지는 다리 밑에서 뛰어나온 사람의 죄를 판단할 때 단지 왕의 명령과 판단, 즉 국가적 법률만을 즉자적으로 따르지 않았다. 다리 밑에서 뛰어나온 사람의 사정과 현실적 맥락을 들어보고 법률을 적용했다. "판결이 모두 죄에 합당했다當其罪"는 말은 이런 의미로 이해할 수 있다.

장석지는 문제에게 천하 사람들과 함께 합당함과 공정성을 공유해야 한다는 의미인 '공공公共'을 말했다. '공공'이란 단지 국가적 차원의 공적 차원을 강조하는 것이 아니다. '천하 사람들과 함께'라는 말에는 천하 사람들과 황제로 대표되는 국가 사이에서 공명정대한 공공성이 형성되어야 한다는 말이다.

장석지는 죄를 판결할 때 죄를 지은 사람의 입장과 황제로 대표되는 국가적 법률 사이에서 저울로 사물의 경중을 헤아리듯이 두 영역을 충분히 살펴서 공명정대한 판단을 내렸다. 법은 황제의 일반적인 독단과 강제에 의한 것이 아니다. 천하 사람들의 구체적인 사정까지 고려하여 법을 집행한다는 것이 장석지가 말하는 공공이다. 천하 백성의 사정만을 고려하여 모두 너그럽고 관대하게 용서해주는 것도 아니다. 법률에 근거하여 판단하는 것이다.

강물은 흐르고 깊다. 변화하는 흐름 속에서 변화를 읽어내지 못한 채 형식적인 총총한 그물망을 던져 물고기를 잡아들이는 것은 전체주의적 발상이다. 도필리들은 법률을 문자에 얽어매고 형식적으로 이용했다. 그들이 이득을 꾀하여 법률과 명문으로 말재주를 부려 백성을 가혹하게 다스리는 것을 장석지는 싫어했던 것이 아닐까.

왜 오왕吳王 비濞는
반란에 실패했을까

익益괘

1.

혁명revolution, 革命이란 무엇인가? 혁명은 구체제를 뒤집어엎고 새로운 정치 체제를 만들어가는 것이다. 즉 역사 발전에 따라서 기존의 사회체제를 변혁하기 위해 정치권력을 비합법적이고 폭력적인 방식으로 교체하는 것이다. 정치적 혁명이면서 동시에 사회적 혁명이다.

사전적 정의는 기존의 사회 체제를 변혁하기 위하여 이제까지 국가권력을 장악했던 계층을 대신하여 권력을 비합법적인 방법으로 탈취하는 권력 교체의 형식이다. 또한 종래의 관습이나 제도를 버리고 새로운 관습과 제도를 세우는 의미도 있다.

역사적으로 영국에는 청교도 혁명, 미국에는 독립혁명, 프랑스에는 프랑스 대혁명, 러시아에서는 공산주의 혁명이 있었다. 이들은 모두 민중의 지지를 받아 일어난 일이었다. 쿠데타는 지배계급 내의 일부 세력이 무력 등의 비합법적 수단으로 정권을 탈취하는 일이다. 성공하면 혁명이고 실패하면 쿠데타라고 하지만, 쿠데타는 혁명과는 달리 민중의 지지는 필요하지 않다. 새로운 문화도 없다.

동아시아에서 혁명革命은 천명天命을 바꾸는 일이다. 천명이란 하늘의 명으로 천자天子의 권력에 대한 정당성의 근거였다. 천명이 바뀌면 왕을 갈아치울 수 있다. 대표적인 것이 상주혁명商周革命이다. 상 왕조에서 주 왕조로의 교체는 바로 천명에 근거하고 있다. 왕조의 교체는 문명의 변혁이었다.

하 왕조 걸桀왕이 포악한 정치로 천명을 잃고 탕湯왕이 천명을 받아 상 왕조, 즉 은나라를 열었다. 그러나 은나라 주紂왕의 실정으로 하늘의 명을 잃고 주나라의 문文왕이 천명을 받았다. 천명 사상은 주나라가 상 왕조를 정벌하는 일을 합리화하고 은나라 유민을 포섭하고 회유하려는 논리였다. 천명에 의해 주나라 통치의 정통성을 확보했던 것이다.

『서경書經』에 따르면 하늘이 주나라의 통치자였던 문왕에게 포악한 상나라를 멸망시키고 주나라를 건국하라는 천명을 내렸다. 따라서 주나라 무武왕이 상나라를 정벌한 것은 제후가 왕을 무력으로 공격한 하극상이나 쿠데타가 아니었다. 하늘의 뜻을 수행한 것이고 백성의 염원을 실현한 것이다. 천명에 의해 주나라 왕조 창업의 정당성을 얘기한다.

천명에 의한 혁명에 관한 논의가 『주역』에도 나온다. 49번째 괘가 혁革☲☱괘다. 혁괘의 「단사彖辭」에는 이런 말이 나온다.

> 천지가 변혁하여 사계절이 이루어지며 탕왕과 무왕이 혁명하여 천명에 순응하고 사람들에게 호응했으니, 변혁의 때가 크도다天地革, 而四時成, 湯武革命, 順乎天而應乎人, 革之時, 大矣哉!

천명에 순응한다는 것은 성급하게 혁명을 일으키지 않고 때를 놓치지도 않고 정확한 타이밍에 맞게 행하는 것이다. 때는 시세와 형세의 변화를 아는 것이기도 하다. 사람들에게 호응했다는 말은 민심에 어긋나지 않았다는 말이다. 때를 정확하게 판단하고 민심을 읽어내야 혁명은 가능하다. 그렇지 않을 때는 폭력의 쿠데타일 뿐이다.

한 고조 유방은 천하를 평정하고 가문의 자제들에게 땅을 나누어주고 제후국을 만들었다. 그 가운데 장조카 유비劉濞에게는 오吳나라를 봉했다. 유방이 죽자 반기를 드는 제후들이 늘어나서 경제는 왕권 강화를 위해 제후국의 영지를 축소해야 한다는 조조鼂錯의 개혁정책인 삭번책을 받아들였다.

오왕吳王 비濞는 자신에게 화가 미칠 것을 두려워하여 모반을 꾀한다. 주변 제후국을 설득하여 세력을 규합했다. 오왕 비가 주축이 되어 조趙·교서膠西·초楚·교동膠東·치천菑川·제남濟南 여섯 나라와 함께 일으켰던 반란이 바로 기원전 154년에 일어난 오초칠국의 난이다. 그러나 이 반란은 실패하고 만다.

2.

오왕 비는 유방의 형인 유중劉仲의 아들이다. 흉노의 공격에도 제대로 싸워보지도 못하고 도망 왔으니 유중은 그리 훌륭한 왕은 못되었다. 유방은 혈육이라 죽이지는 못하고 왕을 폐하고 후侯로 삼았다. 거기에 비하면 유비는 기개와 힘이 넘쳐 전쟁의 공로를 세워 오왕으로 삼았다.

사마천에 따르면 유방은 유비의 관상을 보고 "너의 관상에 모반할 상이 있다"고 했다. 50년 뒤에 반란을 일으킬 자는 아마도 너일 것이라고 예언 아닌 예언을 했다. 유비는 물론 반란을 일으키지 않겠다고 답했지만 유방의 눈썰미는 틀리지 않았다. 이것이 사실인지는 확인할 수 없지만 사마천은 이런 일화를 통해 유비의 성품에 대해 어떤 암시를

준 것이다.

오왕 비는 나라를 잘 다스렸던 듯하다. 돈을 주조하고 바닷물을 끓여 소금을 만들었고 백성에게도 세금을 부과하지 않는 정책으로 나라는 풍요로웠다. 문제 때의 일이다. 오나라 태자 즉 오왕 비의 아들이 황태자를 모시고 술 마시며 바둑을 두었다. 바둑을 두다가 다툼이 일어나 황태자가 바둑판을 던져 오나라 태자가 죽고 만 것이다.

태자의 시신이 오나라에 도착하자 오왕 비는 화가 치밀어 장안에서 죽으면 장안에서 장례를 치러야지 어찌 이곳에서 장례를 치르겠냐고 호통을 치며 시신을 다시 장안으로 돌려보냈다. 이 일화를 통해 오왕 비가 한나라 황실에 대한 원한이 얼마나 깊었는지를 짐작할 수 있다.

이 일로 오왕 비는 점차 번신藩臣의 예를 하지 않고 조회朝會에도 참여하지 않았다. 한나라 황실과의 관계는 더욱더 악화되었고 오왕 비는 점차 교만해졌다. 병을 핑계로 조회하지 않자 황실에서는 오나라 사신이 오면 감금하고 꾸짖었다. 오왕은 두려워 음모를 꾸미기 시작했다.

황실이 오왕 비를 너무 야박하게 꾸짖고 압박하자 오나라 사신이 천자를 만나서 "연못 안의 고기를 너무 자세히 살피는 것은 상스럽지 않다"[1]고 하면서 오왕 비를 그냥 내버려두고 다시 시작할 수 있게 해주기를 청했다. 지나치게 압박하면서 죄를 묻지 말고 관대하게 대하여 오왕 비가 다시 조회에 나올 수 있게 만들어야 한다는 말이다.

"연못 안의 고기를 너무 자세히 살피는 것은 상스럽지 않다"는 말은 『한비자韓非子』「세림說林」편에 나오는 말이다.[2] 말하지 않은 상대의 미묘한 생각이나 치부를 자세하게 알고 있다는 사실을 상대가 알아차리면 자신이 위태롭게 될 수 있다는 말이다.

오나라 사신은 이 말을 인용하여 군주가 신하의 은밀한 곳을 지나치게 파헤치면 신하는 자기가 지은 죄에 대한 두려움으로 반란을 일으켜 재앙이 생길 수 있다는 뜻을 내비친 것이다. 물론 문제는 그 말을 받아들여 오왕 비에게 '궤장几杖'을 주면서 늙었으니 조회하지 말라고 했다.

'궤几'는 연로한 사람이 앉을 때 기대는 책상이고 '장杖'은 지팡이다. 옛날에는 나이든 사람을 공경한다는 표시로 왕이 직접 궤장을 하사하는 일이 있었다. 문제는 오왕 비를 연로한 공신으로 대우했던 것이다.

이때 조조는 오왕 비가 반란을 일으킬 것을 꾸미고 있다고 하면서 경제에게 지방 제후들의 권력을 축소시키는 계책을 내놓았다. 이것이 유명한 삭번책이다. 오왕 비는 자기 땅이 깎일 것을 두려워하여 모반을 꾸미려 했으나 함께 할 세력이 없었다.

오왕 비는 여러 세력의 도움을 청하며 세를 규합했다. 사실 조조를 명분으로 반란을 일으킨 것이지만 오왕 유비는 이전부터 반란을 모색했던 것이다. 오초칠국의 난은 친족 형제의 반란쯤 되는 것이다.

경제는 조조를 죽이고 원앙을 보내어 오왕을 회유하려 했지만 실패했다. 이때 오왕은 자신을 동제東帝로 칭했다. 즉 경제는 서제西帝가 되는 것이다. 이는 쿠데타이며 오만의 극치인 셈이다. 결국 주아부와 두영이 무력으로 반란을 진압했다.

결과적으로 반란을 진압하고 제후들의 세력을 약화시키며 중앙집권을 강화했다. 이후 무제武帝 때에 전성기를 이루게 된다. 사마천은 "옛말에 '옛 것을 바꾸고, 상도를 어지럽히면 죽지 않으면 망한다'고 했으니 그것은 바로 조조와 같은 사람을 두고 하는 말이 아니겠는가?"[3]라며 조조를 비난했다.

그러나 조조의 삭번책은 중앙 행정력도 통하지 않는 제후국들의 위협을 다스리려는 계책이면서 기득권 세력을 개혁하려는 정책이었다. 조조는 엄혹하고 야박한 정책을 폈기 때문에 제후들과 기득권 세력에게는 눈엣가시였다. 단지 조조의 문제 때문에 오왕 비가 반란을 일으켰다고 볼 수만은 없다. 사마천의 평가는 이러하다.

> 오왕이 왕이 된 것은 아버지가 벼슬이 깎였기 때문이다. 부역과 세금을 가볍게 해주고 백성이 산과 바다의 이익을 마음대로 하게 하였다. 반란의 싹은 그 아들로부터 일어난 것이다. 기예를 다투다가 난을 일으키고 마침내 근본을 망하게 했고 월나라를 가까이 하고 종실을 모반하다가 결국은 망했다.[4]

　　오왕 비에 대한 사마천의 평가는 긍정적이지 못하다. 사마천에 따르면 오왕 비가 왕이 된 이유는 유비가 훌륭해서라기보다는 아버지 유중이 못났기 때문이었다. 또 오왕 비는 기개와 힘이 넘쳐나는 사람이었으며 유방은 유비를 보고 반상反相, 즉 모반할 상이라고 했다.

　　사마천의 기록을 믿을 수는 없지만 모반할 상이란 반골 기질에 가까운지도 모른다. 즉 권력에 순응하지 않고 저항하는 태도다. 오왕 비는 중앙의 통제를 무시하고 화폐 주조가 자유롭게 되자 돈을 주조하고 소금도 생산하여 팔았다. 이를 통해 경제는 발전했고 백성으로부터 세금을 거두지 않아도 나라 살림은 넉넉해졌다.

　　황실의 입장에서 본다면 위협적인 세력이었다. 또한 오왕 비는 아들의 문제 때문에 원한이 깊었다. 사마천은 그 점을 강조한다. 반란의 싹은 오왕 비의 아들로부터 일어난 것이다. 아들의 죽음에 대한 원한은 해소될 수 없는 문제다. 그렇다면 이 반란은 어떻게 바라봐야 할까. 사마천의 말대로 근본을 망치고 종실을 모반하여 결국에는 망할 수밖에 없었던 사건이었을까.

3.

해가 뜨고 달이 뜨며 사시사철 변화하듯이 역사의 흥망성쇠는 인간사에서 벌어지는 어찌할 수 없는 변화의 흐름일지도 모른다. 어떤 이가 말했듯이 장강長江의 물은 넘실넘실 요란하게 흐르지만 물거품처럼 사라진 영웅들의 시비들은 헛되고 헛될 뿐인지도.

『주역』은 첫 번째 괘인 건乾☰괘에서 시작하여 마지막 괘인 미제未濟☵괘로 이어진다. 이는 또한 역사의 흥망성쇠처럼 음양의 흥망성쇠를 표현하고 있다. 그래서 양의 세력이 점차로 자라는 괘도 있고 음의 세력이 점차로 자라는 괘도 있다. 그 가운데 손익損益, 즉 덜어냄과 덧붙임을 상징하는 괘가 있다. 41번째 괘가 손損☶괘이고 42번째 괘가 익益☵괘다. 정이천은 익괘에 대해 이렇게 설명한다.

> 흥망성쇠, 덜어냄과 덧붙임은 마치 둥근 고리를 도는 것과 같아서, 극한에 이르면 반드시 덧붙여지는 것이 자연스러운 이치이니, 덧붙임을 상징하는 익괘가 덜어냄을 상징하는 손괘를 이었다.[5]

손괘는 아래 것을 덜어서 위를 덧붙여주는 것이고 익괘는 위의 것을

익효**☲**괘

상구효 ⬛⬛⬛ ┐
구오효 ⬛⬛⬛ ├ 손巽
육사효 ⬛ ⬛ ┘
육삼효· ⬛ ⬛ ┐
육이효· ⬛ ⬛ ├ 진震
초구효 ⬛⬛⬛ ┘

덜어서 아래를 덧붙여주는 것이다. 괘의 모양에 그 점이 드러난다. 아래의 양陽 ―효를 위로 덧붙여 손괘의 모양이 된 것이고 위의 양효를 아래에 덧붙여 익괘의 모양이 된 것이다. 위를 덜어서 아래를 덧붙이니 군주가 시혜를 베풀고 신하가 은혜를 받는 것을 의미하기도 한다.

익괘의 모양**☲**은 바람을 상징하는 손巽**☴**괘가 위에 있고 우레를 상징하는 진震**☳**괘가 아래에 있다. 우레와 바람은 서로를 유익하게 해준다. 바람이 맹렬하면 우레는 빠르고, 우레가 격렬하면 바람은 거세지기 때문이다. 우레의 진괘는 움직임을 상징한다. 바람의 손괘는 부드러움을 상징한다.

익괘 「단전彖傳」에 "덧붙임은 움직이되 공손하여, 날로 나아감이 끝이 없다益, 動而巽, 日進无疆"고 했다. 움직이되 부드럽게 움직인다는 말이다. 무슨 말일까. 덧붙인다는 익益은 증진이면서 유익함이다. 천하를 나아지게 하고 이롭게 한다는 말이다. 정이천은 이렇게 설명한다.

천하를 유익하게 하는 방도는 그 움직임이 이치를 공손하게 따르면 그 유익함이 날로 나아가고 넓어져 한계가 없을 것이다. 움직이면서 이치에 순응하지 않는다면 어떻게 큰 유익함을 이룰 수 있겠는가?[6]

천하를 위한 대업을 일으키는 일은 누구나 할 수 있는 일이 아니다. 뜻이 있다고 해도 재능이 없을 수도 있고 재능이 있더라도 세력이 없을 수도 있다. 세력이 있더라도 명분이 없거나 호응하는 사람이 없어도 불가능하다. 움직이되 이치를 따라 부드럽게 진행하라는 말은 폭력적인 방식으로 나아가는 것이 아니라 명분의 정당성을 얻고 백성의 마음을 얻고 현명한 지혜와 과감한 결단력으로 나아가는 것이기도 하다.

「단전」에서 "익益의 방식은 때에 맞게 한다凡益之道, 與時偕行"라고 말한 이유다. 초구효는 일의 시작이면서 능력을 가진 사람이 낮은 위치에 처한 경우다. 초구효의 효사는 이렇다.

크게 일을 일으키는 것이 이로우니, 크게 길해야 허물이 없다利用爲大作, 元吉, 无咎.

초구효는 진震☳괘 아래 첫 번째 양陽효로서 우레의 진동을 일으키는 주체다. 양이라는 강한 능력을 가진 사람이라서 재능이 충분하고 육사효라는 높은 신하가 호응하고 있다. 그래서 초구효는 우레와 같은 진동을 일으키는 주체다. 세상을 유익하게 하는 때에 초初의 낮은 위치에 있지만 세상을 유익하게 하기에는 충분하다.

지위가 낮은 사람은 일들을 주도적으로 해나가기는 힘들지만 사람들과 함께 도움을 얻어서 세상을 유익하게 할 수 있는 일을 일으켜야 한다. 그것이 "크게 일을 일으키는 것이 이롭다"는 의미다.

지위가 낮아서 크게 일을 벌였는데 실패하면 자신뿐만 아니라 함께 했던 많은 사람이 피해를 입게 된다. 그것이 "크게 길해야 허물이 없다"는 말이다. 양만리는 바로 이 익괘 초구효에서 오왕 비의 경우를 읽고 있다. 길지만 인용해본다.

> 천하를 유익하게 하는 위대한 재능이 없으면 천하를 유익하게 하는 큰일을 맡을 수 없다. 천하를 유익하게 하는 위대한 덕이 없으면 천하를 유익하게 하는 위대한 재능을 가진 사람을 제어할 수 없다. 초구효는 강한 재능을 가져서 진震☳괘의 움직임의 주체이고 육사효라는 군주와 가까운 신하의 호응도 얻고 있다. 그래서 그 지위가 괘의 가장 아래에 있지만 천하를 유익하게 하는 큰일을 일으키는 것이 이롭다. 그러나 성인은 그 재능을 기뻐하지만 그 마음을 걱정한다. 왜 그러한가? 큰일은 일상적인 일이 아니다. 요왕이 순왕에게 선양한 것과 탕왕과 무왕이 혁명을 일으킨 것과 같다. 큰일을 일으키는 재능을 쓰는 것에 이로움이 있지만 지극히 선한 덕이 없고 또 자기 멋대로 전권을 휘두르고 스스로 위대하다고 여기는 마음을 가지면 천하 국가가 길하고 허물이 없을 수 있겠는가? 오직 하늘의 덕을 가진 사람이 여러 무리의 좋은 지도자가 될 수 있고 또한 스스로 위대하다고 여기지 않는 마음이 있어야 천하를 위한 큰일을 일으킬 수 있고 세상의 큰 이로움을 일으킬 수 있어서 천하의 큰 유익이 되어 길하여 허물이 없을 수 있다. 그렇지 않으면 자지子之가 요순이 될 수 있고 오왕 비가 탕무가 될 수 있겠는가?[7]

오왕 비는 탕왕과 무왕과 같을 수가 없다. 탕왕과 무왕은 천명에 순응하고 민심을 따랐다. 혁명이었다. 오왕 비는 때를 따르지도 못했고 민심을 따른 것도 아니었다. 쿠데타일 뿐이다. 양만리는 오왕 비가 천하를 위하는 선한 덕이 없었기 때문에 실패했다고 판단하고 있다.

오왕 비가 일으킨 반란은 구체제를 뒤집어 엎고 새로운 세계를 만들어나가려는 혁명은 아니었다. 오히려 뚜렷한 명분도 공유하지 못했고 사람들의 지지도 얻지 못한 폭력적 반란이었다. 민중의 지지도 없이 지배계급 내의 일부 세력이 일으킨 쿠데타였다.

오왕 비가 주도한 반란군은 오래지 않아 자멸했다. 반란은 평정되었다. 반란군의 왕들은 자살을 했거나 죽임을 당했다. 이로써 여러 제후의 권력은 약해지고 중앙정부의 통제력이 강화되었다. 경제를 이어 걸출한 황제인 무제가 뒤를 이어 집권하게 되었다. 이후 한나라는 막강한 제국으로 발전하게 된다. 또 한 시대의 흥망성쇠는 저 장강의 물처럼 넘실넘실 요란하게 흘러갔다. 물거품처럼 사라진 영웅들의 시비는 헛되고 헛된 일인지도 모른다.

19

왜 역기酈寄는
친구를 팔았을까

점漸괘

1.

'견리사의見利思義'라는 말이 있다. 공자의 말이다. "이익을 보면 의로움을 생각한다"는 말이다. 이 말은 의로움을 위해서 이익을 버리라는 뜻만은 아니다. 이익을 얻는 순간 그 이익이 마땅한 도리를 통하여 얻은 것인지 아니면 비열한 방식으로 얻은 것인지를 생각하고 그 이익이 나에게 마땅한 몫인지 아니면 나에게 부당한 이익인지를 생각하라는 말이다.

'견리사의'와 유사하게 쓰이는 말 가운데 '견리망의見利忘義'라는 말이 있다. 이익에 눈이 멀어 마땅한 의리를 망각했다는 말이다. 이 말은 반고가 역기酈寄를 평한 말에서 유래되었다. 역기는 '매우賣友', 즉 친구를 팔아먹었다는 것으로 유명했다. 반고는 역기를 이렇게 평가했다.

> 효문제孝文帝 때에 세상 사람들은 역기를 친구인 여록呂祿을 팔아먹은 사람이라 했는데, 친구를 팔아먹었다는 것은 이익을 보고 의리를 잊은 것을 말한다. 역기로 말하면 아버지가 공신功臣인데다 또 협박까지 당한 상태였다. 비록 친구인 여록을 배반했지만 사직을 안정시켰으니, 의리상 군주와 아버지를 보존시킨 것이 옳았다.[1]

역기는 자字가 황況이고 역이기酈食其의 동생 역상酈商의 아들이다. 역이기는 유방에게 호통을 쳤던 인물이다. 그는 제나라 왕 전횡을 설득하여 항복하게 만들었지만 한신이 제나라를 공격하여 속았다고 생각한 전횡에 의해 죽임을 당했다. 그의 동생 역상은 진승이 봉기했을 때 4000명을 인솔하여 유방에게 귀의했다.

역상은 전쟁에서 적진에 돌진하여 여러 차례 큰 공을 세운 인물이다. 역상의 아들인 역기는『사기』「번역등관열전樊酈滕灌列傳」에 간단하게 언급된다. 유방이 죽고 태후와 여씨 일족이 세력을 잡았다. 역상은 유방을 섬기며 수많은 공을 세웠다. 혜제와 여태후呂太后를 섬겼을 때 병이 나서 정사를 돌볼 수 없었다.

유방이 죽고 여태후가 수렴청정으로 권력을 잡았을 때 여씨 일족의 전횡이 심해졌다. 기원전 180년 여태후가 죽자 친정 조카들인 여록과 여산은 왕실 유씨들이 두려워 난을 일으키고자 했다. 우승상 진평과 태위 주발이 함께 모의하여 여씨들을 죽이고 문제文帝를 옹립했던 그 시기다. 역상의 아들 역기는 여씨 집안 여록과 친했다. 여록은 장군으로 북군北軍에, 여산은 남군에 주둔하고 있었다.

이때 주발은 군권을 책임진 태위太尉 벼슬에 있으면서도 여록의 북군과 여산의 남군을 다스릴 수 없었다. 강후 주발은 승상 진평과 의논하여 여씨 일족을 없애기 위해 계략을 세운다. 역상을 위협하고 그의 아들 역기에게 여록을 유인하도록 한 것이다.

여록과 여산 무리와 사이가 좋은 역기를 이용해 그들을 제압할 계책을 세웠던 것이다. 역기를 통해 주발과 진평은 마침내 여씨들을 제거할 발판을 마련할 수 있었다. 마침내 여씨 일족을 제거한 뒤에 다시 유씨들이 정권을 잡고 한나라의 정통성을 지킨다.

사마천의 기록에 따르면 세상 사람들은 역기를 친구를 팔아먹고 이익에 눈이 어두워 도의를 잃은 사람이라고 비난했다. 반고는 이런 역기를 아버지가 공신이고 또 협박까지 당했으며 결과적으로 사직을 안정시켰으므로 의리상 군주와 아버지를 보존시킨 것이 옳은 행위라고 평가한다. 세상 사람들의 평가와는 달리 유씨의 정권 회복과 대의를 위해 사사로운 친구와의 우정은 배신해도 좋다는 평가다.

이는 유씨 집안의 정통성을 지킨다는 한나라 입장에서 보면 권력을 전횡한 외척 세력인 여씨들을 처단한 행위다. 하지만 세상 사람들은 친구 사이에서 이루어진 배신이라고 비난했다. 만약 친구를 배신하지 않았다면 세상 사람들은 아버지를 버리고 한나라를 배신한 패륜아라고 비난했을지도 모른다.

기원전 148년 역기가 평원군平原君 장아臧兒를 부인으로 삼으려 하자, 경제가 진노했다. 장아는 효경황후 왕씨의 어머니로서 경제의 장모였기 때문이다. 신하가 황제의 장모를 아내로 삼으려고 들자, 경제는 당연히 대노했고 결국 역기의 작위를 박탈했다. 경제는 역상의 다른 아들 역견酈堅을 목후繆侯로 책봉해 역씨후酈氏侯를 계승하도록 했다.

과연 반고의 평가처럼 사직을 이었다는 이유로 역기의 행위는 도덕적으로 정당화될 수 있을까. 「다행히 죽음을 면한 역기酈寄幸免」이라는 글에서 소식은 다르게 판단한다. 역기는 어쩔 수 없이 친구를 팔았지만 죄는 역기에게 있다는 것이다. 공신의 자식으로 나라의 역적들과 함께 놀면서 친구로 지낸 것 자체가 죄라는 말이다.

소식은 석작石碏과 그의 아들 석후石厚를 예로 든다. 동주東周 말년

位衛 장공莊公에게는 3명의 아들이 있었는데 셋째가 주우州吁였다. 주우는 방자했고 사치하고 음란했다. 석후는 주우와 함께 어울려 다니며 사냥을 하거나 못된 짓을 하며 백성을 괴롭혔다.

주우는 석후와 함께 왕위를 찬탈할 모의를 꾸몄다. 반역 사건을 처리한 것은 석작이었다. 석작은 자신의 아들 석후의 죄를 용서하지 않았다. 석후는 칼로 스스로를 찔러 죽었다. 이로써 위나라의 반역 사건은 처리되었다.

소식은 대의大義를 가지고 친아들을 죽였다는 점에서 역상보다는 석작이 더 현명하다고 본다. 그러므로 역기는 요행히 죽음을 면한 사람일 뿐이다. 또한 사직을 보존했다는 대의를 가지고 "친구를 판 죄를 씻어주려고 한 반고의 의리에 대한 판단은 비루할 뿐"[2]이라고 소식은 비난한다. 사직이 보존되었더라도 역기에게 있는 죄는 사라지지 않는다. 과연 결과적으로는 사직을 보존했지만 친구를 속이고 판 역기를 어떻게 봐야 할까.

2.

고난과 불행에 빠졌을 때 친구가 친구임을 비로소 알게 된다. 그 무엇보다도 가장 힘든 순간 배신하고야 마는 친구를 친구라고 생각할 수는 없다. 역기는 왜 여산과 여록의 무리와 그렇게 친밀하고 두터운 우정의 관계를 맺었을까. 우정은 선한 의도로 맺어지는 것만은 아니다. 우정이 깊어질수록 아름다운 결과를 맺는 것도 아니다. 아름다운 우정 속에는 비열한 이해관계가 숨어 있을 수도 있다.

점漸☴☶괘

상구효		손巽
구오효		
육사효		
구삼효		간艮
육이효		
초육효		

　53번째 괘는 점漸☶☴괘다. 풍산점風山漸이라고도 한다. 위로 손巽☴
괘와 아래로 간艮☶괘가 결합되었다. 손괘는 바람 혹은 나무를 상징하
고 간괘는 산을 상징한다. 괘의 모습은 산 위에 나무가 있는 것이다. 산
꼭대기에 나무는 하늘에서 떨어져 자리한 것은 아니다. 차례와 순서를
거쳐서 올라갔다. 그것이 점진적인 과정을 상징하는 점漸괘의 의미다.

　권력에 나아가는 데도 차례와 순서가 필요하고 타인과의 관계에서
도 마찬가지다. 친구라면 더욱더 그러하다. 오래된 친구 사이에는 신뢰
가 뿌리를 뻗쳐 상처, 이해, 사랑, 충고, 용기, 예의, 배려 등의 요소가 어
울려 굳건한 믿음을 형성한다. 오래된 친구가 그러하다. 오랜 시간 속에
담긴 상처와 감사와 실망들이 굳건함을 만드는 과정이다. 타인과 관계
를 맺기 위해서는 신뢰를 쌓는 과정과 절차가 필요하다는 말이다. 급작
스럽게 나아가지 않는다.

　손巽☴괘는 겸손과 예의를 상징하고 간艮☶괘는 멈춤과 합당함을 상
징한다. 권력 관계 속에서 윗사람은 겸손하게 아랫사람을 대한다. 무례
하지 않게 공손하다. 아랫사람은 비굴하지 않게 자신의 신분에 합당
한 행위를 한다. 그것이 멈춤이다. 그럴 때 둘의 관계는 점차적으로 깊

어진다.

그러므로 점괘의 핵심적인 의미는 순서와 차례와 형식을 차근차근 밟고 일을 처리해나가는 모습이다. 성급하거나 조급하지 않은 느림의 미학일 수 있다. 그러나 느린 것이 여유를 부리며 느긋하게 일을 처리한다는 의미는 아니다. 느림의 미학은 밟아야 할 원칙과 정도를 지키면서 차근차근 순서에 따라서 일을 성취하는 것이 강조되어야 한다. 정이천은 이렇게 표현한다.

> 나아가는 것을 순서대로 하는 것이 점차적인 것이다. 요즘 사람들이 천천히 느리게 나아가는 것을 점차적인 것이라고 하는데, 나아가는 데에 순서에 따라 해서 차례를 뛰어넘지 않기 때문에 느린 것이다.3

점괘의 괘사는 "여자가 시집가는 것이니 길하다女歸吉"이다. 여자가 시집하는 것으로 상징하고 있다. 여자가 시집간다는 상징은 결혼이라는 의식에서 지켜야 할 차례와 순서를 의미한다. 차례와 순서를 따라 예를 지키며 행할 때 길하다는 의미다. 사실 이 상징은 사대부가 권력의 중심부에 진입하는 점차적인 과정을 의미한다.

여자가 시집갈 때 여러 가지 절차와 예의의 과정이 있는 것처럼 사대부가 권력의 중심부에 진입하거나 어떤 일을 진행시키는 데에는 당연히 거쳐야 할 순서와 밟아야 할 절차가 있다. 절도를 무시하고 마땅한 의리를 해치면 일을 망친다.

그것이 '시집을 간다'고 해석한 말인 귀歸의 의미다. 올바른 지조를 지켜야 한다. 정도正道를 가야 한다. 욕심 때문에 시집갈 만하지 않은 상대에게 합당한 예의와 절차를 거치지 않고 성급하게 시집을 가서는 안 된다. 어리석은 상대와 함께 큰일을 도모할 수 없다. 재앙을 부를 뿐이다. 점괘의 구삼九三효의 효사는 이렇다.

구삼효는 기러기가 육지로 점차적으로 나아가는 것이니, 남자는 가면 돌아오지 않고, 부인婦人은 잉태하더라도 기르지 못하여 흉하니, 도적을 막는 것이 이롭다九三, 鴻漸于陸, 夫征不復, 婦孕不育, 凶, 利禦寇.

구九란 양陽효를 말하고 삼三의 위치는 하괘인 간艮☶의 가장 위의 자리다. 상괘인 손巽☴괘와 가장 근접한 위치에 있다. '육지陸'는 높은 곳이고 평원을 말한다. 높은 평원에 진입하려고 한다. 그러나 위로 호응하는 상대는 없다. 그런데 육사六四효인 음陰효와 친밀한 관계를 맺고 있는 모습이다.

정이천의 해석에 따르면 구삼효는 욕심에 이끌려 점차적으로 나아가는 올바른 방도를 잃었다. 올바른 방도를 잃고 음효인 육사효와 서로 가깝고 친밀하게 지낸다. 두 효 모두 올바른 호응 상대를 찾지 못하고 서로 어울려 욕심에 휘둘려 어울린다.

남자는 정도를 잃어 돌아올 줄 모르고 마땅한 의리를 행하지 못한다. 육사효인 부인은 정도가 아닌 방식으로 친밀해져서 아이를 잉태해도 기르지 못한다. 구삼효에게 이로운 것은 도적을 막는 것이다. 욕심에 빠져 합당하지 않은 방식으로 관계를 맺은 것이 도적이다. 왕필의 해석은 주목할 만하다.

구삼효는 본래 간艮☶체에 속해 있었는데 같은 무리를 버리니 추하다. 육사효와 서로 어울려 돌아오지 아니하여 부인이 잉태하는 지경에 이르게 했지만 키우지 못한다. 이로움을 보다가 의로움을 잃었고, 나아감을 탐하다 옛 친구를 잊었으니 흉한 도다.[4]

왕필은 "이로움을 보다가 의로움을 잃었다見利忘義"고 평가했다. 이 말은 반고가 역기를 평했던 말이다. 반고는 왕필의 『주역주周易注』를 보고 이 효에 해당한 인물이 역기라고 생각했는지도 모른다. 이익에 대한 욕심 때문에 옛 친구들을 잊었고 권력의 상층부로 나아가려는 욕심에 빠져 마땅히 해야 할 도리인 의로움을 잃었다고 왕필은 해석한다.

구삼효인 남편은 욕심에 빠져 육사효를 좋아하여 갔지만 정도를 밟지 않아 돌아오지 않는다. 육사효인 부인은 구삼효와 관계하여 잉태를 했지만 올바른 방식으로 하지 않았기 때문에 아이를 낳아 키우지 못한다. 결실을 얻지 못한다. 결국 모두 흉하다. 구삼효는 역기에 해당하고 육사효는 여록과 여상에 해당한다. 양만리는 구체적으로 역기에 빗대어 이 효를 설명하고 있다.

구삼효가 나아가는 것만 알기 때문에 가서 돌아오지 못하고 같은 부류를 버리고 끊어버리지만 육사효는 구삼효의 짝이 아니다. 구삼효가 높은 곳을 좋아하여 아첨하며 가깝게 지내고 서로 기뻐하면서 잉태하여 낳아 기르지 않으니 또한 부끄러움을 알지 못한다. 성인이 경계하여 말했다. 너는 어찌 너의 마음을 바르게 하고 너의 마음을 밝게 하여 살피지 않는가. 초육효와 육이효가 너의 부류다. 육사효는 너의 도적이다. 너는 어찌하여 너의 부류에 화합하여 따르고 너의 도적에 막고 제어하지 않는가? 이렇게 하면 너와 초육효와 육이효는 서로 보존할 수 있고 육사효의 흉함과 재앙을 면할 수 있다. 오직 흉함이 없을 뿐만이 아니라 또한 이롭다. 그래서 도적을 제어하는 것이 이롭다고 했다. 그러므로 역기가 여록과 여산을 버리고 진평과 주발을 따라갔으니 도적을 제어하는 것이 이롭다는 것이다.[5]

양만리는 구체적으로 구삼효가 역기이고 육사효가 여록과 여산의 무리에 해당한다고 보고 점괘의 구삼효를 해석하고 있다. 그리고 반고의 입장처럼 역기가 친구들인 여록과 여산을 배신하고 진평과 주발을 따라 친구였던 여록과 여산을 도적으로 대하는 것이 이롭다고 판단한다. 그렇지만 역기는 진정으로 대의를 위해 친구들을 배신했던 것일까.

3.

한 사람의 행위를 평가하는 데에 동기와 결과를 살피는 것은 중요하다. 그러나 동기와 결과를 명확하게 구분하여 그 행위의 윤리성을 판단하기는 힘들다. 동기는 좋았어도 결과는 좋지 않을 수도 있고 결과는 좋았지만 동기는 악할 수도 있기 때문이다. 동기와 결과를 명확하게 구분하여 설명하지 못하는 경우도 있다.

역기가 친구를 배신한 행위는 어떻게 평가할 수 있을까. 반고는 역기가 친구를 배신한 행위는 옳지 않지만 사직을 보존했다는 측면에서 옳다는 평가를 내렸다. 결과적으로 대의를 보존했기에 그의 행위를 옳다고 평가하고 친구를 배신한 죄는 씻을 수 있다고 본 것이다. 소식은 이런 반고의 판단을 비난하며 대의를 보존했다고 해서 친구를 배신한 죄는 씻을 수 없다고 했다.

이익은 조금 다른 시각을 가지고 있다. 『성호사설』「경사문經史門·역황매교酈況賣交」에는 역기의 우정 관계를 평하고 있다. 세상 사람들은 역기가 사직을 보존했더라도 친구를 팔았다는 점에서 역기를 비난했다. 하지만 친구와의 우정을 팔았기 때문에 사직을 보존한 공이 없어지는 것이 아니라는 것이다.

역상은 한나라의 공을 세운 오래된 공신이다. 그러나 여씨들이 난을 일으키는 데도 한나라를 다시 일으킬 생각을 하지도 않고 자신의 아들이 원수의 신하들과 교유하면서 구차하게 작위와 녹봉을 탐하는 것을 제지하지도 않았다. 그러다가 협박을 당했을 때에야 비로소 한나라를 위해 행동했다.

이익은 이렇게 평한다. "그 마음을 헤아려보면 한나라를 보전하려는 것이 아니고 실로 함께 악행을 하다가 친구와의 교제를 판 것이다."6 이익은 역기가 여산이나 여록과 친밀한 관계를 유지했던 것은 작위와 녹봉이라는 탐욕 때문이라고 본 것이다. 그래서 본 마음은 우정을 배신한 것이 아니라 자신의 이득을 위해 행했을 뿐이고 한나라를 보존하려는 마음도 아니었다.

양구산도 이와 유사한 평을 내린다. "설사 역상이 협박하는 것을 따르지 않고 여씨 세력이 권력을 잡았다고 해도 역기 부자父子는 바라는 것이 없었겠는가? 친구와의 우정을 팔았다는 것은 그의 본심이 아니다."7 역상과 역기 부자는 한나라의 사직을 보존하려는 것도 아니고 친구와의 우정을 판 것도 아니다. 오직 권력과 부귀를 탐하는 마음으로 행했을 뿐이다.

역기에게 문제는 친구와의 우정을 택하려는 동기 때문에 한나라의 사직을 망치는 결과를 만드는 행동을 할 것인가, 아니면 한나라의 사직을 보존하려는 동기 때문에 친구와의 우정을 망치는 결과를 할 것인가라는 선택이 아니었다. 한나라 공신으로서 함께 고생하며 한나라의 사직을 지켜오던 동료들과 함께 하지 않고 탐욕에 빠진 것이 문제였다. 문제는 마음 속 깊이 감추어진 욕심인 것이다.

20

왜 장이張耳는
진여陳餘와 멀어졌을까

비比괘

1.

공자의 말이라도 마음에 들지 않는 구절은 많다. 예를 들어 이런 것이다. 흔히 이렇게 번역한다. "자기보다 못한 자를 벗 삼지 않는다無友不如己者." 자기보다 못한 자를 벗 삼지 않는다는 말은 자기보다 못한 자에 대한 모욕이 아닐까. 물어야 한 것은 무엇이 자기보다 못한가다. 재능이나 재산이나 취향과 같은 것은 아닐 것이다. 그렇다고 덕성이 못한 것일까.

나보다 뛰어난 자를 사귀는 것은 그를 통해 무엇인가 얻으려는 목적의식을 가진 우정일 수 있다. 주자는 공자의 이 말에 대해 "자기보다 못하다면 유익함은 없고 손해만 있다"[1]고 주석했다. 이는 친구를 통해 무엇인가 유익함을 얻으려는 생각이 아닌가. 소식은 자기보다 못한 자를 벗 삼지 않는다는 말이 가진 모순을 간파했다.

세상의 비루한 자들은 자기보다 못한 자와 벗을 삼고 스스로 만족하며 날로 자신을 망치고 있다고 여긴다. 이런 이유로 (자기보다 못한 자를 벗하지 말라고) 경계를 했을 것이다. 그러나 만약 반드시 자신보다 뛰어난 사람과 벗을 삼아야 한다면 자기보다 뛰어난 사람은 정작 자신과 벗을 삼지 않을 것이다.[2]

정확한 논리가 아닌가? 반드시 자기보다 뛰어난 사람과 벗을 삼아야 한다는 명제가 모든 사람에게 적용되어야 한다면 자기보다 뛰어난 사람에게도 이 명제는 동일하게 적용되어야 한다. 그러므로 자기보다 뛰어난 사람은 자기보다 못한 사람과 벗을 하지 않을 것이니 결국 이 세상 사람들은 아무도 벗과 우정을 나누지 못할 것이다. 그러므로 공자의 저 말은 달리 해석되어야 한다. 이 말의 앞뒤에는 이런 말이 있다.

주충신主忠信, 무우불여기자無友不如己者, 과즉물탄개過則勿憚改.[3]

"자기보다 못한 사람과 벗하지 말라"로 번역한 '무우불여기자' 앞에 '주충신主忠信'이라는 말이 있다. 자기보다 못하다는 것의 실제적 내용은 바로 이 말과 관련해서 이해할 수 있다. 무엇이 못하다는 말인가? 재능도 아니고 재산도 아니고 취향도 아니고 덕성도 아니다. 바로 충신忠信이다. 충신은 충심과 신의다. 그러므로 이 문장은 이렇게 해석할 수 있다.

충심과 신의를 근본으로 하되 자신이 충심과 신의로 대하는 것과 같지 않게 대하는 친구와는 벗을 삼으려 하지 말고 충심과 신의로 대하여 허물이 있다면 고치기를 꺼려하지 말라.

자기보다 못한 사람과 벗을 삼지 말라는 것이 아니다. 포인트는 재능과 재산과 취향과 덕성이 자신보다 못하건 잘나건 누구든지 벗을 삼아도 좋지만 그 관계의 근본은 충심과 신의라는 말이다. 충심과 신의를 가지고 관계를 맺을 때 친구가 어떤 사람이건 그를 이해하고 서로의 허물에 대해 기탄없이 얘기하고 망설임 없이 고치게 되는 것이다.

충신忠信은 '성誠'과 통한다. 성이란 진실함이고 정성精誠이고 성실誠實이다. 진실하고 정성을 다하는 성실한 관계는 충심과 신의에 근거한다. 백아의 거문고 소리를 알아주었다는 종자기와의 우정을 지음知音이라 한다. 지음이란 자신의 음악을 알아주는 예술가들의 우정을 말하는 것이 아니다. 각자의 삶의 소리音에 대해서 진실하고 정성스럽게 경청하고 이해하는 성실한 우정을 말한다. 충심과 신의로부터 시작하지 못해서 결국 배반으로 끝을 맺은 우정이 있다. 장이張耳와 진여陳餘다.

2.

장이와 진여는 모두 대량大梁 사람이다. 장이는 젊었을 때부터 위나라 공자인 무기毋忌의 빈객이었다. 진여는 젊었을 때 장이를 아버지처럼 모셨다. 그들의 관계는 아주 친근하고 가까웠다. 진나라 말기 강압적인 통치로 반란군 진승과 오광의 난이 일어날 때 위나라 출신인 장이와 진여가 새로운 혁명 세력에 동조하며 우정을 맺고 있었다. 유방은 평민 시절에 장이를 자주 따라다녔고 빈객 노릇도 했다.

진나라가 위나라를 멸하고 수년 뒤에 장이와 진여 두 사람은 현상금을 걸 정도로 위나라 명사로 유명했다. 장이와 진여는 이름을 바꿔 진陳나라로 가서 마을 문지기가 되어 숨어 살고 있었다. 동네 아전이 진여의 사소한 잘못을 두고 매질할 때 진여가 반발하려 하자 장이는 진여를 밟아서 매를 맞게 했다. 큰일을 도모하기 위해서는 작은 치욕을 참아야 하기 때문이었다.

장이는 진秦나라에 반기를 든 반군의 수장 진섭陳涉과 무신武臣 아래에서 계략을 올리고 전쟁의 공을 세운다. 장이와 진여가 틀어지게 된 이유는 전쟁의 공을 세우며 명성과 권력과 이득을 추구하는 과정에서 벌어진 일이다.

장이와 진여는 탁월한 계책으로 조나라 왕 무신을 도와 다른 나라를 공격하고 세력을 넓힌다. 계속되는 싸움에서 무신이 죽고 장이와 진여는 조나라 후예인 조헐趙歇을 왕으로 옹립한다. 진秦나라 장수 장한章邯이 군대를 이끌고 몰려오자 장이와 조나라 왕 조헐은 도망가 거록성으로 들어갔다.

이때 장이는 진여에게 도움을 요청했다. 진여는 병력이 적다고 스스로 판단하여 감히 진나라를 대적하지 못했다. 이에 장이는 크게 분노하고 장염張黶과 진택陳澤을 보내 싸워달라고 강하게 요구하자 진여는 하는 수 없이 군사를 보내 진나라 군대에 맞섰으나 순식간에 몰살당했다.

결국 항우가 군사를 모두 이끌고 황하를 건너 마침내 장한을 격파하니 진여가 군사를 이끌고 포위를 풀었다. 마침내 거록성을 보존하게 된 것은 항우의 힘이었다. 장이는 진여를 책망하면서 장염과 진택의 소재를 물었다. 진여가 몰살당한 사실을 말하자 장이는 이를 믿지 않고 진여가 죽였다고 생각하여 계속 다그치자 진여는 노하여 인수印綬를 풀어 장이에게 주고 장군 자리에 욕심이 없다고 했다.

진여가 화장실에 갔을 때 장이의 측근 빈객이 "하늘이 주는데 받지 않으면 오히려 허물을 받을 것"[4]이라고 설득하자 장이는 인수를 받고 그의 병력을 거두어들였다. 진여는 장이가 사양하지 않은 것을 원망하며 떠나고 만다. 이로 인해 둘 사이는 틈이 벌어지기 시작했으니 서로의 신의가 무너지는 시초였다.

장이는 항우와 제후들을 따라 함곡관으로 들어갔다. 항우가 제후들을 왕으로 세울 때 장이가 현명하다는 명성을 알고 조나라를 나누어 장이를 항산왕常山王으로 삼아 신도信都를 다스리게 하고 이름을 양국襄國으로 바꾸었다. 진여의 빈객들이 진여에게도 상을 줄 것을 요청하자, 항우는 진여가 함곡관에 따라 들어오지 않았다고 생각하고 남피南皮 근방의 3개 현을 봉해주었다.

진여는 분노했다. 장이는 왕이 되고 자신은 제후가 된 것이 공평하지 않다고 생각했다. 진여는 항우를 배신하고 제나라 왕 전영田榮을 찾아가 제나라를 돕겠다고 했다. 군대를 얻은 진여는 장이를 공격했고 장이는 한나라로 도망갔다.

그 무렵 유방은 진나라의 옛 영토를 평정하고 있었으며, 자신을 찾아온 장이를 후하게 대우했다. 진여는 장이를 패배시키고 조나라 땅을 회복하여 대代 땅의 왕이 되었다. 한나라가 동쪽의 초나라를 공격하면서 유방이 조나라의 도움을 요청하자 진여는 장이를 죽인다면 협력하겠다고 했다. 유방은 장이와 비슷한 자를 구하여 참수하고 그 목을 진여에게 보냈다. 진여는 군사를 보내 한나라를 도왔지만 장이가 죽지 않았다는 것을 알고 한나라를 배신했다.

한신이 위나라를 평정한 뒤에 유방은 장이를 보내 한신과 함께 조나라를 격파하고 지수泜水에서 진여를 참수했다. 조나라 왕 헐歇을 추격하여 양국에서 죽이고 장이를 조나라 왕으로 세웠다. 5년 뒤에 장이가 죽자 아들 오敖를 조나라 왕으로 삼았다.

결국 서로를 믿지 못하고 권력을 다투다가 이 지경에까지 이르렀다. 사마천은 장이와 진여를 세상에서 높이 평가하는 현자라고 평가한다. 그들의 빈객들은 천하에서 뛰어난 사람들이었으니 지도자로서 손색이 없는 인물들이었다. 무엇이 문제였을까. 사마천의 평가는 단순하다.

당초 장이와 진여가 빈천할 때에는 서로 죽음을 무릅쓰고 신의를 지켰으니, 어찌 망설임이 있었겠는가? 그러나 나라를 차지하고 권력을 다투다가 마침내 서로를 멸망시켰다. 어찌하여 이전에는 서로 사모하고 신뢰함이 진실하더니 뒤에는 서로 배반하며 비뚤어지게 되었는가! 권세와 이익으로 사귄 탓이 아니겠는가?[5]

3.

인간은 홀로 살 수 없다. 집단이 싫어서 고독을 택하는 개인주의적 성향을 가진 사람이 많지만 고독은 그리 아름다운 것만은 아니다. 한자적인 의미에서 고독孤獨은 솔리튜드solitude 혹은 론리니스loneliness와 같은 쓸쓸하고 낭만적인 감정이 아니다. 고전에서 나오는 고독의 의미를 잘 나타내는 말은 『순자』에 있다.

보좌하는 재상이나 일을 맡길 만한 신하가 없는 것을 독獨이라 하고 사방의 인접한 제후에게 사신을 보낼 자가 없는 것을 고孤라 한다. 고

독孤獨하면서 현실에 어둡다면 위태롭다.6

　군주에게 충신忠臣이 없는 것이 고독이다. 고독하다는 말은 보좌해 줄 신하나 주변과 소통할 수 있는 신하가 없다는 말이다. 이런 상태는 단지 고대 군주에게만 해당하는 것이 아니다. 군주에게 충신이 없듯이 인간관계에서 '충신忠信'이 없다면 고독할 뿐이다. 공자가 말했듯이 충신忠信은 우정의 근본이다. 충직忠과 신뢰信를 나눌 수 있는 사람이 없다면 고독한 일이다.

　『주역』은 세상으로부터의 고립을 권하지는 않는다. 세상에 참여하고 사람들과 연대하기를 권한다. 함께 하면 길하다. 그러나 억지로 비굴하게 사람들과 연대할 수는 없다. 권력과 이득을 위해 모인 연대도 오래 갈 수 없다.

　『주역』에서 '함께 하기' 혹은 '친밀한 연대'를 상징하는 괘는 8번째 괘인 비比䷇괘다. 수지비水地比라고 읽는다. 비比는 따른다는 뜻이 있다. 공자가 '주이불비周而不比'라고 했을 때는 날비昵比라 하여 사사로운 이해관계로 편당한다는 의미로 '비比'라는 말을 썼다.

　비괘에서 말하는 '비'는 그런 의미가 아니라 군중들이 군주를 친밀하게 보좌한다는 뜻이다. 협력과 연대의 의미다. 비괘는 위로 감坎☵괘와 아래로 곤坤☷괘가 합쳐서 이루어진 괘䷇다. 감괘가 상징하는 물이 곤괘가 상징하는 땅 위에 있는 모습이다. 물이 땅 속으로 스며들고 있는 것이다. 물이 땅 속으로 스며들 듯이 친밀하게 연대하는 모습이다.

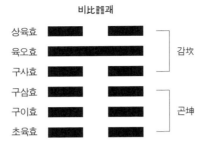

비比䷇괘

상육효		감坎
육오효		
구사효		
구삼효		곤坤
구이효		
초육효		

    비괘의 주효主爻는 구오九五효인 양효로서 하나의 양이 존귀한 군주의 지위에 자리하고 위와 아래가 친밀하게 보좌하는 모습이다. 하나의 양이 군주의 자리에 위치하고 다섯 음이 그를 보좌하는 모습이 비괘의 형상이다.

    어떤 것이든 고립되면 위태롭고 동료들과 함께 하면 힘이 생기고 의지할 곳이 있어 불안하지 않다. 공동체 사람들뿐만 아니라 친구 사이에도 그러하며 군주의 경우는 더욱 그러하다. 그러므로 위태롭고 불안하지 않게 친밀하게 도와서 길한 것이다. 양만리는 다음과 같이 설명한다.

> 윗사람과 아랫사람이 친밀하여 연대하는 것이지 소인들이 편당하면서 어울리는 것이 아니다. 윗사람이 아랫사람과 친밀하면 아랫사람은 귀속하고 아랫사람이 윗사람과 친밀하면 윗사람은 함께 한다. 귀속하면 이탈함이 없고 함께 하면 고독하지 않다.7

    인간 사회에서는 세勢를 만들어 연대를 해야 정치적인 일을 수행할 수 있다. 혼자서는 어떤 일도 해내지 못한다. 때문에 어떤 이유에서건 세력을 형성하지 못하고 고립과 고독을 자초한다는 것은 흉할 수밖에 없다. 세력을 형성하는 것은 정치적 당파를 만들어 다툼을 일으키는 것이 아니다.

아무리 고원한 이상이 있더라도 세력과 권력이 없다면 공을 이루기 힘들다. 위세와 권세를 가진 사람과 연대하여 보좌할 때 세력을 형성하여 공을 이룰 수 있고 뜻도 펼칠 수 있다. 비괘는 다섯 번째 효가 양陽 —효이고 나머지는 모두 음陰 --효로 이루어졌다. 일양오음一陽五陰의 괘다. 하나의 양효가 위세와 권세를 가진 사람이며, 음효들은 모두이 양효와 연대하려고 하는 모습을 상징한다.

그러나 친밀한 연대에도 방식이 있는 법이다. 올바른 방식에 의하지 않았을 때 결과는 흉하고 사람들은 배반하고 흩어진다. 서로의 이해관계가 달랐기 때문이다. 자신의 불안과 위험 때문에 구차하게 연대를 꾀하는 것도 화를 자초하는 것일 수도 있다. 오만 떨어서도 안 되지만 지나친 굴종도 피해야 한다.

비괘의 각각의 효는 이 점을 다른 위치와 상황에서 드러내고 있다. 다섯 음효가 구오효인 양효에게 협력하는 이야기다. 가장 아래 비괘의 첫 번째 효인 초육初六효는 협력하기 시작하려는 시초다. 시초에서 믿음이 중요함을 강조하고 있다. 겉으로는 신뢰하는 듯하지만 마음 속 깊이 다른 마음을 품고 있다면 결국에 원한 관계로 변질될 뿐이다. 양만리는 바로 초육효를 가지고 장이와 진여의 관계를 설명한다. 초육효의 효사는 이렇다.

초육효는 믿음을 가지고 친밀하게 협력해야 허물이 없다. 믿음을 질그릇에 가득 채우면 결국에는 뜻하지 않은 길함이 온다初六, 有孚, 比之. 有孚, 盈缶, 終, 來有他吉.

어떤 관계이든 그 관계가 시작하려고 할 때 서로의 충심忠과 신의信가 전제되지 않는다면 그 관계는 오래 갈 수 없다. 여기서 말하는 '질그릇缶'은 꾸밈이 가해지지 않은 투박한 그릇을 말한다. 꾸밈이 없는 소박함이란 속으로 이해득실을 숨긴 채 입바른 거짓말과 기만적인 음모를 행하지 않는 충심이고 진실함이다. 이를 통해 서로의 신의는 형성될 수 있다.

연대와 협력은 이러한 충심과 신의를 전제해야 하며 투박한 질그릇과 같은 진실함으로 가득 차 있어야만 한다. 그럴 때, 좋은 결실을 얻을 수 있으며 뜻하지 않은 다른 결과를 가져올 수도 있다. 협력과 연대의 시초는 진실한 믿음에 근거하지 않으면 결국은 배반과 원한을 불러올 수 있다. 과장된 믿음과 속임수를 가지고서 서로의 협력은 오래 갈 수 없는 법이다. 양만리는 이렇게 주석을 달고 있다.

친밀한 연대는 시초에 달려 있고 시초는 진실함에 달려 있고 진실함은 성실함에 달려 있고 성실함은 소박함에 달려 있다. 초육효는 친밀한 연대의 시작이다. '믿음'이란 진실함을 말한다. '가득함'이란 성실함이다. '질그릇'이란 소박함이다. 어떤 사람과 친밀하게 관계를 시작하는 일은 반드시 나에게 달려 있으니 나에게 진실한 마음이 있어 그것이 충만하고 성실하여 헛되지 않고 순박하고 소박하여 꾸밈이 없으면 상대에 있는 길함이 결국에는 모두 나에게 올 수 있다. 그러므로 진여와 장이는 처음에는 교제했지만 끝은 갈라지고 말았으니 마치 교제하지 않은 것과 같다. (…) 오직 시작을 신중하게 하면 끝이 좋을 수 있다. 오직 이쪽에서 진실함을 다했기 때문에 저쪽의 길함이 온다.[8]

장이와 진여는 빈궁할 때에도 친밀한 우정을 나눈 친구이지만 권력을 다투게 되자 서로 다투고 서로를 망쳤다. 겉으로 보기에 신뢰를 나눈 사람처럼 보이지만 실상 그들은 권세와 이익을 추구했기 때문이었다. 시작이 좋지 않았기 때문에 결과는 뻔했던 것이다. 요행이 결과가 좋았을지라도 그것은 우연일 뿐이다.

"뜻하지 않은 길함이 온다"는 말은 내가 충심과 신의를 가지고 대하면 반드시 상대도 나에게 충심과 신의를 보여 저쪽의 길함이 나에게 올 수 있다는 말이다. 나의 충심과 신의를 성실하고 진실하게 행하면 멀리에서도 호응이 반드시 응하여 생각하지 못한 길함이 있다. 물론 그것을 기대하고 행하는 것은 아니다.

사람의 마음은 알 수 없다. 어려울 때는 힘을 합쳐 서로 의지하고 격려했던 우정이 권세와 재물 앞에서는 의심과 배신과 원망으로 바뀔 수 있는 것이 사람의 마음이다. 질그릇이라는 상징은 생각해볼 여지가 있다. 맑게 빛나는 유리그릇은 공기가 통하지 않는다. 공기가 통하지 않으니 김치를 넣어 익힐 수 없다.

질그릇은 다르다. 모양은 투박해도 공기가 통한다. 공기가 통하는 질그릇 속에 충심과 신의를 넣어야만 김치가 발효되어 맛을 내듯이 충심과 신의가 오랜 시간이 지날수록 발효되어 진정한 맛을 낼 수가 있다.

충심과 신의는 투박하고 소박하지만 자연 그대로인 질그릇에 넣어야만 제 맛이 살아난다.

처세와 의리義理

1.

'낄끼빠빠'라는 말이 있다. "낄 때 끼고 빠질 때 빠져라"라는 말이다. 요즘 유행하는 말이지만 이 말은 중국철학의 핵심을 드러내는 말이라고 생각한다. 바로 지식인들의 처세관의 핵심을 드러낸 말이다. 핵심은 때다. 타이밍이다.

우리는 아이들의 순진무구純眞無垢함을 좋아한다. 순진무구란 순수하여 때가 없다는 말이다. 때는 더러운 세속의 때를 말한다. 세속의 때를 묻히지 않은 천진난만함이란! 타락하지 않은 순수함을 많은 성인은 어린아이의 마음과 같다고 칭송했다.

그러나 세속의 때가 더럽다고 가까이하지 않거나 무관심하다면 때를 알지 못한다. 철부지의 사전적인 의미는 '사리를 분별할 만한 힘이 없는 어린아이'다. 철부지는 원래 절부지節不知다. 절이란 시절時節을 의미하고 때를 의미한다. 때를 알지 못하는 사람이 철부지다. 아무리 훌륭한 지혜와 재능이 있더라도 때를 알지 못하면 효과적인 결과를 이루지 못할 수도 있다.

순진무구함도 마찬가지다. 순진무구하면서 때를 모른다면 그것은 악함으로 변질될 수도 있다. 순진무구함이 더러운 때를 혐오한다면 "낄 때 끼고 빠질 때 빠지는" 때를 알지 못한다. 때는 때다. 때를 묻혀야 때를 안다. 때를 알아야 때를 맞춘다.

세속의 때를 묻히지 않으려는 사람은 순수함의 강박을 가진 사람이다. 세속의 때를 몸에 묻히려 하지 않는다면 때를 알지 못하고 때에 맞게 행동하지 못한다. 때론 그것이 폭력이 될 수도 있다. 순수한 이상이 순진무구함의 어리석음이 되지 않기 위해서는 현실의 때를 묻히고 때를 알아야 한다.

좋은 아이디어가 항상 성공할까? 선한 의도가 반드시 좋은 결과를 맺을까? 고귀한 이상이 언제나 실현되었을까? 꼭 그렇지 않다. 현실이 그렇다. 현실은 복잡하다. 복잡한 현실에는 복잡한 기술이 필요하다. 적정기술appropriate technology이라는 개념이 있다.

적정기술은 기술이 아닌 인간의 진보에 가치를 두는 과학기술을 말한다. 현대는 기술이 발전한 것 같지만 세계에는 아직도 기술의 혜택을 받지 못하는 사람이 넘친다. 주로 NGO의 활동과 연계되어 빈곤과 가난을 개선하는 방식으로 발전되었다. 적정기술은 실패로부터 발전했다.

플레이펌프라는 것이 있다. 남아프리카공화국에서 아이들이 놀이터에서 회전놀이기구를 신나게 타고 노는 모습을 보면서 이 회전력을 이용해 지하수를 끌어 올리는 아이디어를 떠올렸다. 후진국들을 위한 자선 사업의 일종이었다. 선한 의도를 가진 좋은 아이디어다.

결과는? 당연히 실패다. 원인은? 여성들이 사용하기 힘들고 아이들은 회전놀이를 더 이상 하지 않는다. 속도감을 느낄 수도 없어서 탈 재미가 없기 때문이다. 섭씨 40도가 넘는 더위 속에서 누가 재미도 없는 뺑뺑이를 하루 종일 돌리겠는가? 가장 실패한 적정 기술의 하나로 평가된다. 현지 사정에 무지했던 것이다. 착한 기술이었지만 현실을 몰랐다.

착한 소비라는 개념도 있다. 탐스 슈즈TOMS Shoes라는 회사가 있다. 하나를 사면 하나를 기부한다는 모토로 후진국의 가난한 사람을 도우면서 소비를 한다는 개념이었다. 그러나 비판을 받았다. 현지 가난의 근본적인 원인을 무시했기 때문이다. 하나를 기부한다는 자선 행위가 현지에서 생산된 제품들을 사지 않게 해서 오히려 지역 경제에 타격을 준다.

선한 의도를 가진 착한 기술과 착한 소비만으로 가난은 해결되지 않는다. 선진국 사람들이 도덕적 자선 행위를 하고 있다는 착각만 만들어 줄 뿐이다. 사람들은 착한 소비를 함으로써 다른 아무것도 하지 않고서도 도덕적 만족감을 충족시키고 있다. 중요한 것은 도덕을 행한다는 착각이 아니라 도덕에서도 주어진 자원으로 최대한의 현실적 효과를 거두어야 한다는 의미다.

순수한 이상과 도덕은 현실을 무시하고 소홀히 할 때 무력할 뿐 아니라 폭력적이 될 수도 있다. 순수한 이상과 선한 도덕은 시간을 벗어날 수 없다. 시간 속에는 마찰과 저항이 있다. 때는 어디에나 끼어 있다. '낄끼빠빠'는 현실의 마찰과 저항을 다룰 줄 아는 기술이다. 때를 알아야 때를 맞춘다.

어쩌면 그것은 시간을 인내하는 기다림인지도 모른다. 낄 때 끼고 빠질 때 빠지는 처세의 방법은 때를 묻히는 기다림이다. 인간은 시간을 이기지 못한다. 『주역』은 그런 의미에서 때의 철학이다. 때를 묻히지 않으면 때를 알지 못한다.

2.

'낄끼빠빠'는 결국 처세의 문제다. 진퇴進退와 출처出處와 거취去就의 문제다. 스탠스stance의 문제이기도 하다. 낄 때 끼고 빠질 때 빠지는 처세의 방법은 중국 고대 지식인들이 권력을 대하는 핵심 문제였다. 공자는 이런 말을 한다.

> 위태로운 나라에는 들어가지 않고 어지러운 나라에는 살지 않으며, 천하에 도가 있으면 나타나고, 도가 없으면 숨는다.[1]

출사를 할 것인가, 은둔을 할 것인가? 맹자는 출처에 대해 몇 가지 분류를 했다. 먼저 백이伯夷다. 백이는 섬길 만한 군주가 아니면 섬기지 않았다. 무례한 사람, 포악한 사람들 근처에도 가지 않았다. 깔끔하고 고고한 사람이다. 맹자는 이를 '청지성淸之聖'이라 불렀다. 순결한 지조의 성인이다.

두 번째는 이윤伊尹이다. 그는 어떤 군주라도 섬길 수 있다고 생각했으며 섬기면 내 군주가 된다고 여겼다. 세상에 도가 있어도 나아가 정치에 참여했고 도가 없어도 정치에 참여했다. 자신에게 주어진 책임에 충실했다. 맹자는 이를 '임지성任之聖'이라 했다. 책임감의 성인이다.

세 번째는 유하혜柳下惠다. 그는 더러운 군주를 섬기는 일을 부끄러워하지 않았고 비천한 벼슬이라도 사양하지 않았다. 사람들과 어울려 즐겁게 지냈으며 무례하고 비루한 사람이라도 함께 했다. 맹자는 이를 '화지성和之聖'이라 했다. 조화의 성인이다.

그렇다면 공자는 어떠했을까? 빨리 떠나야 하는 나라라면 미련 없이 떠났고 오래 머물러야 할 곳이라면 오래 머물고, 물러나야 할 때라면 은거했고 나아가 벼슬해야 할 때라면 벼슬을 했다. 공자는 위의 세 사람과는 달리 때에 맞게 자유자재했다. 맹자는 공자를 위 세 사람과 구별하여 '시지성時之聖'이라 했다. '시時의 성인'이다. 이 모두를 때에 맞게 구현한 사람이다. '낄끼빠빠'다.

맹자에 따른다면 순결함, 책임감, 조화는 그 자체로 높이 평가받을 수 있지만 절대적으로 가치 있는 덕목이 아니다. 순결함이 어떤 상황에서는 악덕으로 결과할 수 있고 책임감이 어떤 상황에서는 집착이 될 수도 있으며 조화가 어떤 상황에서는 비굴함이 될 수도 있다. 그렇기 때문에 문제는 때에 맞게 그것을 구현하는 일이다. 그것을 시중時中이라 한다. 중국 고전에서 이 시중時中은 중용中庸, 권도權道, 의리義理와 관련된 개념이다.

맹자가 '시時의 성인'이라 불렀던 공자는 중용을 강조했다. 『논어』에 "중용中庸의 덕이 지극하구나! 사람들이 이 덕을 가진 자가 적은 지 오래다"[2]라는 말이 있다. 정이천은 중용을 이렇게 해석한다. "중은 편벽되지 않고 치우치지 않은 것이고 지나치지 않고 모자라지 않은 것이며 용은 평상시에 균형을 이루며 오래 지속하는 것이다."[3] 공간적인 균형을 맞추는 것이고 시간적인 타이밍을 맞추는 것인 동시에 시간적으로 지속하는 것이다.

때문에 중용은 시중時中의 개념과 통한다. 때에 가장 적절하고 적중한 것을 의미한다. 중도中道다. 그러나 때에 맞는 중도는 중간이 아니다. 이것도 아니고 저것도 아닌 중립도 아니다. 중을 과도함도 없고 미치지 못함도 없는 것이라고 했지만 어떤 경우 과도함이 곧 중도가 될 수도 있고 미치지 못함이 중도가 될 수도 있다.

흔히 자신은 좌도 아니고 우도 아니고 중도라고 말한다. 중도는 결코 양 극단의 중립일 수 없다. 맹자는 중도가 중간을 취하는 것이 아니라는 점을 분명히 했다.

> 양 극단의 중간을 잘 잡았지만 저울추權가 없었으니 한 가지를 고집하는 것과 같다. 4

저울추에 해당하는 것이 권權이다. 중도가 권도다. 변화하는 상황에서 원칙을 고집하기보다는 융통성을 발휘해야 하는 것이기도 하다. 권도는 중간을 취하는 것도 아니고 고정된 규범을 고집하는 것도 아니다. 현실을 파악하여 그에 적합하게 행하는 것이다.

때에 맞는다는 것은 여러 가지 차원이 복잡하게 연결된 문제다. 먼저 시의時宜성의 문제다. 현실 사정에 들어맞는 것이고 시간적인 타이밍을 맞추는 것이다. 이는 우연의 결과일 수도 있지만 세심한 헤아림과 기나긴 기다림의 결과다.

적합適合성의 문제다. 적정 기술처럼 현실적 조건에 적합해야 한다. 공간적인 조건에 마땅해야 한다. 적절適切성의 문제다. 어떤 기준과 정도에 맞아야 한다. 또한 이치에 맞아야 한다. 합리성이다.

시공간 속의 변화하는 현실은 복잡하고 다양하다. 여러 가지 복합적인 맥락 속에서 고려할 사항은 연결되어 있다. 이것들을 고려하는 것이 중도中道다. 예외적인 상황도 있고 특수한 경우도 있다. 이러한 상황 속에서도 적절성이나 마땅함을 헤아려 행하는 것이 중도다. 이는 기존의 규범과 형식에서 벗어날 수 있는 임기응변을 포함하는 능력이다.

중도를 권도라고도 한다. 이런 맥락에서 권도는 권모술수가 아니다. 권도의 핵심은 현실 변화와 사정을 헤아리는 것이다. 때를 안다는 것은 현실을 파악하는 것이다. 권도는 현실을 아는 것이지만 현실의 유불리를 아는 것이 아니다. 이치나 원리를 잘 아는 것이기도 하다. 장자莊子는 이 점을 명확하게 표현하고 있다.

> 도를 아는 자는 반드시 이치에 통달한다. 이치에 통달한 자는 반드시 권도에 밝다. 권도에 밝은 자는 외적인 사물 때문에 자신을 해치지 않는다.[5]

권도에 밝다는 것은 현실적 이해관계만을 따지고 유불리만 따지며 교활한 술수를 쓰는 권모술수가 아니다. 원칙과 이치를 어기는 것이 아니다. 권도는 임기응변과 융통성을 지닌 태도이지만 정도正道를 망각한 처사가 아니다. 원칙을 무시하는 사람들이 자신은 임기응변의 권도를 행하는 것이라고 주장하지만 그것은 중도中道가 아니라 무능을 은폐하기 위한 사기다.

문제는 현실을 무시하거나 소홀히 하면서 원칙과 규범을 강조하려는 근본주의자들과 현실의 복잡함을 강조하며 원칙과 규범을 망각하려는 현실주의자들이다. 근본주의자들은 현실을 모르기 때문에 성급하고 현실주의자는 이상이 없기 때문에 조급하다. 권도를 모르는 정도는 고집불통이고 정도를 잃어버린 권모술수는 사기술일 뿐이다. 정이천은 이 점을 분명하게 지적하고 있다.

세상의 학자들은 권權의 의미를 알지 못한다. 이치에서 합당하지 않은 데도 권權이라고 말하지만 이러한 권도는 사기술에 불과할 뿐이다. 어떤 일에 임했을 때 현실의 경중輕重을 헤아려 보고 그 일에 대처하여 의義에 부합하면 이것을 권權이라고 한다.6

정이천에게서 권도는 정도와 다른 것이 아니다. 원칙이 현실에 부합하지 못할 때 현실 상황 조건의 경중을 치밀하게 헤아려서 의義에 부합하게 만드는 것이 바로 권도다. 권도는 그래서 의리義理를 실현하는 것이다. 서양학자는 의리를 appropriateness로 번역하기도 한다. 적절성 혹은 적합성이다.

3.

대의大義를 위해 목숨을 바쳐 살신성인殺身成仁하는 사람은 위대하다. 그러나 국가나 민족을 위해 혹은 세계 평화와 인류를 위해 살신성인하는 영웅만이 대의를 실현하는 것은 아니다. 일상생활에서 실천하는 중도도 대의다. 『노자』에는 이런 말이 있다.

어려운 일은 그것이 쉬울 때 도모하며 큰일은 그것이 미세할 때에 처리한다.7

미세한 일에서 큰일이 이루어지고 쉬운 일에서 어려운 일을 도모할 수 있다. 인류를 위한 살신성인만이 대의를 실현하는 것이 아니다. 이름을 알 수 없는 사람들의 행위에도 도가 있다. 영웅은 작고 사소한 일에는 신경도 쓰지 않다가 큰일이 닥쳤을 때에야 비로소 나타난다. 너무 늦은 것이다. 때를 놓친 것이다. 정이천은 이렇게 말한다.

> 비분강개하며 살신성인하는 것은 쉽다. 그러나 조용從容하게 의義를 취하는 것은 어렵다.[8]

한자 '종용從容'은 원래 '종용'으로 표기되다가 오늘날의 표기에 맞춰 '조용'이 되었다. '종용'은 행동거지가 침착하고 차분하다는 뜻이다. 유유자적하고 한가하다는 말이기도 하다. 그런 의미에서 태연자약하며 능수능란한 것이기도 하다. 의연함이다.

'의'는 의리義理다. 의리라는 말은 사나이끼리 지키는 우정이 아니다. 사나이의 의리는 일본인들이 강조하는 '기리義理'에 가깝다. 사무라이 윤리다. 주군에 대한 충성에 가깝다. 루스 베네딕트Ruth Benedict는 『국화와 칼』에서 일본인들의 기리를 설명하고 있다. 이는 일본 무사들의 행위 방식과 관련된다. 베네딕트는 은혜를 뜻하는 '온恩'이란 개념에 주목한다. 은혜를 되갚는 온가에시恩返し는 지배 종속 관계에서 나온 의무다. 이것이 바로 '기무義務'나 '기리義理'다. 주군에 대한 충성도 이런 의무로서 기리다.

정이천이 말하는 의리는 은혜에 대한 의무가 아니다. 의리는 이理에 대한 이해와 관련된다. 흔히 이理는 물리적인 차원에서 사물의 법칙이나 원리로 이해하거나 윤리적인 차원에서 마땅히 복종해야 할 당위적 원칙으로 이해한다.

이런 관점은 서양 철학에서 논의하는 존재와 가치의 문제를 암암리에 개입시키고 있는 것이다. 이理는 단지 객관적인 사물의 법칙이나 주관적인 윤리 법칙으로만 이해할 수 없다. 이理는 항상 전체적인 관계 속에서 이해되어야지 독립된 사물의 객관적 원리라고 보아서는 안 된다. 그것은 고정되고 독립된 사물의 원리라기보다는 어떤 관계와 사건 속에서 드러나는 전체적인 맥락 구조에 가깝다.

정이천은 "사물에서는 이理이고, 사물을 처리하는 것이 의義다在物爲理, 處物爲義"라고 하여 의리를 설명하고 있다. 의리는 나와 무관한 객관적인 대상의 이理도 아니고, 나의 주관적 도덕 원칙만을 의미하는 것도 아니다. 내가 외부와 접촉했을 때 만나는 접점에서 발생하는 원리다.

이러한 접촉에 의해서 전체 구조 속에서 현실 사물을 명증하게 이해하고 올바로 대처해내는 것이 의리다. 의리는 상황에 처한 인간과 사물의 접촉과 관계 속에서 발생한다. 때문에 전체적인 현실 상황과 부분적인 요소들 사이의 접점은 다양한 차이가 있을 수밖에 없다.

전체적인 상황 속에서 어떤 특정한 위치와 때에 인간은 처해 있다. 그 시간과 공간의 시점이 가진 차이에 따라서 자신에게 합당하고 마땅한 의리義理도 다르다. 그 의리는 자기에게 손해가 되는 것일 수도 있고 이득이 되는 것일 수도 있다. 의리는 이해득실利害得失과는 다른 것이다.

그것이 손실일지라도 취하는 것이 마땅하다면 취해야 하며 이득일지라도 취하는 것이 마땅하지 않다면 취하지 않는 것이 의리다. 사회적 관계 속에서 그것이 해롭건 이롭건 혹은 화禍이건 복福이건 자신에게 마땅하고 합당한 의리를 따라 행위하는 것이다. 이것이 순리順理다. 정이천은 이렇게 말했다.

> 먼저 어떤 일을 조장하려고 하면, 이것은 사람의 마음이 작위적으로 행한 것이니 망령된 일이다. 일의 당연함을 따른다면, 순리順理대로 행하고 사물의 결에 호응해서, 망령되지 않는다.[9]

일의 당연當然이란 의무로서 주어지는 당위가 아니다. 복종해야만 할 의무가 아니다. 당연은 외부로부터 의무적으로 주어지는 수동적이며 억압적인 것이 아니다. 주어진 사건과 상황을 전체의 맥락과 흐름 속에서 명증하게 이해하여 '그렇게 할 수밖에 없는' 부득이不得已한 당연함을 실천할 뿐이다.

여기에 어떤 의도나 이해관계의 계산이나 목적이 개입된다면 그것은 조장하는 것으로 망령된 것이다. 부득이한 것을 따르는 것이지만 현실 속에 잠재된 다른 다양한 맥락 가운데 합당한 몫을 따르는 적극적이고 창조적인 행위 방식이다. 주어진 상황과 운명에 대한 단순한 순응과 적응이 아니다. 순리대로 산다는 것은 의리에 따라서 행위한다는 의미다.

이理라는 말은 원래 옥의 결을 의미한다. 삶은 수많은 결로 이루어져 있다. 결이라는 말은 독특하다. 세상에는 두 종류의 인간이 있다. 결을 아는 사람과 결을 모르는 사람. 모든 사물에는 결이 있다. 결을 따라 사물을 다루면 부드럽게 다룰 수 있지만 결을 거슬러서 사물을 다루면 거칠게 다루어 힘들다.

결을 모르는 사람은 분노하기 쉽다. 현실을 결을 모른 채 욕심만 앞서니 성내면서 일을 막무가내로 처리한다. 결을 아는 사람은 여유를 가지고 사물의 결을 따라서 손쉽게 처리한다. 성을 내는 것은 결을 모르는 무능력일 뿐이다.

"순리대로 행한다"는 것은 이치와 결을 따르는 것이다. 어떤 의식과 의도에 따른 계산을 가지고 일을 하려는 것이 조장하고 작위적으로 행하는 것이다. 사적인 욕심에 찬 것이다. 오히려 일을 망치기 일쑤다.

순리대로 행하는 것은 시대적 흐름이나 대세를 따르는 것을 의미하지는 않는다. 현실추수적인 기회주의적 작태나 현실의 이익을 따르는 현실주의적 비굴은 아니다. 시대적 가치나 흐름을 거부하거나 거역하는 것이 중도이고 순리일 수 있다. 자신의 고집과 독단을 강제하기 전에 먼저 현실적 조건을 냉정하게 바라보는 태도다. 순조롭다는 것은 때에 맞는 일이다.

『주역』에서 가장 중요한 것이 바로 정도正道와 중도中道다. 의리는 이 중도와 관련된다. 현실은 복잡하고 다양하며 변화한다. 원칙과 규범으로서의 정도가 있지만 복잡한 현실에서는 경중을 헤아리고 융통성 있는 방식으로 스스로 재량권을 발휘하여 원칙과 규범을 현실에 맞게 실천하는 것을 중도라 할 수 있다.

중도와 정도는 대립되는 것이 아니다. 중도가 더 포괄적인 개념이지만 정도와 다른 것이 아니다. 상황과 때는 일정치 않다. 그 상황의 합당함과 때의 마땅함을 잃지 않는 것이 중도다. 중도는 결코 정도를 잃지 않는 것이다. 오히려 정도를 고집하여 상황과 때에 적절하게 변통하지 않으면 중도를 잃을 뿐이다. 정이천은 중도를 더욱 강조한다.

중도는 정도보다 더 중요하다. 중도를 이루었다면 정도가 아닌 것은 없지만 정도를 고집한다고 해서 반드시 중도인 것만은 아니다.[10]

정도는 다른 것이 아니다. "때의 마땅함을 잃지 않은 것을 정도라고 한다不失時宜之謂正." 정도를 버리고 형세와 시세를 따르는 것은 비겁한 기회주의적 태도다. 때문에 중도는 이理의 마땅함을 잃지 않은 것이기 때문에 정당하고 합당하다. 때문에 『주역』은 권모술수를 가르치려는 것이 아니다. 복잡하게 드러나는 정도를 말하려는 것이다. 그것이 의리다.

의리는 허황되거나 망령되지 않는다. 현실적이지만 현실주의적이지는 않는다. 순수하고 고명한 이상을 잃지 않는다. 착실着實하다는 말이 있다. 이 말은 약간 우둔하게 성실하다는 정도의 의미로 쓰인다. 그러나 원래적 의미 맥락은 다르다. 착실着實이란 실제적인 것, 현실적인 것에 달라붙는다는 말이다. 실제와 현실에 부합한다는 말이다. 주희는 이렇게 말한다.

앎은 고명함을 귀하게 여기고, 실천은 착실함을 귀하게 여긴다. 앎이 고명하다면 반드시 착실하게 해나가야 한다.[11]

고명한 이상과 선한 의도는 착실해야 한다. 현실의 때를 더럽다고 피하지 말고 현실의 때를 알아야 한다. 현실의 때를 알아야 때에 맞는 의리를 실천한다. 고명한 이상만을 고집할 때 분노하기 쉽다. 고명한 이상만 품고 착실하지 못한 사람은 세상 탓만 할 뿐이다.

1. 프롤로그

1) 주희朱熹, 『주자어류朱子語類』 권3, "鬼神只是氣. 屈伸往來者氣也. 天地間無非氣. 人之氣與 天地之氣常相接無間斷, 人自不見. 人心纔動必達於氣, 便與這屈伸往來者相感通. 如卜筮之類, 皆 是心自有此物, 只說你心上事, 纔動必應也."

2) 양만리楊萬里, 『성재역전誠齋易傳』, 「자서自序」, "易者何也, 易之爲言, 變也. 聖人變通之書也. (…) 然則學者將欲變通, 於何求通, 曰道, 於何求道, 曰中, 於何求中, 曰正, 於何求正, 曰易, 於何 求易, 曰心."

2. 이야기와 『주역』

1) 오탁번·이남호, 『서사문학의 이해』, 고려대학교출판부, 2001, 1~8쪽.

2) 조너선 갓셜, 『스토리텔링 애니멀』, 민음사, 2장 '픽션의 수수께끼' 참조.

3) 사마천司馬遷, 『사기史記』 「태사공자서太史公自序」, "孔子卒後, 至於今五百歲, 有能紹明世, 正易傳, 繼春秋, 本詩書禮樂之際, 意在斯乎, 意在斯乎! 小子何敢讓焉."

4) 사마천, 『사기』 「사마상여열전司馬相如列傳」, "春秋, 推見至隱, 易, 本隱之以顯."

5) 주희, 『주자어류』 권34, "如他經, 先因其事, 方有其文. 如書言堯舜禹成湯伊尹武王周公之事, 因有許多事業, 方說到那裏; 若無那事, 亦不說到那裏. 易則是簡空底物事, 未有是事, 預先說是 理, 故包括得盡許多道理."

6) 정이程頤, 『역전易傳』, 둔屯괘, 상육上六효, 「상전象傳」, "夫卦者, 事也, 爻者, 事之時也."

7) 『주역』 「계사전」, "子曰, '書不盡言, 言不盡意.' 然則聖人之意其不可見乎? 子曰, '聖人立象以 盡意, 設卦以盡情僞, 繫辭焉以盡其言.'"

3. 왜 유방劉邦은 장례를 공표했을까 — 둔屯괘

1) 정이, 『역전』 겸謙괘 괘사, "達理, 故樂天而不競, 內充, 故退讓而不矜, 安履乎謙, 終身不易, 自卑而人益尊之, 自晦而德益光顯, 此所謂君子有終也."

2) 양만리, 『성재역전』 겸謙괘 육오효, "五以君上之尊, 體謙柔之德, 欿然不有其崇高富貴之勢, 此一卦謙德之盛也. 推不富之心, 納天下之善, 則其臣鄰翕然擧衆善以歸之矣. 高帝不如三子, 故能有三子. 兼天下之智, 合天下之勇, 焉往不利哉?"

3) 양만리, 『성재역전』 겸謙괘 육오효, "利用侵伐, 姑擧其大者, 雖然, 謙无不利, 遂挾之以靡不爲乎? 聖人戒之曰, 征不服也, 不服而征, 不得已耳."

4) 『주역전의대전周易傳義大全』, 둔屯괘 괘사, "屯是陰陽未通之時, 蹇是流行之中有蹇滯, 困則窮矣."

5) 양만리, 『성재역전』 둔屯괘 괘사, "其道有三, 惟至正爲能正天下之不正. 故曰利貞, 惟不欲速爲能成功之速, 故曰勿用有攸往, 惟多助爲能克寡助, 故曰利建侯. 漢高帝平秦項之亂, 除秦苛法, 爲義帝發喪, 得屯之利貞. 不王之關中而王之蜀漢, 隱忍就國而不敢校, 得屯之勿用有攸往, 會固陵而諸侯不至, 亟捐齊梁, 以王信越, 得屯之利建侯."

6) 성대중成大中, 『청성잡기靑城雜記』, 「췌언揣言·초한성패楚漢成敗」, "以功業論, 則漢優而楚劣, 以品裁言, 則漢劣而楚優. 曰爲之奈何, 懼之假也. 曰何如, 雖驕而眞也."

7) 사마천, 『사기』 「항우본기項羽本紀」, "項王嗔目而叱之, 赤泉侯人馬俱驚, 辟易數里. 與其騎會爲三處, 漢軍不知項王所在, 乃分軍爲三, 復圍之. 項王乃馳, 復斬漢一都尉, 殺數十百人, 復聚其騎, 亡其兩騎耳. 乃謂其騎曰, 何如? 騎皆伏曰, 如大王言."

8) 사마광司馬光, 『자치통감』, "順德者昌, 逆德者亡."

9) 『주자어류』 권134, "漢高祖取天下, 所謂仁義者, 豈有誠心哉? (…) 所謂縞素發喪之擧, 其意何在?"

10) 『성리대전서(性理大全書)』 권16 「역대이(歷代二)·서한(西漢)·고제(高帝)」, "高帝之爲義帝發喪也, 三軍縞素, 天下之士歸心焉. 雖然, 帝亦詭而用之耳. (…) 是三老董公之善謀, 豈出於帝之本情哉?"

11) 소식蘇軾, 『소식문집蘇軾文集』 「한고제론漢高帝論」, "特其大封同姓, 而病於疎, 誅戮功臣, 而病於猜, 寵嬖後宮, 而病於無制."

12) 사마천, 『사기』 「고조본기」, "吾以布衣提三尺劍取天下, 此非天命乎? 命乃在天, 雖扁鵲何益!"

4. 왜 항우項羽는 오강을 건너지 않았을까 — 대장大壯괘

1) 사마천, 『사기』 「항우본기」, "項王乃曰, '吾聞漢購我頭千金, 邑萬戶, 吾爲若德.'"

2) 사마천, 『사기』 「항우본기」, "身死東城, 尙不覺寤而不自責, 過矣. 乃引'天亡我, 非用兵之罪也', 豈不謬哉!"

3) 주희, 『주자어류』 권54, "婦人之仁不能忍於愛, 匹夫之勇不能忍於忿, 皆能亂大謀, 如項羽是也."

4) 사마천, 『사기』 「항우본기」, "富貴不歸故鄕, 如繡衣夜行, 誰知之者."

5) 양만리, 『성재역전』 동인同人괘 상구효, "郊野, 一也. 同人于野, 爲亨爲利, 同人于郊, 止于无悔. 其未得志者, 上九居一卦之外而无位, 雖欲同人, 而人皆同乎九五矣, 誰我同者? 此項羽之衆, 一散而不再合, 李密之衆, 再合而卒不能濟. 故曰志未得也. 君子之於人, 異勿處先, 同勿處後."

6) 사마천, 『사기』 「항우본기」, "且籍與江東子弟八千人渡江而西, 今無一人還, 縱江東父兄憐而王我, 我何面目見之? 縱彼不言, 籍獨不愧於心乎?"

7) 정이천 『역전』 대장大壯괘 상육효, "才本陰柔, 故不能勝已以就義, 是不能退也. 陰柔之人, 雖極用壯之心, 然必不能終其壯, 有摧必縮, 是不能遂也."

5. 왜 전횡田橫은 항복하지 않고 자결했을까 — 비比괘

1) 사마천, 『사기』, 「전담열전田儋列傳」, "田橫之高節, 賓客慕義而從橫死, 豈非至賢!"

2) 『후한서後漢書』 「마원열전馬援列傳」, "當今之世, 非獨君擇臣也, 臣亦擇君矣."

3) 『주역』 「서괘전」, "衆必有所比, 故受之以比."

4) 사마천, 『사기』 「역생육가열전酈生陸賈列傳」, "天下後服者, 先亡."

5) 양만리, 『성재역전』, 비比괘, 상육효, "見之不蚤, 從之不先, 下則棄于四陰之類, 上則絶于一陽之君, 凶而无終, 必矣."

6) 김만영金萬英, 『남포집南浦集』 「전횡론田橫論」, "假使天命人心已歸於漢, 人謀雖臧, 無可奈何, 則當背城一戰, 死於復讐之大義可也. (…) 愚故曰橫以小惠結人心則有之, 不聞其大義也."

7) 성대중, 『청성잡기』 「췌언·전횡田橫」, "悻悻一節之夫, 區區無謀之士."

6. 왜 장량張良은 적송자赤松子를 따르려 했을까 — 이이리과

1) 사마천, 『사기』 「유후세가留侯世家」, "學者多言無鬼神, 然言有物."

2) 사마천, 『사기』 「유후세가」, "家世相韓, 及韓滅, 不愛萬金之資, 爲韓報讐彊秦, 天下振動. 今以三寸舌爲帝者師, 封萬戶, 位列侯, 此布衣之極, 於良足矣. 願棄人間事, 欲從赤松子游耳."

3) 『성리대전서』, 권12 「황극경세서육皇極經世書六·관물외편하觀物外篇下」, "知易者不可引用講解, 是爲知易. 孟子之言未嘗及易, 其間易道存焉. 但人見之者鮮耳. 人能用易, 是爲知易. 如孟子, 可謂善用易者也."

4) 『노자』, 27장, "善行無轍迹."

5) 정이, 『이정집二程集』 권19, 「양준도록楊遵道錄」, "張良亦是箇儒者. 進退間極有道理. 人道漢高祖能用張良, 却不知是張良能用高祖. 良計謀不妄發, 發必中."

6) 『성리대전서』 권60, 「역대이歷代二·서한西漢·고제高帝」, "其臣高祖, 非其心也. 不得已耳."

7) 『성리대전서』 권60, 「역대이·서한·장량張良」, "雖寄身朝市, 而翛然如江湖萬里之遠, 鴻冥鳳擧, 矰繳不及."

8) 정이, 『역전』, 이이리과 괘사, "惟其所行順乎理, 而當乎義."

9) 양만리, 『성재역전』, 이이리과 구이효, "九二以陽剛之才, 居下卦之中, 可以進爲而行其道. 蓋坦然而无難矣. 然猶守之以山林幽獨之操, 可謂能正固而不以外物自亂其中者也. 居宗廟朝廷之上, 而不改簞瓢捽茹之氣, 在冠冕佩玉之列, 而不忘黃冠野服之心. 世之富貴得而亂之哉. 張良近之矣."

10) 유향劉向, 『신서新序』 「잡사雜事」, "人君苟能至誠動於內, 萬民必應而感移. (…) 故荒外從風, 鳳麟翔舞, 下及微物, 咸得其所. 易曰 '中孚豚魚吉.' 此之謂也."

11) 양만리, 『성재역전』, 이이리과 육사효, "爲臣者, 不能誠其身則不能誠於君. (…) 人知以盈自裕, 莫知以盈自仆. 人知以黨自助, 莫知以黨自蠹. 六四不盈如月之近於望, 不黨如馬之亡其匹, 其中心之誠. 人信之, 君信之, 又何咎矣. 張良事師黃石, 晚從赤松, 月幾望也."

12) 『노자』, 9장, "持而盈之, 不如其已. 揣而銳之, 不可長保. 金玉滿堂, 莫之能守. 富貴而驕, 自遺其咎. 功遂身退, 天之道."

13) 이규경李圭景, 『오주연문장전산고五洲衍文長箋散稿』, 「경사편經史編·논사류論史類·장량변증설張良辨證説」

7. 왜 한신韓信은 괴통蒯通의 말을 듣지 않았을까 — 점漸괘

1) 사마천, 『사기』 「회음후열전淮陰侯列傳」, "假令韓信學道謙讓, 不伐己功, 不矜其能, 則庶幾哉, 於漢家勳可以比周召太公之徒, 後世血食矣."

2) 사마천, 『사기』 「회음후열전」, "陛下所謂天授, 非人力也."

3) 사마천, 『사기』 「회음후열전」, "吾悔不聽蒯通之計, 乃爲兒女子所詐, 豈非天哉."

4) 사마천, 『사기』 「회음후열전」, "貴賤在於骨法, 憂喜在於容色, 成敗在於決斷, 以此參之萬不失一."

5) 사마천, 『사기』 「회음후열전」, "天與弗取, 反受其咎, 時至不行, 反受其殃."

6) 사마천, 『사기』 「회음후열전」, "衣人之衣者懷人之憂, 食人之食者死人之事, 吾豈可以鄕利倍義乎!"

7) 양만리, 『성재역전』 점괘 괘사, "臣從君如女從夫. 女之從夫, 聘則漸, 奔則速. 漸則正, 速則邪. 正則妻, 邪則妾. 臣之從君, 可速而不漸, 邪而不正哉? 漸而進則獲乎上而有功, 正而進則正其身以及國."

8) 양만리, 『성재역전』 점괘 구오효, "九五以剛明中正之君, 居崇高富貴之位, 此鴻之進于丘陵最高之地之象也. 下有六二柔順中正之大臣. 九五與之合志一德, 以大有爲於天下. 此如鴻之遇順風橫四海也, 何難之有? 然猶三歲而不合, 不合而无成者, 何也? 五欲親二, 而九三在旁以間之, 如蒯通之説韓信, 二欲親五, 而六四近上以間之, 如管蔡之毁周公. 此其所以婦三歲不孕也."

9) 『동문선東文選』 「한신전박韓信傳駁」, "本高祖養而成之也."

10) 『동문선』 「한신전박」, "高祖不能無非也."

11) 이익李瀷, 『성호사설星湖僿説』 「경사문經史門」, "以言乎智計, 則高祖詐稱使者, 入軍換旗幟, 信猶未覺, 滎陽高會楚兵來襲, 信方在軍,幸而得脱, 安在乎戰勝攻取而多多益善也.

12) 성대중, 『청성잡기』 「췌언·한신韓信」, "意得氣亢, 量狹知昏, 可作淮陰侯墓志銘畫像贊."

13) 성대중, 『청성잡기』 「췌언·한신」, "是皆量狹之咎也. 英雄以氣爲主, 意得則氣亢, 氣亢則量狹, 量狹則知昏. 信之敗也, 以是故也, 非不學之過也."

14) 성대중, 『청성잡기』 「췌언·한신」, "信如學道, 亢者必下, 狹者必廣, 功名之際, 濟以謙讓, 才而不盡用, 能而不盡見, 則疑忌者少, 而可以免矣. 信計不出乎此, 而惟其能之是衒, 是固不學之過也."

8. 왜 소하蕭何는 한신을 천거했을까 ― 대과大過괘

1) 사마천, 『사기』 「소상국세가蕭相國世家」, "夫獵, 追殺獸免者狗也, 而發蹤指示獸処者人也. 今諸君徒能得走獸耳, 功狗也. 至如蕭何, 發蹤指示, 功人也."

2) 사마천, 『사기』 「소상국세가」, "何謹守管籥, 因民之疾秦法, 順流與之更始. 淮陰黥布等皆以誅滅, 而何之勳爛焉."

3) 사마천, 『사기』 「소상국세가」, "孝惠曰, '曹參何如?' 何頓首曰, '帝得之矣! 臣死不恨矣!'"

4) 사마천, 『사기』 「회음후열전」, "人各自以爲得大將. 至拜大將, 乃信也, 一軍皆驚."

5) 정이, 『역전』, 대과大過괘, "聖賢道德功業, 大過於人, 凡事之大過於常者皆是也."

6) 정이, 『역전』, 대과괘, "蓋矯之小過, 而後能及於中, 乃求中之用也. 所謂大過者, 常事之大者耳, 非有過於理也."

7) 양만리, 『성재역전』, 대과괘 괘사, "大過之時, 何時也? 大廈將傾之時也. 下橈將蹩, 其本弱矣, 上橈將折, 其末弱矣. 此不可爲之時也, 而曰利有攸往, 亨, 何也? 非天下不可爲之事, 无以施天下大過人之才."

8) 『서경書經』 「열명상說命上」, "若藥弗瞑眩, 厥疾弗瘳."

9) 양만리, 『성재역전』, 대과괘 구이효, "九二以剛陽之才, 居謙柔之地, 以下比於初六. 此大臣之能下士而得助者也. 持是道以當大廈將顚之世, 則廢可興, 衰可扶矣. 木枯而根生, 廢可興也, 身老而妻壯, 衰可扶也. 然則大廈之顚, 何患於不起哉. 故曰无不利. 蕭何必薦韓信, 鄧禹必薦寇恂, 所謂大廈非一木之支, 太平非一士之畧也."

10) 『성리대전서』 권60, 「역대이·서한·소하蕭何」, "貪冒榮寵, 惴惴然如持重寶, 惟恐一跌, 然而幾踣者亦屢矣. 蓋高帝慢而侮人, 而輕與人爵邑, 故不得廉節之士, 而一時頑鈍嗜利無恥者多歸之, 以何之賢猶不免是, 惜夫!"

9. 왜 진평陳平은 주색에 빠졌을까 ― 감坎괘

1) 사마천, 『사기』 「진승상세가陳丞相世家」, "然平竟自脫, 定宗廟, 以榮名終, 稱賢相, 豈不善始善終哉? 非知謀孰能當此者乎."

2) 사마천, 『사기』 「진승상세가」, "臣所言者, 能也, 陛下所問者, 行也."

3) 정이, 『이정집』 권19, 「양준도록楊遵道錄」, "陳平只是幸而成功, 當時順却諸呂亦只是畏死."

4) 『노자』 43장, "天下之至柔, 馳騁天下之至堅. 無有入無間."

5) 『주역』 고蠱괘 「서괘전」, "以喜隨人者, 必有事."

6) 『주역』 고괘 괘사, "壞極而有事也."

7) 『주역』 고괘 구이효 「상전」, "幹母之蠱, 得中道也."

8) 『노자』 36장, "將欲歙之, 必固張之, 將欲弱之, 必固强之, 將欲廢之(將欲去之), 必固興之, 將
欲奪之, 必固與之."

9) 『중용』 14장, "君子居易以俟命, 小人行險以徼幸."

10) 양만리, 『성재역전』, 감坎괘, 육사효, "六四之與九二必也相交以禮, 相示以質, 相通以信, 則
庶乎險難之可濟而終无咎矣. 平交懼於勃而漢始安."

11) 양만리, 『성재역전』, 감坎괘, 육사효, "古語曰同舟而遇風, 則胡越相應, 如左右手."

12) 『성리대전서』 권61 「역대삼歷代三·서한·진평陳平」, "陵終以讓見疎, 無益於國. 其後平專
爲丞相, 天下無間言, 卒以功名終, 不其反歟? '知人惟帝難之', 信矣夫!"

13) 성대중, 『청성잡기』, 「췌언·평발平勃」, "甚矣, 報復之如影響也."

14) 성대중, 『청성잡기』, 「췌언·평발」, "封呂之議, 安國侯爭之, 而臣等順之, 遂使呂氏鴟張. 臣之
不死, 固將有爲. 然誅呂之功, 不足贖張呂之罪, 況陛下之立, 社稷之靈也, 臣何力焉. 願褒安國侯
之忠, 治臣等之罪, 以警朝廷."

10. 왜 주발周勃은 잠시 시간을 내달라고 했을까 ── 소과小過괘

1) 사마천, 『사기』 「여후본기呂后本紀」, "爲呂氏右袒, 爲劉氏左袒."

2) 『성리대전서』 권60 「역대이·서한·주발周勃」, "及迎文帝至霸橋, 曰'願請間', 此豈請間時耶?
… 可謂至無能之人矣."

3) 『성리대전서』 권60 「역대이·서한·주발」, "安劉事, 特幸成耳."

4) 사마천, 『사기』 「효문본기孝文本紀」, "所言公, 公言之. 所言私, 王者不受私."

5) 『주역』 「서괘전」, "有其信者必行之, 故受之以小過."

6) 정이, 『역전』, 소과小過괘 괘사, "時當過而過, 乃非過也. 時之宜也, 乃所謂正也."

7) 양만리, 『성재역전』 소과괘 괘사, "小過之世, 何時也? 用靜吉, 用作凶之時也. 曷爲靜吉而作
凶也? 君臣俱弱, 一也, 上動而下止, 上作而下不應, 二也, 陰盛而陽孤, 邪衆而正寡, 小人長而君
子消, 三也, 可以不靜而輕作乎哉? 當是之時, 君臣必也自揆其才, 互量其力, 而安處其時, 小有所

過則可, 大有所過則不可."

8) 정이, 『역전』, 소과괘, "謂宜順也. 順則大吉. 過以就之, 蓋順理也. 過而順理, 其吉必大."

9) 양만리, 『성재역전』 소과괘 육이효, "六二以陰柔之小人, 居大臣之高位, 常有過其分之心. 故常有弱其君之心, 然彷徨徬徨而不敢進, 窺覷而不得僭者, 有二陽以振其前也. 過其一又遇其一, 進則九四禦其腹, 退則九三要其背. 故其僭不及於六五之君, 非不欲及也, 遇二臣之振已不可越而過也. (…) 周勃有驕主色而折於袁盎之一言, (…) 皆過其臣. 故不及其君也. 九三以陽居陽, 故稱祖, 九四以陽居陰, 故稱妣, 過其祖遇其妣, 豈惟六二安而无咎哉, 天下國家實无咎也."

10) 『성리대전서』 권12 「황극경세서육 · 관물외편하」, "周勃霍光能成大事, 唯其無學, 故未盡善也. 人而無學, 則不能燭理. 不能燭理, 則固執而不通. 人有出人之才, 必以剛克. 中剛則足以立事業, 處患難. 若用於他, 反爲邪惡."

11) 사마천, 『사기』 「강후주발세가絳侯周勃世家」, "吾嘗將百萬軍, 然安知獄吏之貴乎?"

12) 사마천, 『사기』 「강후주발세가」, "足已而不學, 守節不遜, 終以窮困, 悲夫!"

13) 위백규魏伯珪, 『존재집存齋集』 「격물설格物說」, "若以勃之有私意而輕薄多文, 身且不保, 烏能安社稷哉. 然則輕薄之可畏可知也. 人纔輕薄, 無所往而可者也."

11. 왜 조참曹參은 법률을 바꾸지 않았을까 — 고蠱괘

1) 사마천, 『사기』 「조상국세가曹相國世家」, "治道貴淸靜而民自定."

2) 사마천, 『사기』 「조상국세가」, "夫獄市者, 所以幷容也. 今君擾之. 姦人安所容也. 吾是以先之."

3) 사마천, 『사기』 「조상국세가」, "參曰, '陛下言之是也. 且高帝與蕭何定天下, 法令既明, 今陛下垂拱, 參等守職, 遵而勿失, 不亦可乎?' 惠帝曰, '善, 君休矣!'"

4) 사마천, 『사기』 「조상국세가」, "然百姓離秦之酷後, 參與休息無爲, 故天下俱稱其美矣."

5) 『노자』 48장, "無爲而無不爲, 取天下, 常以無事, 及其有事, 不足以取天下."

6) 가의賈誼, 『과진론過秦論』, "秦之盛也, 繁法嚴刑而天下振, 及其衰也, 百姓怨望而海內畔矣."

7) 『노자』 57장, "我無爲, 而民自化, 我好靜, 而民自正, 我無事, 而民自富, 我無欲, 而民自樸."

8) 소식, 『동파역전東坡易傳』, 고蠱괘, "器久不用, 而蠱生之謂之蠱, 人久宴溺, 而疾生之謂之蠱, 天下久安无爲, 而弊生之謂之蠱."

9) 『주역』, 「잡괘전」, "蠱則飾也."

10) 『주역』 「서괘전」, "以喜隨人者必有事, 故受之以蠱."

11) 양만리, 『성재역전』 고괘 육사효, "惠帝欲有爲, 曹參欲无爲, 非不爲也. 自量其不如蕭何而不敢爲也, 故能成淸靜寧一之治. 此蠱之六四寬裕而不敢勇往者與."

12) 주희, 『주역본의周易本義』, 고괘 육사효, "以陰居陰, 不能有爲, 寬裕以治蠱之象也. 如是則蠱將日深, 故往則見吝. 戒占者不可如是也."

13) 『성리대전서』 권60 「역대이 · 서한 · 조참曹參」, "後世如曹參, 可謂能克己者. 觀參本武人, 攻堅陷敵, 是其所長. 至其治國爲天下, 乃以淸淨無爲爲事, 氣質都變了."

14) 사마천, 『사기』 「조상국세가」, "蕭何爲法, 顜若畫一. 曹參代之, 守而勿失. 載其淸淨, 民以寧一."

15) 정약용丁若鏞, 『경세유표經世遺表』 「방예초본인邦禮艸本引」, "曹參以淸淨居相位者, 漢無德而興, 以承秦苛, 少撓之則民將蠢起而爲亂. 其勢不得不以烹鮮爲法耳."

16) 『노자』 60장, "治大國, 若烹小鮮."

17) 왕필王弼, 『노자주老子注』 60장, "不擾也. 躁則多害, 靜則全眞. 故其國彌大, 而其主彌靜, 然後乃能廣得衆心矣."

18) 『홍재전서弘齋全書』 「경사강의經史講義 · 한혜제漢惠帝」

12. 왜 조조晁錯는 목이 베였을까 ─ 혁革괘

1) 사마천, 『사기』 「원앙조조열전袁盎晁錯列傳」, "故人主知所以臨制臣下而治其衆, 則羣臣畏服矣, 知所以聽言受事, 則不欺蔽矣, 知所以安利萬民, 則海內必從矣, 知所以忠孝事上, 則臣子之行備矣."

2) 사마천, 『사기』 「원앙조조열전」, "毋爲權首, 反受其咎."

3) 사마천, 『사기』 「원앙조조열전」, "諸侯發難, 不急匡救, 欲報私讐, 反以亡軀."

4) 『주역』 혁革괘 「단전」, "天地革而四時成, 湯武革命, 順乎天而應乎人, 革之時大矣哉!"

5) 양만리, 『성재역전』 혁괘 초구효, "觀六爻之辭, 益知聖人之懼革也. 初九戒革之蚤, 六二戒革之專, 九三戒革之躁, 九四戒革之疑, 上六戒革之過, 五者之戒詳矣然. 後九五不待占而決也. 初九革之初也, 當革之初, 遽可以革乎? 曰未可也. 當固執之, 堅忍之, 爲黃牛之革焉. 不曰未可以有爲, 而曰不可以有爲者, 戒之之嚴也. 以此成之, 猶有晁錯削七國之禍."

6) 『성리대전서』 권61 「역대삼 · 서한 · 조조晁錯」, "錯無碩德重望以鎭服其心, 而强爲之謀, 其召

亂而取禍, 蓋無足怪者."

7) 『동문선』「위조조설원론僞鼂錯雪寃論」, "予是以譏景帝之不明, 以此雪錯之深寃也."

8) 장유張維, 『계곡집谿谷集』「계곡만필谿谷漫筆·조조망친멸예득죄인륜鼂錯忘親蔑禮得罪
人倫」, "鼂錯之死, 古人多稱其寃, 至其忘親蔑禮, 得罪人倫, 未有道及者, 故余特爲論之."

13. 왜 두영竇嬰은 소송을 멈추지 않았을까 — 송訟괘

1) 사마천, 『사기』「위기무안후열전魏其武安侯列傳」, "魏其者, 沾沾自喜耳, 多易, 難以爲相持
重."

2) 『논어』「안연顏淵」, "聽訟, 吾猶人也, 必也使無訟乎."

3) 『주역전의대전』, 송訟괘 구사효, "九二識時勢, 能反而安其分之小, 九四明義理, 能變而安於命
之正."

4) 양만리, 『성재역전』, 송괘 구사효, "九四之訟初六, 以上訟下, 挾貴而訟; 以强訟弱, 挾力而訟;
初非四之敵也, 然擧二者之訟, 質之九五剛明中正之君, 何貴之私, 何力之撓哉. 故初六之辨邃明,
而九四之訟不勝, 訟不勝而吉, 何也? 能自反其身而就于義命, 能自改其過而安於貞固, 猶可以吉也.
非吉之大也, 僅不失於吉而已. 渝者, 變而改也. 不然如竇嬰之助灌夫, 趙廣漢之脅魏相, 欲以免
人, 乃不免其身, 欲以免罪, 乃所以獲罪."

5) 사마천, 『사기』「위기무안후열전」, "俱宗室外家, 故廷辯之. 不然, 此一獄吏所決耳."

6) 『성리대전서』 권62, 「역대삼·서한·두영관부전분竇嬰灌夫田蚡」, "若灌夫者, 勇悍不遜, 有
死之道焉. 終以一朝之忿亡其身, 非自取歟? 竇嬰區區復銳於爲救, 果何益哉? 故卒與俱滅, 是亦不
知量也. 田蚡規利賣國, 其不族, 幸矣."

7) 이지연李止淵, 『주역차의周易箚疑』, 송괘 구오효, "訟者, 辨別曲直也. 天下无兩是而雙非者,
此直則彼曲, 此是則彼非. 其曲而非者之好訟, 謂之險而健, 可也. 苟有直而是者懟寃, 安可指爲險
而健乎. 卦中諸爻, 皆以柔弱者爲吉. 然則訟之道, 勿論曲直是非, 但以柔弱自退爲主, 則天下之爲
柔而有寃者, 將无可伸之日乎."

14. 왜 가의賈誼는 기다리지 못했을까 ― 비賁괘

1) 사마천, 『사기』 「굴원가생열전屈原賈生列傳」, "滄浪之水淸兮, 可以濯吾纓, 滄浪之水濁兮, 可以濯吾足."

2) 사마천, 『사기』 「굴원가생열전」, "及見賈生弔之, 又怪屈原以彼其材, 游諸侯, 何國不容, 而自令若是. 讀服鳥賦, 同死生, 輕去就, 又爽然自失矣."

3) 정이, 『역전』 몽蒙괘 괘사, "當以道自守, 待君至誠求之, 而後應之, 則能用其道."

4) 호원胡瑗, 『주역구의周易口義』, 비賁괘 육이효, "須者, 待也. 夫君子之進, 不可以躁, 必待其時. 有其君往而可以行, 己之道, 則決然而進, 无累矣."

5) 양만리, 『성재역전』 비괘 육이효, "士有待而後發, 未有不待而發, 士有求而不應, 未有不求而應. 非珍身也, 珍道也. (…) 然非六五文明以止之君, (…) 六二肯輕就乎. 故曰賁其須. 須, 來也, 亦待也. (…) 下有禮樂之文而上未遑, 君子惜其不待求而發, 上有禮樂之問而下無對, 君子耻其求而不能應. (…) 至曰未遑, 擧吾道而委溝矣. 惜也, 誼知易之賁, 未知賁之須也."

6) 신흠申欽, 『상촌집象村集』 「서가생전후書賈生傳後」, "當是時, 文帝之心, 知有黃老, 而不知有先王之道, 則誼之所學, 是帝之所棄也, 誼之所好, 是帝之所惡也. 其謙讓未遑, 乃是疏誼之漸, 不用其言而用其人, 無是理也."

7) 『성리대전서』 권61, 「역대삼·서한·가의賈誼」, "然未免乎有激發暴露之氣, 其才則然也."

8) 위백규, 『존재집』, "而觀賈誼之書, 無度時見可之義, 有徑情期必之意, 倘文帝卽柄用而寵異之, 必不免禍矣. 其病死長沙, 亦云幸矣. 盖其本心, 非如君子行天理當然之道, 使萬物被澤之心, 全是展才立功名之意. 其言雖公, 其意則私也, 故遽爲人痛哭流涕."

9) 소식, 『소식문집』 「가의론」, "非漢文之不用生, 生之不能用漢文也."

10) 소식, 『소식문집』 「가의론」, "不知黙黙以待其變, 而自殘至此, 嗚呼, 賈生, 志大而量小, 才有餘而識不足也."

15. 왜 급암汲黯은 창고의 곡식을 함부로 꺼냈을까 ― 익益괘

1) 사마천, 『사기』 「급정열전汲鄭列傳」, "黯爲人性倨, 少禮, 面折, 不能容人之過."

2) 사마천, 『사기』 「급정열전」, "其治, 責大指而已, 不苛小."

3) 사마천, 『사기』 「급정열전」, "陛下內多欲, 而外施仁義, 奈何欲效唐虞之治乎!"

4) 사마천,『사기』「평진후주보열전平津侯主父列傳」, "弘位在三公, 奉祿甚多, 然爲布被, 此詐也."

5) 사마천,『사기』「급정열전」, "臣請歸節, 伏矯制之罪."

6)『공자가어孔子家語』「육본六本」, "夫自損者, 必有益之, 自益者, 必有決之. 易損卦次得益, 益次夬, 夬, 決也. 損而不已, 必益. 故受之以益. 益而不已, 必決. 故受之以夬. 吾是以歎也."

7)『회남자』「인간훈人間訓」, "益損者, 其王者之事與. 事或欲以利之, 適足以害之. 或欲害之, 乃反以利之, 利害之反, 禍福之門戶, 不可不察也."

8) 양만리,『성재역전』, 익益괘 육이효, "六三, 柔體也, 然居下之上, 處剛之位, 據動之極, 見有可以益天下之事, 則決然自我而益之, 果於益而忘其專也. 故聖人戒之不一而足, 曰用凶事无咎者, 惟危難不得已而用之, 則无咎, 非危難, 則有咎矣."

9)『논어』「태백泰伯」, "不在其位, 不謀其政."

10) 호원,『주역구의』, "民由是活及歸朝, 乃請矯制之罪. 帝遂賢而釋之. 是乃非其位, 越其職, 以濟凶荒之事. 象曰益用凶事固有之也者, 言六三雖居非其位, 然其救民安國之心, 固有之也."

11) 정이,『역전』, 익益괘 육삼효, "三居下體之上, 在民上者也, 乃守令也. (…) 凶事謂患難非常之事. 三居下之上, 在下當承禀於上, 安得自任, 擅爲益乎? 唯於患難非常之事, 則可量宜應卒, 奮不顧身, 力庇其民, 故无咎也.

12) 사마천,『사기』「급정열전」, "天下謂刀筆吏不可以爲公卿, 果然."

13) 정약용,『여유당전서與猶堂全書』「문집文集·논論·급암론汲黯論」, "汲黯伉厲剛褊. 名高一節之士, 非公輔之器也."

14) 정약용,『여유당전서』「문집·논·급암론」, "豈不迫切少禮矣乎. 若是者, 人主畏其口而已, 中心不敬重以爲公輔之器也."

15) 정약용,『여유당전서』「문집·논·급암론」, "是黯專務名高, 而無忠愛惻怛之誠者也. 武帝亦好名, 是以優容之. 其許之以社稷臣者, 畏其口也, 非心許之也."

16. 왜 공손홍公孫弘은 베 이불을 덮었을까 ― 절節괘

1) 사마천,『사기』「평진후주보열전」, "弘爲人恢奇多聞. 常稱以爲人主病不廣大, 人臣病不儉節. 弘爲布被, 食不重肉. 後母死, 服喪三年."

2) 사마천,『사기』「평진후주보열전」, "夫知臣者以臣爲忠, 不知臣者以臣爲不忠."

3) 사마천, 『사기』 「평진후주보열전」, "夫以三公爲布被, 誠飾詐欲以釣名."

4) 『성리대전서』 권61, 「역대삼·서한·공손홍公孫弘」, "觀武帝問賢良禹湯水旱, 厥咎何由? 公孫弘曰: '堯遭洪水, 不聞禹世之有洪水也. 而不對所由, 姦人也.'"

5) 성대중, 『청성잡기』 「질언質言」, "老佛而善學, 則爲汲長孺之直諫, 張九成之方正, 儒道而不善學, 則爲公孫弘之詐忠, 王介甫之執拗."

6) 정이, 『역전』 절節괘 괘사, "節貴適中, 過則苦矣. 節至於苦, 豈能常也. 不可固守以爲常, 不可貞也."

7) 양만리, 『성재역전』 절괘 상육효, "以爲眞正之操而不屑一世, 此世之所疾, 故有凶之道焉, 伯夷隘是也."

8) 『맹자』 「등문공하滕文公下」, "若仲子者, 蚓而後充其操者也."

9) 양만리, 『성재역전』 절괘 구이효, "初, 處士, 二, 大臣也. 身爲人臣, 上逢九五陽剛中正之君, 謂直佐其君, 制數度以節天下之欲, 議德行以節其君之欲, 此其時不可失也. 今乃下同初九處士之節, 私淑門庭之內而已, 一何不廣也? 故凶. 故公孫宏之布被, 節則節矣, 於窮奢之主, 虛耗之民, 何稗焉?"

10) 이익, 『성호사설』 「경사문·공손홍公孫弘」, "凡導勸之方, 誠信爲上, 名譽次之."

11) 이익, 『성호사설』 「경사문·공손홍」, "仕於朝者, 欲得忠直之名, 惟諫可暴也, 欲得貞高之名, 惟介可暴也, 欲得廉潔之名, 惟儉可暴也. 此雖不免詐冒之混涉, 在君子亦合致意若, 曰諫近訐, 介近悸, 儉近矯, 是無爲善之路也."

12) 위백규, 『존재집』 「잡저雜著·격물설格物說·상론尙論·공손홍」, "公孫弘布被, 談者以其詐而少之. 然相萬乘專權寵, 能知崇儉之可以取名, 猶勝於頑貪無識窮心志之所欲者也. 弘雖非正大君子, 猶能顧畏名義, 其比罔極小人, 不啻異等."

17. 왜 장석지張釋之는 도필리를 싫어했을까 — 간艮괘

1) 『노자』 58장, "其政悶悶, 其民淳淳, 其政察察, 其民缺缺. 禍兮福之所倚, 福兮禍之所伏, 孰知其極. 其無正, 正復爲奇, 善復爲妖. 人之迷, 其日固久."

2) 왕필, 『노자주老子注』, "立刑名, 明賞罰, 以檢姦僞."

3) 『노자』 32장, "始制有名. 名亦旣有, 夫亦將知止. 知止, 可以不殆."

4) 왕필, 『노자주』, "過此以往, 將爭錐刀之末."

5) 『노자』, 73장, "天網恢恢, 踈而不失."

6) 왕필, 『노자주』, "大辯因物而言, 己無所造, 故若訥也."

7) 사마천, 『사기』「장석지전張釋之傳」, "欲以觀其能口對響應無窮者."

8) 사마천, 『사기』「장석지전」, "法者, 天子所與天下公共也."

9) 사마천, 『사기』「장석지전」, "且罪等, 然以逆順爲差."

10) 소식, 『동파역전』, 간艮괘 괘사, "所貴於聖人者, 非貴其靜而不交於物, 貴其與物, 皆入於吉
凶之域而不亂也."

11) 정이, 『이정집』 권6, "看一部華嚴經, 不如看一艮卦."

12) 정이, 『역전』, 간괘 괘사, "動靜相因. 動則有靜, 靜則有動."

13) 양만리, 『성재역전』, 간괘 초육효, "止不善者必在初, 止之於初, 猶不能止於末, 而況肆之
於初者乎? 顔子之不遠復, 止一己之不善於初者也. 漢文即位之初, 喜嗇夫之緯捷, 而張釋之極言
其害, 止其君之不善於初者也. 顔爲幾于聖, 而文爲七制之主, 止於初之效也."

14) 『성리대전서』 권61, 「역대삼·서한·장석지」, "以史氏之辭論之, 則民自以爲不冤者, 勝於天
下無冤民. 蓋天下無冤民者, 所斷皆當其罪, 罪人未必皆心服也. 然以實攷之, 則定國實不勝釋之."

15) 사마천, 『사기』「장석지전」, "廷尉天下之平也. 一傾而天下用法皆爲輕重, 民安所錯其手足?"

18. 왜 오왕吳王 비濞는 반란에 실패했을까 — 익益괘

1) 사마천, 『사기』「오왕비열전吳王濞列傳」, "夫察見淵中魚, 不祥."

2) 『한비자韓非子』「세림說林」, "습사미가 답했다. '옛말에 '깊은 연못에 숨은 물고기를 알
려고 하는 것은 상서롭지 못하다'고 했다. 전성자는 제나라를 공격하려는 대사를 꾸미
고 있다. 내가 그의 미묘한 부분까지 알고 있다는 것을 드러내면 나는 반드시 위험해
질 것이다. 나무를 자르지 않더라도 자르라고 명하지 않은 이상 죄가 되지는 않는다. 그
러나 말하지 않은 것을 다 알고 있다면 그 죄는 클 것이다隰子曰: '古者有諺曰, '知淵中之
魚者不祥.' 夫田子將有大事, 而我示之知微, 我必危矣. 不伐樹, 未有罪也, 知人之所不言, 其罪大
矣.'"

3) 사마천, 『사기』「오왕비열전」, "變古亂常, 不死則亡, 豈錯等謂邪!"

4) 『사기』「오왕비열전」, "吳王之王, 由父省也. 能薄賦斂, 使其衆, 以擅山海利. 逆亂之萌, 自其子
興. 爭技發難, 卒亡其本, 親越謀宗, 竟以夷隕."

5) 정이, 『역전』, 익益괘 괘사, "盛衰損益如循環, 損極必益, 理之自然, 益所以繼損也."

6) 정이, 『역전』, 익괘 괘사, "爲益之道, 其動巽順於理, 則其益日進, 廣大无有疆限也. 動而不順於理, 豈能成大益也."

7) 양만리, 『성재역전』 익괘 초구효, "不有益天下之大才, 不可以任益天下之大事, 不有益天下之大德, 不可御益天下之大才. 初九以陽剛之才, 爲震動之主, 得六四近臣之應, 是故位一卦之最下, 而利於作益天下之大事. 然聖人喜其才而憂其心, 何也? 大事者, 非常之事也, 如唐虞之禪, 湯武之革. 有利用爲大作之才, 而未至善之德, 且挾專權自厚之心, 是於天下國家能吉而无咎乎? 夫惟有天德之人, 爲衆善之長, 且有不自厚其事之心, 斯可以作天下之大事, 興天下之大利, 爲天下之大益, 吉而无咎矣. 不然, 子之即堯舜, 吳濞即湯武?"

19. 왜 역기酈寄는 친구를 팔았을까 — 점漸괘

1) 반고班固, 『한서』 「열전列傳·역기」, "孝文時, 天下以酈寄爲賣友, 夫賣友者, 謂見利而忘義也. 若寄, 父爲功臣而又執劫, 雖摧呂祿, 以安社稷, 誼存君親, 可也."

2) 소식, 『소식문집』 「역기행면酈寄幸免」, "固又爲洗賣友之穢, 固之於義陋矣."

3) 정이, 『역전』, 점漸괘 괘사, "進以序爲漸, 今人以緩進爲漸, 進以序不越次, 所以緩也."

4) 왕필, 『주역주』, 점漸괘 구삼효, "三本艮體而棄乎羣, 醜, 與四相得, 遂乃不反, 至使婦孕不育. 見利忘義, 貪進忘舊, 凶之道也."

5) 양만리, 『성재역전』 점괘 구삼효, "九三知進則往而不反, 決焉棄其群類而離絕之矣. 六四非九三之耦也. 九三好高, 則比而相悅, 覬焉孕而不育, 亦不知媿恥矣. 聖人戒之曰: 汝胡不正汝心明汝目, 而察之乎? 初六二, 汝之類也. 六四, 汝之寇也. 汝盍亦和順於汝之類, 而相與扞禦於汝之寇乎? 如是則汝與初六二可以相保, 而免爲六四之所凶災矣. 豈惟无凶, 又且利焉, 故曰利禦寇. 故酈寄舍祿産而從平勃, 利禦寇也."

6) 이익, 『성호사설』 「경사문·역황매교酈況賣交」, "原其心, 非存漢也. 實同惡而賣交也."

7) 『성리대전서』 권61, 「역대삼·서한西漢」, "使商不就規而呂氏得志, 則寄之父子得無非望乎? 其賣友非其本心也."

20. 왜 장이張耳는 진여陳餘와 멀어졌을까 — 비比괘

1) 주희, 『논어집주』, 「학이學而」, "不如己, 則無益而有損."

2) 청수더程樹德, 『논어집석論語集釋』 「학이」, "世之陋者, 樂以不己若者爲友則自足而日損, 故以此戒之. 如必勝己而後友, 則勝己者, 亦不與吾友矣."

3) 『논어』 「학이」

4) 사마천, 『사기』, 「장이진여열전張耳陳餘列傳」, "天與不取, 反受其咎."

5) 사마천, 『사기』 「장이진여열전」, "然張耳陳餘始居約時, 相然信以死, 豈顧問哉. 及據國爭權, 卒相滅亡. 何鄉者相慕用之誠, 後相倍之戾也. 豈非以勢利交哉."

6) 『순자』 「군도君道」, "無卿相輔佐足任者謂之獨, 所使於四隣諸侯者非其人謂之孤, 孤獨而晻謂之危."

7) 『주역』 비比괘 괘사, "上下之親比, 非小人之朋比也. 上親下, 則下有歸, 下親上, 則上有與. 有歸則不離, 有與則不孤."

8) 양만리, 『성재역전』 비괘 초육효, "親在始, 始在誠, 誠在實, 實在質. 初六, 親比之始也. '孚'言誠, '盈'言實, '缶'言質. 與物相親之始必在我者, 有至誠之心, 充實而不虛, 淳質而不飾, 則彼之吉. 我皆終能來而有之矣. 故餘耳之交初隙末則如勿交. (…) 惟謹始, 故克終. 惟盡此之誠, 故來彼之吉."

21. 처세와 의리義理

1) 『논어』 「태백泰伯」, "危邦不入, 亂邦不居. 天下有道則見, 無道則隱."

2) 『논어』, 「옹야雍也」, "中庸之爲德也, 其至矣乎. 民鮮久矣."

3) 『중용』, "中者, 不偏不倚無過不及之名, 庸, 平常也."

4) 『맹자』 "執中爲近之. 執中無權, 猶執一也."

5) 『장자』 「각의刻意」, "知道者必達於理, 達於理者必明於權, 明於權者不以物害己."

6) 정이, 『이정집』 「하남정씨수언河南程氏粹言」, "世之學者, 未嘗知權之義. 於理所不可, 則曰姑從權, 是以權爲變詐之術而已也. 夫臨事之際, 稱輕重而處之以合於義, 是之謂權."

7) 『노자』, "圖難於其易也, 爲大於其細也."

8) 정이, 『이정집』 권11, 「사훈師訓」, "感慨殺身者易, 從容就義者難."

9) 정이, 『역전』, 무망無妄괘 육이효, "首造其事, 則是人心所作爲, 乃妄也. 因事之當然, 則是順

理應物, 非妄也."

10) 정이, 『역전』, 항恒괘 구이효, "中重於正, 中則正矣, 正不必中也."

11) 주희, 『주자어류』 권74, 「역십易十」, "知識貴乎高明, 踐履貴乎着實. 知既高明, 須放低着實做去."

참고문헌

....

『성리대전서性理大全書』(『완역 성리대전』, 윤용남 외 옮김, 학고방, 2018)

『주역전의대전周易傳義大全』

왕필王弼, 『노자주老子注』

왕필王弼, 『주역주周易注』

사마천司馬遷, 『사기史記』

사마광司馬光, 『자치통감資治通鑑』

소강절邵康節, 『황극경세서皇極經世書』

호원胡瑗, 『주역구의周易口義』

정이程頤, 『역전易傳』(심의용 옮김, 『주역』, 글항아리, 2015)

정이程頤, 『이정집二程集』

소식蘇軾, 『소식문집蘇軾文集』

소식蘇軾, 『동파역전東坡易傳』

양만리楊萬里, 『성재역전誠齋易傳』

주희朱熹, 『주자어류朱子語類』

주희朱熹, 『주역본의周易本義』

청수더程樹德, 『논어집석論語集釋』

김만영金萬英, 『남포집南浦集』

성대중成大中, 『청성잡기青城雜記』

신흠申欽, 『상촌집象村集』

이규경李圭景, 『오주연문장전산고五洲衍文長箋散稿』

이남규李南珪, 『수당집修當集』

이익李瀷, 『성호사설星湖僿說』

이지연李止淵, 『주역차의周易箚疑』

위백규魏伯珪, 『존재집存齋集』

장유張維, 『계곡집谿谷集』

정약용丁若鏞, 『여유당전서與猶堂全書』

프로이트, 「아크로폴리스에서 일어난 기억의 혼란」, 『정신분석학의 근본 개념』, 윤희기 옮김, 열린책들, 2004

오탁번·이남호, 『서사문학의 이해』, 고려대학교출판부, 1999

조너선 갓셜, 『스토리텔링 애니멀』, 노승영 옮김, 민음사, 2014

이중톈易中天, 『초한지 강의』, 강주영 옮김, 에버리치홀링스, 2007

루스 베네딕트Ruth Benedict, 『국화와 칼』, 김윤식·오인석 옮김, 을유문화사, 2019

이성규, 「『사기』와 역학」, 『서강인문논총』 Vol.14, 2001

이야기와 주역

ⓒ 심의용

초판 인쇄	2021년 4월 23일
초판 발행	2021년 4월 30일

지은이	심의용
펴낸이	강성민
편집장	이은혜
편집	진상원
마케팅	정민호 김도윤 최원석
홍보	김희숙 김상만 함유지 김현지 이소정 이미희 박지원

펴낸곳	㈜글항아리	출판등록 2009년 1월 19일 제406-2009-000002호
주소	10881 경기도 파주시 회동길 210
전자우편	bookpot@hanmail.net
전화번호	031-955-2696(마케팅) 031-955-2682(편집부)
팩스	031-955-2557

ISBN	978-89-6735-894-5 03140

잘못된 책은 구입하신 서점에서 교환해드립니다.
기타 교환 문의 031-955-2661, 3580

geulhangari.com

이 저술은 2017년 대한민국교육부와 한국연구재단의 지원을 받아 수행된 연구임
(NRF-2017S1A6A4A01019973)